高绩效准则

玛氏团队合作内部行动指南

［美］卡洛斯·瓦尔德斯·达佩娜　◎著
(Carlos Valdes-Dapena)
高福猛　乐乐　◎译

浙江人民出版社

图书在版编目（CIP）数据

　　高绩效准则：玛氏团队合作内部行动指南 /（美）卡洛斯·瓦尔德斯·达佩娜著；高福猛，乐乐译 . —杭州：浙江人民出版社，2022.11
　　ISBN 978-7-213-10463-3

　　Ⅰ . ①高…　Ⅱ . ①卡…②高…③乐…　Ⅲ . ①食品工业—工业企业管理—经验—美国　Ⅳ . ①F471.268

　　中国版本图书馆CIP数据核字（2022）第023218号

高绩效准则：玛氏团队合作内部行动指南

GAOJIXIAO ZHUNZE: MASHI TUANDUI HEZUO NEIBU XINGDONG ZHINAN

［美］卡洛斯·瓦尔德斯·达佩娜　著　高福猛　乐　乐　译

出版发行：浙江人民出版社（杭州市体育场路 347 号　邮编：310006）
　　　　　市场部电话:（0571）85061682　85176516
责任编辑：潘海林
特约编辑：陈世明
营销编辑：陈雯怡　赵　娜　陈芊如
责任校对：杨　帆
责任印务：刘彭年
封面设计：末末美书
电脑制版：北京之江文化传媒有限公司
印　　刷：杭州丰源印刷有限公司
开　　本：710 毫米 ×1000 毫米　1/16　　印　张：24
字　　数：309 千字　　　　　　　　　　插　页：1
版　　次：2022 年 11 月第 1 版　　　　　印　次：2022 年 11 月第 1 次印刷
书　　号：ISBN 978-7-213-10463-3
定　　价：88.00 元

如发现印装质量问题，影响阅读，请与市场部联系调换。

谨以此书献给陪伴了我 30 多年的妻子珍妮特·奥尔德里奇（又名珍妮特·瓦尔德斯·达佩娜）。珍妮特是一个凭借自己的努力获得成就的专业人士，她一直是我心目中坚持不懈的冠军。在巅峰时期，她出演了 5 部百老汇舞台剧和享誉国内外的戏剧，以及肥皂剧和电影。珍妮特在我身上看到了一些我不曾了解的东西，她对我的信任超过了我对自己的信任。她鼓励我，甚至推动我去做我没有想到的事。因为有她，我的生活变得非常好。正是她对我无与伦比的信心，以及在我妄自菲薄时的督促鼓励，孕育了这部作品。

目 录
CONTENTS

第三部分

本书的写作缘起

我一直以为写书是一项孤独的任务，但这是一个错误的想法。写作的每一个阶段，都需要集体努力。我们从团队框架的最初制定到本书第一个大纲的撰写，再到本书最后的出版，都采用了合作的方式，从而使玛氏高绩效合作（High Performance Collaboration，HPC）框架和本书关于该框架的内容成为现实。

在框架形成之前，或在本书写作的想法成熟之前，有些人在我不知道的情况下奠定了基础。2008年，由于公司重组，我即将离开玛氏。当时，我的经理塞尔达·格雷向我提出了一个建议。一天晚上，塞尔达在喝完一杯红酒后说道，我们曾共事的一位副总裁乌尔夫·哈尼曼想出了一个主意——他知道我对团队合作具有很高的热情和技巧，希望我可以在玛氏大学内部担任团队顾问，从而更好地推进玛氏大学学习和发展的职能。不过，这里有一个陷阱。玛氏没有预算来支付这个职位的工资，而我只有从大学内部收取服务费，才能赚回工资和其他福利。但是，我得到了公司一些最受尊敬的人力资源领导的支持，因此这对我来说似乎并不构成风险。另外，我喜欢在玛氏工作，也非常乐意留下来，所以我接受了他的提议。多亏了塞尔达和乌尔夫，以及当时领导北美玛氏大学的吉姆·布罗迪，我开始了一份新工作，并不知不觉地开始了这段陪伴我一生的工作。其中，我特别感谢霍华德·古特曼，因为霍华德允许我使用他的公司（古特曼发展战略公司）进行研发，这使我获得了成功。没有他，我将无法胜任这份新工作。

在开始这份工作一年左右，我一直在努力寻找一种方法，希望将团队发展纳入我们的领导力项目。当时负责玛氏领导力发展计划的维杜拉·巴尔建议我查看团队数据，而这一建议又引发了一连串的事件，从而推动本书的完成。维杜拉也是第一个关注框架早期版本及其背后思想的人，她说："卡洛斯，我想你可能会在这里有所收获。"我对她的感激之情溢于言表。我当时的同事托德·弗莱林让我参加了由工业与组织心理学协会主办的2011年高绩效团队会议。在那里，我与包括理查德·哈克曼在内的业内人士进行了交谈。哈克曼博士慷慨地与我分享了早期的一些见解和想法，并在现场给我反馈和建议。

当时，我在玛氏的同事克林特·科福德和前同事西莉娅·哈蒙与我合作，我们对框架精雕细琢，并不断对其进行提炼，以使框架在我们的领导力发展计划中有所体现。克林特对工作原理的正确理解，对我的想法的无限支持，以及他巧妙而温和的质疑，确保了框架不仅在理论上是合理的，而且有利于我们的文化建设。西莉娅凭借她教练员般的眼光和她对团队合作的了解，帮助我们最终确定了框架和许多沿用至今的工具。另一位玛氏同事菲利斯·沃林，是一位完美主义者，也是高绩效合作框架的支持者。菲利斯确保我们所创造的与框架相关的任何东西（比如课堂材料和电子学习材料）都是高质量的。

在框架创建之前，许多玛氏的同事、部门经理和职能领导成为我的客户，贡献了最终形成框架所用到的数据。西尔维亚·曲充分考虑到我的技能，带我到中国，我可以与那里的领导团队一起工作。这最终也提供了我与箭牌亚太区领导团队接触的机会。这两个小组都给我提供了宝贵的经验和信息，这些经验和信息直接影响到高绩效合作框架的最终制定。几年前，马克·安德鲁斯在中国主管我们的宠物护理业务，他是我们已知的第一位体验过高绩效合作的人。在3年多的时间里，他的团队一直像一个活生生的实验室。我也要感谢马尔科姆·阿姆斯特朗、卡拉·朗、弗雷德·斯滕努和我在美国美士公司的所有同事，他们出于对我的能力和直觉的信任，把自己和团队托付给我，并为本书提供了许多故事。珍·舒尔特多次让我加入她所支持和领导的团队。克雷格·霍尔在珍那里领导我们的冰激凌业务，也非常乐意与我们合作。朱莉安娜·萨雷塔是我在玛氏的同事，也是我的朋友和客户，她多次呼吁我运用高绩效合作框架来支持她和她的团队。她对我的信任以及我在其团队中的实践，一直是我学习和快乐的源泉，在证明框架具有价值方面发挥了重要作用。还有罗布·莫菲特，他是玛氏的经理，也是我当时的同事，在过去的6年里，他尽其所能，确保我有一个发展、成长和创造的地方。如果没有罗布的支持，我也没有机会写书。

当我与团队一起工作并交付包括高绩效合作框架在内的最早版本的经理培训计划时，就有一些团队成员和项目参与者建议我写书。而当我开始写作时，我的合作者联盟也扩大了。我的好朋友和特级图片编辑师达娜·赖特，帮我找到了一处适合写作的安静场所，给予我启动本书所需的动力。在墨西哥图卢姆的另外两位崭露头角的作家伊薇特·惠根和比埃·雷利，之后加入了我们，为本书初稿提供了反馈，使本书不断完善。达娜向我推荐了米歇尔·奥尔巴赫，米歇尔作为我的编辑和顾问，负责本书写作、出版等所有事务，我们一起创造了这部作品。本书最终被变革者书籍出版集团（Changemakers Books）出版。米歇尔耐心地编辑书稿的每一章，并给予我反馈、指导和鼓励。正是因为米歇尔对我的信任，我在进展缓慢和困难的时候才能坚持写作。米歇尔之后也把我介绍给变革者书籍出版集团的蒂姆·沃德，而蒂姆也非常支持我，并且给予我极好的编辑反馈，他们的安慰和适当的督促让我把本书写了下来。

简·梅纳德在后来加入了我们的团队，帮我制作了书中的图形，使本书更具吸引力和实用性。

我也感谢我的另一位玛氏同事文森特·豪厄尔。当本书初稿汇集在一起可供其他人评论时，文森特建议我与玛氏高管进行谈话。其中一位高管德比·海德，作为一名内部评论员，做出了重要的贡献。本书也因为她的建议而变得更好。

我很幸运能和世界各地的团队一起工作。因此，旅行贯穿了我的工作。旅行意味着我错过了太多的学校音乐会、曲棍球和足球比赛，以及家长会和班级假期聚会。我的孩子，莫莉和乔治，一直都很理解和支持我。谢谢，伙计们，我爱你们。

我只是非常粗略、有限地提及了促成本书的人。非常感谢玛氏的数百个团队，以及这些团队中的数千名同事。没有他们和他们对我的信任，就没有高绩效合作框架，也就没有本书。

大家都知道，我经常出差，商务晚宴通常是旅行途中的一部分。在我作为玛氏同事第一次参加商务晚宴时，我意识到了一个我已经开始珍视的习惯。16年前的那晚，在波士顿，账单被支付到公司的一张信用卡上，到场的人都感谢约翰·福里斯特和杰姬·马尔斯一起筹办了这场晚宴。起初我以为他们在讽刺我，但是我很快意识到，他们的感激之情，以及从那以后每一位与我共进晚餐的玛氏同事的感激之情，都是真诚的，也是深切的。正是本着这种感恩的精神，我感谢约翰、杰姬和整个玛氏家庭，感谢他们为我的职业生涯做出了巨大贡献，感谢他们使本书的出版成为可能。

这是一本怎样的书

这是一本关于团队合作和绩效管理的书。本书不是关于巧克力、猫粮或米饭的，尽管玛氏生产所有这些东西甚至更多东西。然而，玛氏仍然是本书的重要内容。本书的主题是玛氏高绩效合作框架，直接源于我16年来在玛氏的工作所得。书中分享的观点就是我在这里发展起来的。因此，我认为我在此讨论玛氏、玛氏文化以及高绩效合作框架是如何在玛氏文化中孕育而生的是合适的。

几年来，全球巧克力消费量一直在上升。对于像玛氏这样的公司来说，这是一个好消息。虽然巧克力并不是玛氏唯一的业务，但它在玛氏的营收中占了相当大的比例。令人遗憾的是，全球对巧克力日益增长的需求造成了巧克力长达数年的短缺。这并不是因为工厂不能生产足够多的产品，而是因为巧克力的原材料（可可）实在太少了。随着可可产量的回升，2016年，巧克力短缺的情况开始逆转。不过，可可是一种脆弱的热带作物，在未来仍面临短缺的风险。这似乎是一个困扰多年的问题："你什么意思？我不能拥有至尊白巧克力摩卡吗？"但事实远不止如此，非洲、南美洲和亚洲约有600万可可种植者，他们仍然受到气候变化、植物病害和作物产量相对较低的威胁。他们的生计、社区健康状况和当地经济都受到了威胁。我们的竞争对手雀巢和好时等公司也面临着很多风险。由于古老而脆弱的可可植物的种植受到的影响如此大，采取行动是有意义的。幸运的是，基因科学为巧克力提供了一条前进的道路。如果我们能掌握更多可可植物内部的情况和生产有价值豆荚的方法，我们就可以采取行动，产量自然而然就会增加。因此，为了促进对可可的理解，我们开展了一个项目。

2008年，玛氏与IBM（国际商业机器公司）、美国农业部和其他公司联合完成了可可植物基因组的测序，"可可基因组"随之产生。然后，我们做了一些令人惊讶的事情。如你所知，公司通常会依法保护自己所取得的研究成果，其中包括一些药物和医学研究公司，不论结果是好是坏。这是一种有利可图的做法，但玛氏选择了与之相反的方式：与合作伙伴一起，在互联网上发布了整个"可可基因组"，任何感兴趣的人都可以使用我们的研究成果。通过这种方式，我们大大拓宽了可设想的研究范围，从而使得效益相应提高。这么做会带来什么样的好处呢？或者说，这么做已经带来了什么样的结果呢？

从可可基因组的发现中，我们看到了三类影响：环境、经济和社会。了解了可可基因组，我们就可以在不依赖转基因技术的前提下快速培育出高产、优质的可可品种。据预测，从长期来看，这种能力有可能使可可产量提高500%。这对环境意味着什么呢？可可种植者不再需要为了增加产量，而把雨林夷为平地，他们可以依靠目前拥有的土地获得高达原先5倍的收益。提高的收益率会对经济造成直接影响。对农民来说，这意味着更多的收入。而在收入增加后，他们将通过消费刺激当地经济增长，其中包括支付当地雇员在农场工作的薪酬。同时，这将带来另一个好处，农民的孩子可以上学，可以接受10年或20年前难以想象的教育，不再需要待在家里种地。可可基因组的研究成果对作物本身、农民以及参与巧克力供应链的其他人、公司和国家而言，都是一个福音。

显而易见的是，对广大的利益相关者而言，可可基因组的破译具有重要意义。至少在有其他人赶超玛氏的技术水平之前，这些有价值的信息可以给玛氏带来显著的竞争优势，但是玛氏选择慷慨地分享了这一研究成果。为什么玛氏做了这个选择？这一行为和本书有什么关系呢？对这两个问题的回答都可以很好地解释玛氏五大原则。

质量：消费者至上是我们的信念；保持高质量是我们的工作；令产品物有所值是我们的目标。

责任：作为个人，我们要求每一个人各尽所能；作为同事，我们支持其他伙伴尽其责。

互惠：互惠就是分享利益；可以分享的利益才会持久。

效率：我们充分利用资源，决不浪费；务求人尽其才，物尽其用。

自主：我们需要独立自主来塑造我们的未来；我们需要利润来保持独立自主。

五大原则是构成玛氏文化的一个重要部分，因此值得花点笔墨来总结一下。在玛氏的历史上，五大原则在大部分时间都以各种各样的形式存在着，是玛氏商业哲学的基石。与许多公司的价值观一样，五大原则是玛氏相互合作和商业运作的目标。不过，五大原则不仅仅是走廊和会议室海报上的漂亮文字，而且每天都在公司内实施，指导公司近期和长期的决策和行动。

我不想在这里详细讨论五大原则。若你想进一步了解关于五大原则的相关信息，我建议你访问玛氏的官方网站（mars.com），在那里，你将找到关于五大原则更加全面的解释。重要的是，你要明白五大原则是玛氏的组成部分。特别是，互惠原则使我们得出结论，我们从可可基因组研究中学到的是共享能带来最好的结果。互惠原则规定：

互惠将带来可持续的共同利益。

我们认为，互惠互利的程度是衡量业务关系的标准。

五大原则所带来的好处形式多样，绝不仅仅只有金钱层面的好处。同样，虽然我们必须在竞争中努力保持最具竞争力的条件，但玛氏的行动决不应以牺牲合作者的经济利益或其他利益为代价。

包括玛氏在内，全球可可供应链中的每一个利益相关者，都将从我们发表的可可基因组理论中获益——这就是互惠原则的本质。那么，这些和本书有什么关系？我们之所以决定出版一本完全在玛氏内部开发的高绩效合作框架的书，也是出于同样的互惠精神。

高绩效合作和团队精神一直是玛氏工作的核心。我们的高绩效合作框架在很多方面都体现出公司所秉持的精神。不过，这一框架也曾在玛氏之外被成功地使用。这就是我写本书的原因，我相信高绩效合作框架也能对你产生帮助。我们的研究结果几乎适用于任何组织中的团队。然而，我们提出的方法会促使人们重新审视团队合作。因此，在设置本书的结构时，我从两条主线（玛氏文化对我们所提出框架的影响，以及我们所采取的有时与初衷相悖的方法）展开论述。

在第一部分，我提出了建立一种新的团队合作方法的必要性。我将讨论我的工作背景，并分享有关玛氏文化如何塑造我们的合作行为的信息。然后，我将介绍我们所做的研究，并解释它所教给我们的东西（不仅是关于玛氏的团队发生了什么，而且是关于为什么传统的团队合作方法有所欠缺）。在第一部分的结尾，我将我们对团队的研究与其他地方对个人动机的研究联系起来。我将展示团队动力学和个人激励理论是如何为了合作而结合在一起的，以及个人和团队理论之间的这种联系是如何直接导致框架产生的。

第二部分介绍了框架本身。框架有两个主要组成部分：三个必要条件和六项实践。三个必要条件分别是明确性、意向性和纪律性。团队必须具备三个条件，才能始终如一地开启合作。三个必要条件是框架的基础元素，特别适用于诊断团队。六项实践描述了激发团队需求的六个做法，它们分别是：

- 激发目标。
- 明确意图。
- 培养合作精神。
- 激活工作方式。
- 维持和更新。
- 阐明背景。

我在这里提供了各种实践的细节：它们是什么，它们不是什么，它们运用到实践中的例子，以及我们所吸取的教训。

第三部分致力于研究玛氏以外的其他机构是如何使用这个框架的，以及告诉读者我是如何将框架的基本思想应用并调整到具有不同文化背景的其他团队合作中的。

在附录中，我分享了各种工具和技术，它们根据六项实践进行分类整理，你可以在你的组织中按原样使用或修改使用，从而帮助你通过合作取得更好的结果。

不论你在哪里工作，也不论你如何使用三个必要条件和六项实践，合作不仅仅是为了完成工作和交付结果，也是职场人相互联系、发展关系和找寻工作意义的一种方式。这些关系越有效、越积极，对个人、人际关系、工作和企业就越好。更有效的合作可以让工作做得更好。我们中的大多数人在工作中花费了相当多的一部分时间，工作越好，生活就越好。

不论你是为玛氏工作还是为其他供应商或客户工作，我们的高绩效合作框架都可以丰富你的工作经验。更重要的是，我们的产品每天都会触动数亿消费者。不论是糖果区的M&Ms食品、宠物食品区的Pedigree狗粮，还是Uncle Ben's米饭，我们的产品都让我们与消费者保持着持续的关系。正如五大原则中的质量原则所说，"消费者至上是我们的信念"。如果我们能分享一些让普通人生活得更好的东西，那么这对彼此都有好处。我们所共享的可可基因组已经触及数百万人的生命，虽然一些受影响的人可能还没有完全意识到这一点。虽然本书的影响力不大，但它的核心框架也能起到同样的作用。

若想获取更多相关信息，请发送邮件至collaborationparadox@gmail.com。

第一部分

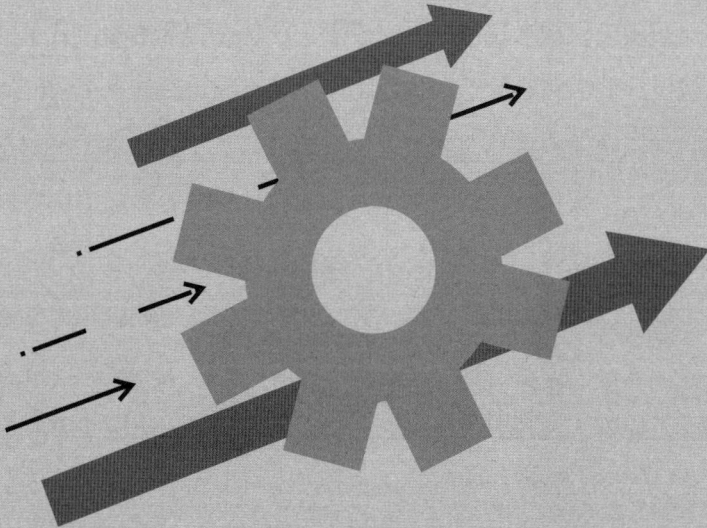

第一章　团队中的"我"（上）

团队建设的投资回报率（ROI）很低。相关数据表明，企业培训项目的开展和员工工作积极性的提升都会对团队建设的投资回报率产生积极影响。我读过根据员工满意度来提高团队绩效的文章，然而，我目前还没有找到可以将典型的团队建设项目与团队绩效的持续增进联系起来的工作。我确信，如果这些工作完成了，这代表很多钱被浪费了，因为以团队建设的名义完成的绝大多数工作是没有创造任何真正的价值的。

我管理团队（或者和团队管理者一起工作）将近30年，参与过数百次团队发展或团队建设训练。例如：参加树林里的彩弹射击比赛；带领其他朋友成立假想的飞机公司，这些公司各自设计并批量生产纸飞机，然后比拼纸飞机的最远飞行距离；我站在中间，其他人以我为中心坐成一圈，我带领他们传递一根"会说话的棍子"，并说一些深奥或者至少不那么浅显的事实。其中，有些令人愉快，有些感人至深，有些令人难堪，还有一些令人痛苦。然而，这些都没有对参加活动的一个或多个小组的业绩产生持久性的影响。

这是为什么呢？

由非常聪明的人管理的大型组织，通常会花大量的钱来努力做好自己认为应该做的事。我是说，人类很早就通过进化具备了合作能力，欧洲的洞穴壁画就展现了早期人类进行团队合作以击倒史前生物的过程（见图1-1）。

图1-1 欧洲的洞穴壁画

对现代动物行为的观察表明，鸟儿、蜜蜂、黑猩猩……这些与人类一样不断进化的动物也在狩猎和养育后代，这一点非常明显。

更重要的是，合作不仅是一种进化本能，也是我们思考和行动的良好方式。我们曾无数次听到"团队合作"这一概念，从在学校操场上做运动开始，一直到工作。或许，我们并没有常常听到"团队合作"四个字，但是我们会在公司最新的内部简讯或会议室的激励海报上看到蕴含着团队合作精神的话语：

齐心协力将带来更大成就。

当被对方告知"你不是我们团队中的一员"时，你正面临着严厉的指责。关于团队合作，团队动力学领域的专家和学生花了数天、数月甚至数年的时间来阅读、写作和研究，无数的图书和文章出版或发表。然而，根据我多年的专业经验，所有这些倾向、努力和兴趣在持续提高团队绩效方面收效甚微。

这是为什么呢？我们再次提出这个问题。

答案是，团队合作太神圣了，以至于不能被质疑。与组织框架图和在咖啡机旁闲逛类似，对大多数人来说，团队合作是公司生活中必不可少的一部分。我们可能会感到，从那些伴随着擦伤、磕碰的团队训练中得到的兴奋感最终会消失，一切都会回到原点。但是，没有人会愿意把这看作失败。然而，挑战现状是我的天性，我对回答这个特殊问题产生了浓厚的兴趣。我想找到一些答案，这样我和我的同事就可以开发出更有效的方法来加强合作。这也是本书的全部内容。

我提出的框架，可以帮助大家理解为什么典型的团队建设常常是浪费时间的活动，以及什么是对团队更有效的活动。虽然这个框架是新的，但我对团队及其运作方式的迷恋是根深蒂固的。我家里有11个孩子，包括5个女孩、6个男孩，我是家中的第6个孩子，5个人比我大，5个人比我小。因此，我是在家庭的中间位置长大的，家庭的特殊功能（可能是另一本书的主题）被我们的绝对数量放大了。在学习如何在这种有时很危险的环境中航行的同时，我直观地感受到了要想在一个群体中生存需要什么，自然也对寻找新的、更有效的生存策略产生了兴趣。1994年，我很幸运地被DDI（美国智睿咨询有限公司）聘用，虽然总部位于匹兹堡附近，但公司在纽约有办事处，并且纽约与我家所在的新泽西州很近。我在DDI做了3年的外部培训师和顾问。正是在这段时间，我第一次遇到了我在本书提到的许多概念。例如，团队动力学的想法、团队发展的阶段以及团队性格类型的使用，都源于我在DDI的工作经验。在为DDI辛苦工作了3年之后，我被IBM聘为内部领导力教练和顾问，担任纽约艾蒙克公司总部的高级管理顾问。在艾蒙克任职期间，我了解到了大卫·麦克莱兰关于动机的研究，我将其运用到我所开发的提高团队效能的方法中。也正是在这期间，我决定回学校攻读第二个关于组织发展的硕士学位。我参加了美国大学的项目，在那里，班级的同学也是我学习和研究团队动力学的实验室成员。我在IBM待了3年，并于2000年离开，然后前往玛氏工作。

在玛氏任职8年后，我开始关注团队效能，这也是我唯一关注的。当时公司正在重组，我在组织发展部门（OD）中的职位被裁掉了。一些高级经理认为，我有与团队合作的天赋，他们计划让我继续留在玛氏，而当时的我对此并不知情。他们向公司中负责学习和发展的组织——玛氏大学提出，想要设立一个致力于支持高绩效团队合作的职位。在此之前，公司没有设置相应的预算，因此没有钱可以支付给我，所以我必须自筹资金。也就是说，我必须向我的内部客户收费，以赚取我的工资和福利。这个安排非比寻常，但马尔斯和我同意试一试。对此，我感激不尽。一开始，我担心找不到对我足够感兴趣的内部客户来支持自己，但不到六个月，我就发现致力于提高团队效能的职位可以支持自己。之后，我又找到了更多这样的职位。

刚从事这份工作不久，我便将其视作为之付出终生的工作。但是，具有讽刺意味的是，不久之后，我开始意识到，尽管我的工作很有价值，需求也很大，但是其中存在问题。这个职位正按照大家所设想的一样进行运作，但是我也超出了玛氏大学的同事和客户的期望。当客户争先恐后地和我预约，我的日程表也被填得满满当当的时候，我似乎挣到了一些足以养活自己的钱，但是我所期望的结果并没有实现。虽然很多团队都在和我一起工作，但是，更多的时候，在我和他们谈话结束后的几周内，团队成员之间的工作关系并没有任何不同。肯定是有些地方出现了问题。几年后，我才开始展开调查，而正是这些调查支撑了本书的完成。尽管我对自己在玛氏的工作充满热情，并且正如我的客户告诉我的那样，我所依赖的提高团队效能的传统方法，早在几年前就出现了裂痕，但是我一直以为这是我个人的问题，而不是管理方法的问题。

尽管当时的我并没有意识到这个问题，但现在回想起来我才发现，我在1994年1月第一次对团队建设中存在的问题有了理解。当时，我作为一名DDI的顾问执行我的第一个任务，前往北卡罗来纳州的一家小工厂。这家工厂生产的唯一产品是细布，用于覆盖床垫弹簧的底部，或者包在一次性尿布的外面。这是一家新建立的工厂，给人一种干净、通风、无菌的感觉，至少对比其他工厂，这里的环境是令人愉快的。在任务开始前一周，我刚刚被授予提供DDI团队建设计划的资质。基于布鲁斯·塔克曼在1965年提出的"形成—震荡—规范—表现"的团队发展模型，我设计了扎实、精良的课程内容，并且配备了精心准备的资料册和课程视频。研讨会在一间明亮的教室里举行，由我主持，约有18名员工前来参加。教室里摆满了我们在初高中上学时所用的配套桌椅，座位整齐地纵横排列着，面向讲台。

我不记得研讨会究竟持续了多长时间，培训项目的预期培训时间是半天，但是在一两个小时之后，情况就开始急转直下。愤怒的员工不停地向我抱怨，他们主要抱怨：

- 他们的经理没有公正地对待他们。
- 管理层没有听取他们的诉求。

更重要的是，当他们认为工厂的问题出在老板身上时，老板却认为问题出在他们身上，并且对从"纽约请来顾问以解决员工莫须有的问题"这一行为深感不满。这种情况非常典型。由于不知道还能做什么，我选择放弃原本精心设计的内容，取消原来的研讨会，为他们举行一场公平的听证会。在听证会期间，我和他们一起工作，不只是听他们抱怨，而且把他们的想法整理成一个连贯的话题清单，让他们可以和管理层讨论。员工都很感激我，尽管仍有人怀疑我是否真的在帮助他们。对于我的行为，他们的经理感到怒不可遏。他们之所以花钱买了这个"该死的"团队培训项目，是希望通过外部人员改变员工的想法，而不是请一些选择倾听并列出员工诉求清单的"鼓动者"。结果不仅没有像他们所期望的那样消除员工的抱怨，反倒助长了这种气焰。当回首这件事时，我作为新手虽然一开始犯了错误，但是利用智慧将矛盾巧妙化解。那时，我只是觉得害怕。我很确定，我的经验不足和我缺乏智慧，加上工厂管理不善，是这个问题的"罪魁祸首"。但是，我从没怀疑过管理方法存在缺陷是导致这个问题的原因。

距离在北卡罗来纳州遭遇这件不幸的事已经过去了20多年，此后，我与近千个团队进行了合作，沿用了类似于我在细布厂所使用的工具和方法。根据这些经验，我得出了一个结论：不管你采用的是哪种模型——四阶段模型（Four Stages）也好，团队五障碍模型（Five Dysfunctions）也好，或是16种性格类型模型（16 Personality Types）也好，团队建设都不像看上去那么简单，没有一个模型能真正保证它一定能加强团队建设。

6年前，我与玛氏中的团队一起合作，这些团队致力于研发一种能长期带来改变的团队建设模式。在那段时间里，有两个问题在我的脑海里萦绕，而对这两个问题的思考也是激励我写本书的动力。这两个问题是：

- 为什么我们要花这么多时间、金钱和精力去学习如何在团队中工作，而你却认为团队合作是我们作为社交生物的第二天性呢?

- 为什么所有这些关于团队合作的努力都没有持久的效果呢?

毕竟，我们天生就喜欢吃，喜欢找伴侣，喜欢玩。对于这些事，人类都能做得得心应手，相当成功。但是，为什么我们难以形成好的合作呢?

原来，我一直在一个错误的假设下思考这些问题。其实，基因编码并没有让合作成为我们的本能。原因在于，有时我们被安排去做一些其他事情，在做这些事的过程中，如果得到了正确的指导，最终就会产生合作的行为。一旦认为合作是本能，这就会导致我们错误地试图让人们有效地合作。反过来，这又导致了一些错误的流程和程序。例如，我在参观细布厂的过程中就被这样的想法误导，研讨会最终的效果自然也没有像领导者所想的那么有效。

那么，问题到底是什么呢?

我认为马斯洛需求层次理论很好地解释了这个问题（见图1-2）。

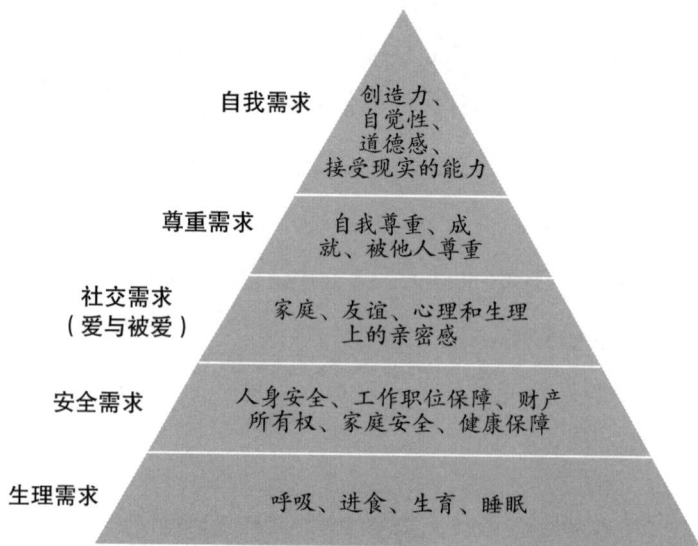

图1-2 马斯洛需求层次理论

自我需求　创造力、自觉性、道德感、接受现实的能力

尊重需求　自我尊重、成就、被他人尊重

社交需求（爱与被爱）　家庭、友谊、心理和生理上的亲密感

安全需求　人身安全、工作职位保障、财产所有权、家庭安全、健康保障

生理需求　呼吸、进食、生育、睡眠

我猜，读者已经非常熟悉这个优雅的模型了。倘若果真如此，请大家容许我再介绍一遍马斯洛需求层次理论。人类最基本的需求，位于这个金字塔模型的最底层，涉及生理和安全，并且是"自我导向"的，比如呼吸、进食、生育和睡眠。尽管当我们和别人在一起时，对食物和性的满足感会更好，但是在通常情况下，当事情变得越发艰难或者可怕时，我们首先想到的是"为了我和我的后代，我该如何处理这个问题"，而不是"我要怎么和你一起处理这个问题"。

这并不是说我们永远不会在一起合作。利他主义是什么？利他主义是指潜在的为了他人利益而牺牲自己的强大动力，这里有很多值得探讨的地方。我们经常听到人们冒着危险去拯救他人的故事，特别是在战争中。我从对退伍军人和现役军人的采访中了解到，他们的战斗训练实际上要花费几个月的时间，主要对新兵进行"为了你的战友""互相支持"的训练。不过，这种强烈的能形成共识的条件反射在大型非军事机构（比如营利性公司）中并不常见。

这里还有一个问题：利他主义和合作是一回事吗？帮助他人和与他人一起合作是出于同一种情感吗？我不这么认为。从定义出发，利他主义并不期望得到任何有形的回报，合作则是出于合作各方对结果的共同期望。更重要的是，在慈善捐赠的研究中，利他主义在很大程度上被证明是自己主动提供给被施舍者东西的，即自我驱动的。正如人们所描述的一样，在给予他人"温暖的光芒"后，施舍者也将被这一慷慨的行为照亮。这些以自我为导向的感觉，比如内疚感、社会压力大甚至社会地位高，也被发现可以驱动利他行为。换句话说，利他主义与"我们"无关，更与合作无关，却与"我"有关。我写这篇文章不是为了贬低利他主义，只想说明一点：我们支持他人，有时拯救他人生命的行为源于一种奇妙的人类特质，这不一定是纯粹地为了他人。当然，这也不等同于合作，甚至不足以支持合作。如果我们回到洞穴墙壁上所描绘的那些史前猎人所处的旧石器时代，那么我敢肯定，他们采取合作的行为不是出于自己善良的心灵，而是为了通过合作的方式养活自己和家人，从而让他们能够生存下来，延续自己的基因。

我们需要区分合作（collaboration）和另外两种人性的倾向：乐于助人（helpfulness）和协助（cooperation）。我认为，乐于助人是一种低级的利他主义，例如，把一元钱扔进街上一个无家可归的女人的杯子里，或者帮助住在隔壁的男人拔出一个树桩，抑或帮助一个同事在她的电子表格中创建一个透视表。在最佳状态下，乐于助人是一种善意的行为，像利他主义一样，并不寻求回报。当这种帮助开始涉及一些交换条件时，它就变成了协助：只要你帮我，我就帮你，这样才能使得双方和睦相处。有些人认为这是合作，我却不赞同，至少我不认为这是有效的合作。正如你将在后文看到的，我感兴趣的合作类型涉及更多的承诺和合作意图，而不是乐于助人或协助。虽然乐于助人的品质难能可贵，但是只有真正有意向的合作才是业务团队和企业获得成功所必需的要素。你不知道的是，我们的企业基于什么因素才得以建立。

在现代西方世界中，大多数企业利用我们最普遍的或者说最容易被利用的天性，即个人至上。例如，最常见的组织结构——层级制，在马斯洛金字塔的底部需求中发挥着强大的作用。出于本能，我们首先照顾自己，为自己工作。在传统的大型组织中，你会发现，成百上千甚至成千上万的举止得体的人都是以自我为中心的，而他们所处的工作环境可以将这种自然形成的人性倾向最大化。绩效管理、发放薪酬、给予认同和颁发奖励等管理手段都是针对个人的，其作用的发挥建立在个人生存机制的基础上，而这就是团队合作存在的最大问题。我们鼓吹合作、交流、培养团队精神，但与此同时，大多数组织都在通过优化管理来奖励个人努力。

这不算新鲜事，对吧？如果团队中存在明显的矛盾，团队合作就会受到阻碍，大量文章、图书都非常关注这些矛盾。我的职业生涯的成功离不开许多在团队和团队动力学领域开创先河的杰出人士。他们所提供的看法、贡献的知识，确实可以帮助团队在一段时间内更有效地运作。不过，我曾在工作中借鉴了他们的大多数方法，然而这些方法并没有对优化团队合作做出我们所期望的持久改变。我们回过头来说一下引发这次讨论的投资回报率差异。投资回报率差异的设置需要花费很多金钱、时间和精力。虽然有时我们享受这个过程，但在这个项目结束后，基于在项目中得到的启示，我们并没有将这一管理策略延续下去。就在几年前，我开始有这样一种感觉：有些东西开始不对劲了。从前，我在工作中不断接受教育，从中受益，并且出色地完成了我的工作；而现在，有些东西从工作中消失了。因为所有的聪明人都在不断学习，伟大的思想也在不断进步，而我们也不得不周而复始、孜孜不倦地学习和传授团队精神。

从第一次对团队发展怀有不确定感开始，我逐渐明白，大多数实现团队合作或团队效能的方法并不是为了直接破解这种组织悖论：对于大多数人而言，合作不过是第二或第三天性，因此我们更倾向于以一种更自私的方式工作，特别是在为了获得奖励和认可的情况下，这一点是亘古不变的。那些最常用的团队效能方法的创建者可能认为，自己已经向大众解释清楚了这一事实，但我相信，大多数人都忽略了问题的核心。曾经，团队效能相关的努力和方法都着眼于提升集体或团队在马斯洛需求层次理论中的层级，希望将大家的合作模式从"保护自己和生存"的最低层级转向"陪伴和友情"层级，却没有超出传统组织结构和系统，没有有效地消除低层级的强大吸引力。这一误解会带来昂贵的代价，但是我所提供的框架可以很好地解决这一问题。

在团队建设中，我们常常会花大量精力用于建立信任，因为信任的建立通常是团队建设的核心要素。管理者希望通过建立信任的训练，可以将团队关系提升到马斯洛需求层次理论的第三层级。建立信任的常见方法包括开诚布公（personal self-disclosure）和约哈里窗口（Johari window，见图1-3），我自己也尝试过这些方法。

1 开放区	2 盲目区
自己知道、他人也知道的信息	自己不知道、他人知道的信息
3 隐秘区	4 未知区
自己知道、他人不知道的信息	自己不知道、他人也不知道的信息

图1-3　约哈里窗口

像很多人一样，我也是约哈里窗口的忠实粉丝，它优雅地展示了我们对自己和他人的了解在人际关系和个人发展中的作用。以约哈里窗口中的"隐秘区"为例，它通常是建立信任工作的重点。"隐秘区"描述的是关于自我的留存至今的东西。团队建设者希望团队成员可以彼此分享私人区域的信息，从而拉近团队成员间的距离。这时，一方愿意展示自己内心的脆弱，另一方则有机会充分了解并安抚对方，由此产生并增强的信任有望改善双方的合作。这看起来似乎有点道理。当向同事敞开心扉时，我们会感受到来自对方的强烈温暖和对方内心深处泛起的同情心，而这些情绪会把我们联系在一起。然而，在现实中，我很少看到涉及"隐秘区"的互动，虽然开诚布公最终会带来美妙的感觉，但是这些情感在以工作为中心的合作中只会产生短暂的效果，并不能产生信任。在后文中，我将继续向大家介绍信任在团队合作中所起的作用。但现在，我只能说，大家通常误解了信任与合作的关系。因此，试图通过信任来解决合作问题是一项错误的策略。当然，有时候，当双方产生强烈的共鸣时，彼此之间的关系可能会发生深刻而持久的变化。但是，马斯洛需求层次理论并不靠谱，也站不住脚。尽管在平日里，平凡的乔斯和珍妮斯可以在营利性的公司中辛勤工作，一起合作，一起努力，但当生意变得糟糕时，他们曾经的合作将会出现各种问题。他们的状态很快返回到马斯洛需求层次理论的底部，就像被冰川困住不能动弹的尼安德特人，一旦冰川融化，他们就会放弃合作，各自捕猎，自至灭绝。

我们需要知道的是，马斯洛需求层次理论的最低层级具有强大的引力，这一引力可以将合作者拉回这一层级。我们需要做的是，提供工具和技术，以最低层级中的个人主义为基础，形成凝聚力。与其不断地与天性和后天习得的丛林法则做斗争，我们不如巧妙地利用这一特性。如何做到这一点需要更多的阐释，这也是本书的重点。

接下来，我将更多地分享我的研究和经验，以帮助读者了解我的观点究竟是由什么塑造而成的。我所叙述的一切都基于我在玛氏工作多年的经验。玛氏是我工作过的地方，也是一个我非常尊敬和喜爱的地方。玛氏曾经以与众不同而闻名，在阅读的过程中，你可能会对玛氏的不寻常之处有更深刻的体会。如果你在工作中接触过那些大型组织的团队，那么我相信你会在书中发现很多熟悉的场景和概念。

在玛氏的初期

墙上有一个小机器，我对着它思考："我该恨你还是爱你呢？"这个小机器是一个时钟。我记得那是2000年11月的某一天，也是我在玛氏工作的第二天。我在来玛氏的第一天就拿到了工牌，工牌上有我的工号，这使我可以像世界上其他玛氏同事一样，通过工牌进行上下班打卡。通过按时上下班，我就有资格获得额外的10%"每日准时打卡奖金"（这在美国被称为punc）。如果你曾对玛氏及其快速文化的相关信息有所了解，那么你可能会知道这一点。这一条规则适用玛氏的所有员工。从玛氏总裁到一线经理、行政人员，再到工厂里的钟点工，每个人都被要求打卡。这一点很不寻常，对吧？我认为打卡机制会让人感到不适，我也为这一管理模式感到担忧。有些人认为，上下班打卡这一时间追踪管理模式，会使一个经验丰富的正处于事业中且拥有两个硕士学位的在职员工，感到自己像一个普通的在破旧面粉厂上班的小时工！我认为这会使我的成就感和自尊受挫。

同时，"每日准时打卡奖金"和打卡制度进一步唤起了我的平等意识，也唤醒了我大脑深处的反叛细胞——那些朋克的部分。它们确实在我的内心深处存在，而且仍然作为我身体的一部分，和我一起抵抗公司的规章，特别是那些资深领导者的特权。我的内心深处住着一个反叛分子，他想让工人们团结起来，从而一起阻挡这一机制的设立。在IBM工作的时候，我每日都会萌生反特权的冲动。根据层级进行区分的停车场、晚餐室、办公室位置安排和位高权重者所特有的好处，都在不断地向我们释放出不平等的信号，这些信号让我在早晨形成了反叛的情绪。然而，在玛氏，情况却大不一样，每个人都必须通过考勤钟进行打卡，我为这种平等的做法感到开心。同时，玛氏还有无差异的停车场、开放的办公室（在我加入玛氏之前，这一制度已经在玛氏存在了50年），所有这些无不体现了玛氏所塑造的企业文化："我为公司奋斗，公司为我服务"（one for all，all for one）[①]。这一理念非常直观地体现在玛氏的"同事"（Associate）概念中：

　　我相信，公司与同事之间的关系远比雇主和雇员之间的关系更有

---

① 这句话最初来自法国作家大仲马的著名小说《三个火枪手》。——译者注

意义和力量。我们每一个人，都是企业的利益相关者，我们有责任坚持我们的原则并且努力取得更大的成果。作为回报，每个同事都期望能够成为独立的个体，能够受到尊重、支持和重视，能够得到公平、公正对待，能够因其表现获得奖励，能够有机会成长和发展。这是一种相互信任、相互尊重的关系，建立在玛氏五大原则的基础上，五大原则重视人的个体性，使得个体的天赋得到释放。

我想："这应该是一个合作（我喜欢的工作方式）会蓬勃发展的地方。"

在我入职玛氏初期，"我们永远同在"的精神深深触动并激励了我。即使"每日准时打卡奖金"正在逐步取消，这句话仍深深烙在我的心里。从那以后，我学到了很多，我曾经那些摇摆不定的猜想得到了证实。在这样一个拥有开放办公室，鼓励低薪同事勇敢说出自己的想法，并希望大家充分合作的公司里，虽然"同事"的身份确实与"雇员"不同，也更有利于合作，但"同事"之间的合作仍然存在着障碍。事实证明，随处可见的考勤表及其背后的打卡制度给我的感觉，就像我在IBM所经历的那样，像是一个与企业文化相背离的符号。严格来说，打卡似乎已经成为每位员工都需要恪守的本分。这种制度虽然也在潜移默化地暗示大家"你们都是平等的"，但也在暗示着大家"你们不过是一些被雇用、被跟踪、被衡量、被奖励的人"。我努力做到准时，去达成那10%的考核指标，我完成了我的工作，拿到了薪水，也许最终我会得到提拔。我们之所以为玛氏工作，是希望以个体的姿态、平等的身份工作，希望处在一个充满善意的环境中。像其他大多数公司一样，玛氏这么做的目的是，充分利用我们的个体性。无论是在玛氏办公室、IBM工厂还是其他地方，考勤表都像一种特别的象征，说明了组织是每个人为了自己（而不是团队）努力奋斗的理想场所，尽管大家都具有团队合作的意愿。

　　不过，玛氏这么做不仅仅是出于善意。在进行高绩效合作框架开发的过程中，我了解到玛氏倡导的团队合作方式是多么独特。我经常与学者和顾问交谈，向他们描述我正在进行的任务：开发一种提高玛氏团队效能的管理方法。我也一次又一次地被问道："你为什么要那么做？玛氏在团队和团队效能方面所做的一切都很好，你真的期望从中得到什么新发现吗？"不得不承认的是，一开始，我也有同样的感受。但是，随着调查的不断深入，我的想法开始逐渐清晰，我的观点也发生了转变。我的核心思想随之出现，并逐渐成形：要养家糊口才进行合作的理由，既不能让团队成员理解，也不足以让他们信服，所以团队中的合作氛围无法形成。我们，也包括我，认为其他人并没有针对"为什么合作是至关重要的"这一问题提出一个有力且深入的清晰解释。合作的背后，实际上是个人生存的问题。更重要的是，团队效能领域的专业人士并没有对这个想法进行过多的讨论、研究或写作。虽然对团队合作的研究不算什么新鲜事，但我清楚地意识到，就这个想法进行深入研究是必要的。

　　在开发我们所提出的团队合作框架这一过程的后期，我参加了一个关于高绩效团队合作的会议，在会议上，我与一位备受尊敬的商学院教授分享了我的方法和早期发现。他质疑我："你没有在所有的团队数据中发现任何一致的东西，对吧？"但是，我告诉他"我有"。我向他描述了一个一致的发现，这个发现适用于任何组织，不论其级别、职能或地理位置如何，团队成员之所以不采取合作的方式，都是因为他们对以下方面缺乏足够的了解：

- 合作的具体要求。
- 为什么合作对个人而言特别重要。

因此，这些团队成员默认自己知道完成工作任务的最好方法是更加努力和花更多时间。听了我的解释，这位商学院教授对我的项目很热情，最后我们花了几个小时对研究结果进行了讨论。现在，他可能已经不记得我了，或许也不记得我们曾经的这次谈话了。然而，我永远不会忘记他的评论："大公司是不做这种事（合作）的。"不知道其他公司有没有做这种事，但玛氏确实"做了这种事"。我相信，玛氏之所以这么做，在很大程度上是基于我们的意愿。讽刺的是，当我们知道这种做法具有商业意义时，我们愿意变得独立自主和与众不同。玛氏是一家拥有百年历史的家族企业，其开放办公室也早已有之，过去四代玛氏的管理者都沿袭了玛氏的价值观，使这一传统得以延续。考勤钟的设置使所有员工平等的主张得到了良好的表达，也让我们看到了要真正实现合作需要有新的思考和更有效的投资。

虽然玛氏是独一无二的，但我们并不孤单。在竞争激烈的环境中运营的其他国际大公司，在我们都努力保持赢利和增长的同时，也面临着可持续性和人权问题。有效合作可以对所有人产生重要影响。对玛氏而言，投资构建真正的合作能力的决策将产生重要的结果，这些结果也已被证明是有用的，并且超出了所有人的预期。我将在下一章讨论玛氏团队效能的构建历程，以及它带来的效果。

总　结

团队建设的投资回报率不高。虽然团队建设已经被证明可以提高员工的参与度和满意度，但很少有证据能够表明传统的团队建设与团队合作的改进如何创造更大价值有关。

马斯洛需求层次理论有助于解释为什么我们不是天生的合作者。人类自然不倾向于合作，除非它与人类的基本需求直接相关。

尽管组织对团队合作感兴趣，但它们通常通过发放薪水的方式激励员工更加努力地工作，这种方法在合作过程中将个人需求降至马斯洛需求层次理论的最低层级。

旨在对抗这一影响的团队建设不会产生持久的效果，因为团队建设不能充分了解我们固有的个人主义本质，以致大家不能发挥各自的优势。

第二章 玛氏和高绩效团队

与许多其他公司一样，为了提高团队效能，玛氏也曾投入经费开设各种讲习班并开展培训。我们一直相信，合作的工作环境是玛氏传统的关键部分，并对玛氏未来的成功至关重要。当然，玛氏存在我在第一章谈及的一些障碍，但玛氏也有一些优势。玛氏的"同事"概念和长久使用的开放办公室让我们超越其他公司。在一些公司中，人们将自己终日封闭在办公室中，仅仅在他们感觉需要时才与其他人接触。

直到2012年，高绩效合作框架才被开发出来。在此之前，我所知道的玛氏团队高效工作集中于北美的高级团队中。我们当时的总裁（后来担任了玛氏的全球总裁）领导公司经历了前所未有的发展。之前，他领导的团队在工作方式中存在过度礼貌、经常逃避冲突的情况，这令他感到沮丧。他认为，开启高绩效团队合作和重振停滞不前的业务的关键在于，领导者需要更加公正、坦率。团队将通过开放、诚实、双向沟通和辩论的方式来迎面解决逃避冲突的鸵鸟行为。这会使团队减少时间和资源上的浪费，为团队带来更高的效率和更多的创新，同时使团队获得更强的竞争力和更大的成功。在咨询顾问的指导下，我们从公司高层开始改革，渐渐将团队合作的要旨下放到组织中的较低层级。由于玛氏上下各级别的团队都以同样的貌合神离的、低效的和难以持续的方式工作，至少在理论上，这种级联方法是有效的。随着项目拓展，我们也发现了它的局限性。

厌恶冲突是马斯洛需求层次理论中较低层级的生存本能之一。厌恶冲突是一种基于恐惧的行为，与生存息息相关。厌恶冲突是一种对我们"战斗、逃避或者留在原地不动"反应中的"逃避"部分的强势启动。我们所看到的职场冲突几乎不存在真正的生命威胁。尽管如此，大脑左右半球中的杏仁核（蜥蜴脑）仍会感知到哪怕是相对温和的威胁，仿佛它们是凶猛的剑齿虎。杏仁核是非理性的，但通过大脑中心的处理，我们能够对恐惧做出合理反应。例如，我们之所以避免与他人冲突，是考虑到自己这么做可能会不再被视为"团队成员"，或为了维护相互之间的稳定关系。在通常情况下，我们会回避与他人的分歧，这样我们就不必处理情绪压力和冲突引起的未知后果。也就是说，我们甚至害怕自己对恐惧的反应。这不是神经官能症，而是一种在典型的大脑功能操控下的正常行为。有些人的这种体验更深、更频繁，有些人对此体验得少一些。一切都是因为大脑希望我们做一些安全可靠的事情。在本书后续内容中，当我更加深入地谈到我对团队信任的看法时，我会对"从功能上讲，信任是恐惧的对立面"这一话题展开更详细的阐释。建立信任的训练，就像我在第一章讨论的那样，可能会在固有的冲突中产生一个小小的改变。然而，根据我的经验，大多数这样的训练并不能解释最基础的深层冲突回避行为——下意识的恐惧。不论是我们自己还是他人，都无法应对恐惧带给我们的影响。因此，在低信任感与恐惧氛围中进行团队合作需要更专业的技能。认识到这一点，我们的总裁选择了一个由团队动力学专家组成的小型顾问团队，专家巧妙且有说服力地引导团队成员进行他们多年来一直回避的尴尬谈话。这就像直接撕下为掩饰伤口却早已血迹斑斑的绷带，将严重感染的伤口赤裸裸地展示在医生面前。一些领导者喜欢这种做法，甚至以此让企业茁壮成长。另一些领导者则表示不满，甚至由于这个原因离开了公司。但对于绝大部分公司而言，这种管理方法确实是有效的。在高级团队中，团队成员彼此之间的沟通变得更加直接，坦诚相待的团队氛围越来越成为一种常态，由宿怨酝酿而成的情感僵局逐渐被打破。

该方法的核心是布鲁斯·塔克曼最初提出的"四阶段团队开发模型"，它在我第一次指导团队进行合作时便发挥了作用。可能你还记得，我曾在前文提及塔克曼的模型预测，团队在发展过程中需要历经四个阶段——形成、震荡、规范、表现，并通过有意识地学习或无意识地尝试来缓解团队内部权力或权威带来的紧张氛围。我们的顾问为团队成员及其领导一直回避或无法解决的话题提供了解决的契机，甚至引发了坦诚、直接的谈话。为了支持这些谈话，顾问教了一些坚定果断的技巧和积极倾听的方法，并在必要时进行干预，以保持工作的高效性和安全性。所有这些都是为了促使高级团队更快速地通过四阶段模型达成更高的绩效。

当我们的总裁晋升为全球办公室的总裁时，我们所提倡的高绩效团队合作方法也随之得到了推广和强化。随着我们业务的变化，在全球范围内，至少在顶级团队之间，强制的、坦诚的、高质量的倾听开始以积极的方式改变着我们的团队建设文化。顶级团队会召开高绩效团队会议。之后，根据我们的级联方法，顶级团队会让下属团队继续开展类似的工作，这样，由高绩效团队理论带来的积极影响就可以自上而下传播开来。在整个业务范围内，规模将成为我们更广泛地开展团队发展建设工作的重要限制因素。我们曾与一家人数较少、规模有限的小型顾问公司合作。更重要的是，其业务背景和管理经验大多针对高级团队的建设，较少涉及处理一线经理和工厂中人数众多的员工之间的关系。在2008年玛氏收购箭牌公司之后，公司的员工数量从4.5万人增加到超过7万人，于是规模就成为制约性因素。就在这时，我也加入了公司的管理团队，着力解决一线工厂的管理问题。不过，我的参与和规模变化无关。我是以个人的身份被纳入团队建设工作中的。按玛氏的期许，我的主要工作是提高团队发展过程中的内部能力，同时节省咨询费。至少，在一定程度上，公司有解决一线工厂管理问题的需求，而我有技能和兴趣满足这种需求。

2000年，当我第一次到达玛氏时，我已经具备了超过15年的与各级组织、团队合作的经验。这时，我的团队管理兴趣和才能也进一步被唤醒了。所以，当玛氏在2008年要求我作为内部合作者，以替代成本更高的外部合作伙伴时，我欣然接受了这个工作机会。我立刻被这项工作吸引了，它充分地赋予我很强的工作热情。我的原生家庭经历可能使我对团队动力学产生了兴趣，并让我对说真话、实话所带来的疗愈能力产生了热爱。在美国大学研修硕士学位课程的两年间，我和其他20名左右的同学一起对团队动力学进行了研究。我的上述经历、背景和其他激励因素，都激发了我的研究热情，促使我选择与玛氏进行合作。

首先，我采纳了我们的外部合作伙伴曾使用的团队开发过程。这一过程根植于良好的咨询和经过时间考验的团队动力学理论基础，它们有助于非常直接地解决问题。这一过程的核心是一个基于团队反馈的"应对困境练习"（hot-seat exercise），练习通常需要花费三至四个小时，并需要加入一个为期两天的关于"保持团队一致性"的研讨会。在研讨会中，团队成员总是先向顾问进行自我介绍，然后分享他们对即将发生的事的感受。接下来，顾问将与团队分享在研讨会之前对团队成员进行访谈所得到的数据，并在小组中进行讨论和验证。开放式反馈过程通常紧跟着数据处理练习。在这个咨询案例中，团队反馈是团队成员互相打开约哈里窗口的方法，让个人分享关于自己的隐秘信息（第三窗口），并从同事那里获得盲点信息（第二窗口）。通过这次研讨会，团队中越来越多的成员开始讲真话了。在这种练习中，我察觉到了其中的一些变化。在其中一种情况下，处于困境的成员会对围坐在他周围的人开诚布公。应对困境的人在开诚布公时需要遵循一个简单的协议，即阐述的事例需包括以下两项内容：

- 我所做的事情妨碍了我们团队的高绩效。
- 我可以采取不同的措施来加速我们团队实现更高的绩效。

在应对困境的人开诚布公之后，团队的其他成员会一个接一个地向他提供反馈，并分析他的行为将加速或是抑制团队绩效的提升。

其他时候，顾问会让每个团队成员在墙上贴一张纸。纸上写着他们的名字，并画有两组"1—10"的刻度，代表高绩效的"基石行为"：坦诚和接受（对反馈开放）。每个团队成员都会对同事表现出的行为水平进行评价，在两个"1—10"的表上给其他团队成员打分。然后，每个团队成员都会站在表的旁边，其他团队成员则围着他们。他们会向团队汇报，并指出让自己高兴、惊讶、困惑或失望的地方，同时询问他们需要的更多细节和信息。两个反馈过程均未采纳匿名方式。

有时，我们在进行"应对困境练习"时使用了不同的陈述方式，但过程总是以这种开放和直接的方式进行。在这样一家公司里，即使是一对一的业绩反馈，通常也会被软化和淡化，业绩评级也会向上倾斜，更不用说这种公开反馈，难免会带来令人震惊、不安和恐惧的效果。

我很快就开始尝试我刚才描述的方法。例如，在继续搜集团队访谈数据的同时，我也为团队成员编制了一份问卷，以便他们在研讨会期间完成。此外，我们的方法选取了八个特征来描述正处于塔克曼四阶段模型第四阶段的团队，这些属性也可作为高绩效的工作定义。此外，这些属性还具有明确的战略、共同的目标、清晰的角色等。不论是过去还是现在，这都是一份非常强大的清单。但是，它没有提到团队成员是否知道他们以团队为单位进行运作的理由，也没有提到团队成员是否理解大家在一起的目的，更没有提到信任。刚开始，我对这两个方面感到好奇，特别是他们如何发挥团队效能，这两个方面都将在本书后文进行更详细的讨论。因此，我创建了一个简单的室内调查，添加了团队目标和信任。否则，我将继续遵循"保持团队一致性"流程的框架。我用我所描述的方法协助团队进行反馈。他们的数据表明，团队流程或协议缺失。因此，正如我们的顾问所做的那样，我开始与团队合作开发这些流程或协议。随着时间的推移，通过使用这种混合方法，我在团队开发方面的知识和技能得到了不断的积累，并且取得了一点创新，这也为我赢得了声誉。随着我不断尝试新的技术和工具，我越来越感觉到我们的团队咨询方法缺少了一些东西，这可能是一些基本的东西。或者，也许是我们对高绩效需要什么的假设偏离了目标。不论是哪种情况，一系列相当典型的团队效能与我们其中一个业务团队的相互关系，都证实了我的怀疑，并最终促使我所要开发的框架之核心想法和概念的形成。

在我告诉你那个让我茅塞顿开的时刻之前，我们先来重温一下我在书中谈到的玛氏五大原则。玛氏以外的人可能会认为这只是一种企业价值观。这是一种价值观没错，但远不止如此。玛氏五大原则是我们如何完成工作的基础。我在这里再总结一下：

质量：消费者至上是我们的信念；保持高质量是我们的工作；令产品物有所值是我们的目标。

责任：作为个人，我们要求每一个人各尽所能；作为同事，我们支持其他伙伴尽其责。

互惠：互惠就是分享利益；可以分享的利益才会持久。

效率：我们充分利用资源，决不浪费；务求人尽其才，物尽其用。

自主：我们需要独立自主来塑造我们的未来；我们需要利润来保持独立自主。

不论过去还是现在，玛氏五大原则都是我们成功的关键，它们甚至嵌入了我们团队框架的思想中。基于这个团队的绩效提升经验，我形成了自己最早期的一些见解，尽管我遇到了困难，但玛氏五大原则成为团队发展的重要基础。就像我在前文谈到的所有团队一样，每位团队成员都非常优秀，并且出色地完成了很多工作，但他们仍需要帮助。他们也会不遗余力地帮助我。我在这个团队工作的经历引发了我从一个知识渊博、能干的传统主义者到一个致力于合作的逆向主义者的转变。

一个房间，一个团队，不同的目的

在担任玛氏内部团队效能顾问的早期，我曾在一个酒店的会议室工作。这个会议室非常奇特：房间又长又窄；天花板很低；墙上贴着有烟熏痕迹的玻璃镜子；地板上铺着一块破旧的、略带红色的地毯；地毯上面有皇冠图案，散发着清洁剂的味道和陈旧的烟味。它看起来的感觉像是一个廉价的、狭窄的、新泽西版的凡尔赛宫的镜厅。在那里，我与一个跨职能品牌团队合作，以提高其团队绩效。当时，我们已经陷入了僵局。在这个映射着所有人镜像的洞穴里，一切都安静得令人不安。最后，我提出了一连串的问题，打破了沉默，这些问题源于我的挫败感——一种即将失败的感觉，也来自我内心真正的渴求："作为一个团队，你们到底应该做什么？我是说，你们为什么要一起组成团队？目的是什么？"我不知道他们怎么做才能达成一种高绩效，因为他们甚至不知道为什么他们是作为一个合作单位或者一个团队存在的。我在问完问题之后所得到的那一阵漫长的沉默说明了一切。这充分说明了他们的困感，他们缺乏使命感，对这些问题的答案并不明确。事实上，就在几周前，当开始与团队合作时，我就在心中打上了这些问号。

团队中的领导者邀请我参加了他们的几次例会，以便我能观察团队的动力情况，从而为之前描述的类似镜厅的非现场研讨会做准备。我参加了两三次他们的定期会议，每次会议都有不同的主题。我在其中一次会议上看到的情况与我参加的其他会议别无二致，很多人都会对这一情况感到熟悉。

在新泽西州哈基茨敦办公室一端的一个小会议室里，十二三名男性及女性员工围坐在一张长方形的会议桌旁。房间的一面墙上有高高的朝南的窗户；头顶上的灯被关掉了；水平百叶窗被放了下来，似乎隔绝了一切，除了寒冬时节洒下的阳光。房间里最明亮的光源是投射在房间一端大屏幕上的电子表格，以及团队成员在桌子周围座位上工作的五六台笔记本电脑发出的蓝光。另外，一些同事正在使用黑莓手机，他们把黑莓手机放在桌面以下，试图掩盖自己的行为，就好像神秘的数字拇指钢琴大师。当屋里的人加紧撰写提案、起草邮件时，房间里充斥着大大小小的、持续不安的键盘声，所有这些似乎都与此次会议的主题无关。在这一片昏暗的、嘈杂的环境中，三名成员正在激烈地争论着电子表格中几乎看不见的数字。每隔一段时间，就会有一个脑袋从电脑屏幕或黑莓手机中弹出，加入关于电子表格的辩论。然后，他一旦提出了自己的观点，就会迅速地返回到电子邮件或演示文稿的工作中，尽量不让外界的干扰消耗自己的注意力。在某种程度上，这种既可以迅速加入谈话又可以迅速从谈话中跳脱出来的能力令人印象深刻。但很明显，他们没有一个人能给予谈话充分的关注，他们有自己的工作，而这份工作所蕴含的价值要求他们心无旁骛地处理。

当这一典型的场景上演时，人们发现会议中的成员各自为政，没有交集，我突然想到一个问题：如果这些人的额头上都写着一个数字（代表他们每小时的工资），那会怎么样？如果总经理突然走进这个房间，迅速计算出今天的会议给公司带来了什么损失，又会怎么样呢？我不知道他是否会像我一样得出这样的结论：如果这些人坐在办公桌前，或者在工厂里做他们的主要工作，那么他们中大多数人的工作效率会大大提高，从而为公司创造更大的价值，而不是坐在这个昏暗的内有屏幕荧光的房间里，试图清空塞满各种邮件的收件箱，或是在被与己无关的辩论干扰的情况下写报告。

在我的职业生涯中，我参加过一些非常糟糕的会议。这一场会议并不比我参加过的其他会议差。当回头看这场会议时，我突然意识到会议本身并不是问题的关键所在。当然，房间很小，不算理想的工作环境。会议过程设计拙劣，像是在讲述一个噩梦，而正是可怕的讲述引发了令人沮丧且漫无目的的辩论。不过，这场特别的会议虽然很荒谬，却是一个更大、更健全的业务流程的必要组成部分，必须继续下去。我们必须对新产品构思、计划、计算成本、测试并投入市场。跨职能合作或跨职能参与在这一复杂的多学科进程中是必不可少的。从合作的角度来看，会议很糟糕，但至少会议仍在推动工作完成，尽管其中大部分内容与会议主题无关。

导致会议效率低下的关键问题并不是其中的员工。他们每个人都是玛氏的忠实伙伴，致力于按照五大原则工作。他们之所以在这种糟糕的环境下参加这场会议，是因为责任原则要求他们这样做，责任原则规定同事、团队成员需要在会议上露面。随着会议的展开，他们每个人都在收发电子邮件、做报告和讨论投影上的电子表格，做自己认为最重要的和最有价值的事情。和我观察到的许多其他会议类似，员工之所以对会议漫不经心，是因为会议本身构思不周，个人的工作任务过多，他们又不得不聚集在一起。除此之外，还有其他事情发生了。我突然想到，团队成员似乎不知道或者忘记了为什么他们会聚集在一起。除了责任原则和"团队合作将带来好处"的默认假设之外，在这次会议的核心过程中，他们似乎尚不清楚合作的意义。或许，他们每个人都非常清楚个人应该如何做出贡献。但从他们的表现来看，作为集体中的个人，他们好像并不明白大家在一起合作的目的是在个人贡献之外增加额外的团队价值。但事实上，这种强制的团队合作正在妨碍着个人的工作，而这项个人工作可能和他们在会议上注意到的其他团队工作一样重要。他们知道自己的工作和个人价值，但对团队工作和团队价值知之甚少。

在接下来的几周时间里，我们一直待在这个类似凡尔赛宫的会议室中。最终，我向这位领导和他的团队提出了一些在几周前便在我的脑海中初具雏形的问题：

- 作为一个团队，你们应该做些什么？
- 你们为什么会走到一起，或者说你们走在一起是出于什么目的？

我得到的答案并没有让我大吃一惊，他们答道："其实，我们还没有真正考虑过这些问题。我们都支持这个品牌，并且我们都认为自己需要在这里参加这些会议。另外，我们永远无法预知会议中会发生什么需要我们当中的某一个人参与的事情，所以为了以防万一，我们认为大家都需要在场。"

这虽然是一个合理的理由，但还不足以支撑这个团队通过合作创造出真正的价值。

更重要的是，我知道，不仅仅是这个团队在挣扎，玛氏其他部门的其他团队，以及我多年来工作和咨询过的其他公司也有相似的经历。总而言之，以这种方式运作的团队在一定程度上浪费了员工的工作时间，同时给员工士气和敬业度带来了负面影响。但这些负面影响给组织带来了多大的损失？又有多少钱被浪费在这些令人沮丧的无效团队会议中？扭转这种局面将为我们带来什么价值？我们需要做什么？

至少在没有深入挖掘的情况下，我无法回答这些问题。将这些问题进行量化解答不仅超出了我的能力范围，还会耗费大量时间成本和精力。但常识表明，这么做将有很大机会提高团队绩效。一旦我做了这项研究，我就能够回答"需要什么才能扭转局面"这个问题。就我所知，对这个问题的研究几乎完全被这一领域的权威人士忽视了。

就在我对玛氏正在采纳或拟采纳的团队工作方法产生令人不安的想法时，我在玛氏内部的咨询业务正在起步。令人兴奋的是，我很快就加入了世界各国不同层级的团队。但我一直在致力于开发自己的工具包，尽管我已经做了一些实验和改进，但工具包并不够完善。而且我意识到，我之前所做的关于"什么能使合作真正起作用"的假设是有缺陷的。我亲身经历了个人努力和团队合作之间的紧张关系会不可避免地产生的一些代价：

- 虽然可以推动个人生产力增长，但是会在马斯洛需求层次理论中将人们之间的关系从合作一级向下拉。
- 增值合作的效力和潜力，以及公司对增值合作的需求会发生变化。

我当时之所以没有这么说，只是因为我对这个问题不够了解。不管我曾经是如何描述这件事的，如果全公司范围的团队效能能够提高，并且值得付出努力和投资，我们就需要探索这种紧张关系的形成原因，并迎头解决它。

大约在这个时候，玛氏的另外两个发展方向加剧了我的不安，并在学习职能和发展职能等方面给内部咨询顾问施加了压力，从而让我们继续在团队合作方面努力。

首先，玛氏收购了箭牌和其他几家公司，并且宣称高绩效团队合作将会成为一种"签名实践"（Signature Practice）。将这一行动命名为"签名实践"意味着，它将应用于我们近期或将来的所有业务，并且是各项业务的核心流程和实践之一，对各项业务的成功与否起着至关重要的作用。"签名实践"的实施范围很广，从财务管理到绩效管理，再到员工敬业度激发。如果这被称为 "签名实践"，那么我们需要在这一实践中确保员工的权利。如今，我们不再使用"签名实践"一词，但我们仍然需要遵循一套与之类似的始终如一的公司流程。2009年，当"高绩效团队合作"被列入"签名实践"清单时，我们还没有明确定义"高绩效团队合作"的含义。我们不清楚是在谈论与高绩效团队一起使用的避免冲突和创建信息反馈活动的方法，还是仅仅强调团队合作的重要性。不管怎样，我们已经做出了承诺。所以，我们也必须得做点什么，让它成为现实。

几个月后，在另一部分业务中，在与公司商业优先级和商业战略保持一致的前提下，我们的领导力发展团队正致力于开发能够改进我们核心领导力的产品。不出所料，公司决定，"高绩效团队合作"将成为我们新一轮经理培训课程的主要组成部分。我在玛氏大学的同事开始向我寻求这个项目的答案和内容。由于存在知识产权，我们无法获得外部高绩效团队顾问所使用的团队管理方法。此外，正如我之前所说的，我越来越确信，现有的方法不是公司新的管理者所需要的。我在这一点上发现了一些问题，却没有找到答案。

- 在高绩效团队中使用的高绩效团队合作模型是否达到了预期管理目标？使用方式是否出现了问题？
- 塔克曼四阶段模型得到了广泛的应用与验证，为什么应用到玛氏的团队管理实践中却不奏效呢？

- 真的有办法可以有效地处理个人需求与高绩效团队合作之间的紧张关系吗？还是说，我只是在开玩笑？

当不得不面对这些问题的时候，我已经在玛氏工作了两年。在这两年的时间里，我大约和120个团队一起工作过，这些丰富的经验不仅为我提出的问题提供资料，而且将从此改变我对团队效能的看法。在下一章，我们将向大家阐释我所进行的研究和我从中得出的初步结论。这项工作不仅解决了我的疑问，并且催生出了本书的主题。

总 结

许多公司都将外部顾问提供的经过时间检验的模型奉为圭臬，并希望通过这些模型提高团队效能。

这些努力耗费了团队和公司的时间和金钱，但几乎没有证据表明这些模型真正对合作产生了积极影响。

基于塔克曼四阶段模型的方法可以通过妥善解决冲突来加速团队发展，从而为团队带来一些好处。然而，在我们的组织中，这些正面影响似乎并不持久。

此外，随着业务的发展，许多团队出现的问题都超出了顾问的能力范围，任何依赖顾问的方法都存在范围限制。

这些缺点不仅令我们质疑现行的团队效能方法是否有用，还引发我们思考究竟需要做些什么才能使团队管理方法发挥出更大的用处。

第三章　我的研究与初步见解

摆脱旧思想的束缚

2008年，我已经形成了一种可靠的直觉。我可以凭借直觉察觉到什么对团队有效，什么对团队无效。我的直觉告诉我，一些最常用的团队开发概念和理论已经过时。但是，我的直觉并没有具体化为洞察力，直到我具备了更多经验和受到了更多训练。我的洞察力不仅帮助我理解了什么不起作用，还启发我想出了可能的替代方案。

事先提醒：在本书中，我建议你停止使用一些被广泛接受的团队效能工具，虽然多年来成千上万的人一直都在使用这些工具。考虑到这些经典方法已经存在了很久，因此我的提议看起来非常大胆。如果这些典型的团队效能工具对你同样不起作用，那么我建议你参考我的经验。当然，我也知道你会对我的观点产生怀疑，我不会责怪你。在这一章和下一章，我将用我们在研究过程中得到的信息和数据来解决你潜在的怀疑。如果你已经接受并准备好使用我们的新方法，那么你可以跳过这两章。如果你满足下列情况之一，那么这两章同样适合你：

- 你很好奇为什么我会决定放弃使用典型的团队效能方法。

- 你虽然愿意相信我，但还是不免对我采取的团队效能方法持怀疑态度。
- 你已经尝试使用了标准的团队建设技术和工具，但没有成功，你想了解失败的原因。
- 你对我提出的新方法背后的原因很感兴趣。
- 你和我一样，是致力于团队效能提升的极客[①]，喜欢挖掘更多技术性的东西。

现在你应该对本章内容有所了解了，我们就一起来挖掘其中的奥妙吧！

我们在哪里

我在第二章的末尾留下了以下几个问题：

- 在高级团队中使用的高绩效团队合作模型是否达到了预期管理目标？使用方式是否出现了问题？
- 塔克曼四阶段模型得到了广泛的应用与验证，为什么应用到玛氏的团队管理实践中却不奏效呢？
- 真的有办法可以有效地处理个人需求与高绩效团队合作之间的紧张关系吗？还是说，我只是在开玩笑？

在不知不觉间，我已经开始回答前两个问题了。2008年，在我开始本章所执行的调查之前的一年半左右，玛氏宣布将高绩效团队作为"签

---

① 极客是指对一个或几个特定领域有狂热兴趣并投入大量时间研究的人。——译者注

名实践"。关于玛氏的"签名实践"，我在上一章有所阐释，它是一项包括领导层在内，玛氏所有员工都需要共同执行的行动。虽然不同业务部门之间的差异需要得到尊重，但为了遵循玛氏五大原则中的效率原则，各部门存在着很强的一致性。

当得到有关以团队为中心的"签名实践"的消息时，我要求领导寻找外部合作伙伴，让它们帮助我们以一致的方式定义"签名实践"，然后将其部署到全球。与我们有过合作并帮助我们取得重大进展的外部咨询公司数量不多，共有24家，它们全部来自美国。此外，它们的业务主要集中在高级团队方面，所使用的方法均针对该级别进行优化。我的直觉一直告诉我，它们所采纳的基于塔克曼四阶段模型的方法并不适用于公司较低层次的业务。我觉得我们需要一种普适的方法。对于全球任何一个玛氏团队来说，这种方法都可以使用并且行之有效。但塔克曼四阶段模型显然不是适用于所有团队的方法。

在搜寻过程中，我们找到了很多著名且可靠的团队效能流程。然而，经过漫长的竞标过程，我们对所看到的一切管理方法都不是特别满意。其中，我们考虑过兰西奥尼的团队协作五大障碍模型、德雷克斯勒·希贝特的团队绩效模型以及肯·布兰查德公司团队情境领导模型。我们甚至在几个团队中尝试了肯·布兰查德公司的方法，它虽然有一定的优势，但最终失败了。我们提出了一些可能奏效的团队效能方法，但是我们的领导和同事都没有对此做出正面回应。我们发现：

- 这些产品中的资料没有被改编或翻译成英语以外的语言，因此公司很难将其推广至遍布全球的分公司。
- 这些产品所提供的资料和框架不符合玛氏文化。

虽然一直以来的搜寻并没有让我们找到心仪的合作伙伴，但正如我刚才所提到的，我提出的几个问题都得到了部分解答。问题不完全在于工具本身，也不在于我们使用工具的方法。在这个过程中，我逐渐意识到缺乏文化契合度是团队面临的核心问题。大多数现存的团队效能模型背后都存在着一些由来已久的固有想法，而这些想法和玛氏大多数团队的需求并不一致。如果玛氏存在这个问题，那么其他组织可能也存在这个问题。

大约在这个时候，我做出了另一个影响我在团队效能方面工作的决定——在整个组织中更广泛地明确团队发展的意图，这也意味着我们需要在经理发展计划中进一步嵌入团队效能。我和其他学习和发展部门的同事一致认为，作为公认的"团队成员"表率，我会深入研究文献，看看什么东西比较适合我们的企业文化。这不是一件小事，我带着兴奋和惶恐的心情接受了这一任务。我因有机会继续寻找答案而感到兴奋，同时考虑到这一问题的性质，我又感到胆怯。任何一家公司的企业文化都是非常复杂的。市面上已经有很多著作对企业文化进行了探讨，不同著作中的观点常常是互相矛盾的。尽管我有硕士学位和面向各级组织的咨询经验，但是我并不认为自己在企业文化研究领域有足够透彻的了解。尽管我已经在玛氏研究工作了16年，但是我也不认为自己完全了解玛氏文化。不过，这么多年的经验确实让我真真切切地感受到团队文化对团队建设至关重要，因此在研究团队效能时，我需要对文化因素加以考虑。不论是在玛氏还是在其他公司，团队效能都是十分微妙而复杂的。如果我们期待着可以简单地通过一个通用方案解决团队效能问题的话，这无疑是死路一条，就像在一场几乎可以预见失败的赌局上押上了赌注。

当谈到玛氏文化时，我确信不论过去还是现在，玛氏都是一个高度重视行动、简洁明了和实用的地方。在经理发展计划中，我发现任何管理方法都需要具备以下特征：

- 理论上合理。

- 极度务实。
- 即使团队没有掌握任何基础理论，管理方法也可以使用。

这些属性将使我们的方法行之有效，并且可适用于世界各地不同业务的团队。正如我在第二章提到的，我亲身体验到塔克曼四阶段模型并没有有效地提升团队绩效。在寻找外部合作伙伴的过程中，我所见到的任一模型或方法，似乎都不适用于我们的文化和目标。有一段时间，我认为威尔·舒茨提出的方法可以提升团队绩效。舒茨的思想隐藏在著名的FIRO-B[①]工具背后，这个模型由三个部分构成。我非常欣赏这个模型的简单性，它围绕着员工对融入、控制和亲密（在工作后期将演变成开放）的需求而构建。但我越是努力地把他的模型与我在玛氏团队工作时遇到的问题进行比较，我就越清楚地意识到，采纳这一方法也必将进入死胡同。至少对我们来说，这个方法过于心理化、临床化。而对非心理咨询师来说，采纳这个方法太容易出错。虽然这个模型很简单，但不实际，也不容易实施。

2010年7月，距离"签名实践"的发布已经过了两年，距离团队效能计划被纳入经理发展课程已经过了一年，我仍然觉得自己一事无成。最后，我打电话给玛氏的一位同事——维杜拉·巴尔，维杜拉当时是领导力发展计划的主管，拥有博士学位，曾是大学教授。在耐心地倾听了我的沮丧经历之后，她明智地建议我研究一下我在过去30个月接触过的大约125个团队的所有数据。"好的，好的！"我脱口而出。我怎么会没想到这一点呢？在听了她的建议之后，我很快就明白了，再一次感到兴

---

① FIRO-B，即人际基本关系导向行为（Fundamental Interpersonal Relationship Orientation-Behaviors）。舒茨的研究表明，任何在小组内工作的人都有三种基本需求要得到满足，即融入需求、控制需求和亲密需求。这三种基本需求中的每一种也是其他人想要解决的，同时也由有这些需求的人表达。

奋，但是我又非常担心自己不能有什么新颖的、有趣的或有用的发现。

维杜拉建议我研究的数据包括：

- 我设计的并且由来自不同国家、不同组织级别和不同职能部门（比如销售、财务、制造等）的约65个团队一起使用的团队调查问卷。
- 同一团队成员的个人访谈记录，平均每个团队有8名成员，总计约520次访谈。
- 我所主持的大部分研讨会的笔记和回忆。
- 我对125个团队的室内体验。

除了建立个人的数据库，我还包揽了所有相关工作。同时，我也在致力于寻找外部顾问、研读文献，但没有发现任何人做过这方面的研究。虽然这一研究并不能达到学位论文的研究级别，也不符合我的以往风格，但我相信这一研究能够得出非常有力的结论。

首先，我需要确保数据具备一致性，这样的数据才有价值。当开始与玛氏团队合作时，我就制定了一套独特的问卷和团队成员访谈协议，在微调的基础上一直沿用。因此，我确定了30个来自不同的职能部门和地区但使用了相同调查和访谈方案的团队作为研究样本。

我的妻子协助我一起工作，我们一起整合了所有基于电子表格的调查问卷。然后，我们将访谈按主题分组，将单个想法或片段从访谈中分解出并分类，然后将所有的内容加载到另一个电子表格中。我们大约花了两周的时间搜集、整理所有数据。之后，我又花了三个星期的时间厘清数据背后的逻辑，努力弄明白这一切。事实证明，我之前对我们将一无所获的担心完全是多余的。事实上，我们从这些数据中得到的见解出人意料地简单，又至关重要。

第一个见解：我们只是不知道怎样合作

采 访

尽管最后我们只选择了30个团队进行后续研究，但当我决定开始这一项研究时，我已经与来自30多个国家的不同层级的不同职能部门的1 000多名团队成员和团队领导进行了交流。尽管样本具备一定的多样性，但我们从访谈的数据中仍然可以通过分析得出一个令人费解但非常清楚的信息。大部分团队成员通常会做出一个典型的描述：

我们是一支非常优秀的团队，团队中有很多有才华、有奉献精神、勤奋工作的成员。我非常尊敬他们，但我知道，我们的合作非常有限，尽管我们都认同大家应该相互合作。

但是，我在访谈数据中发现了大家对同一个问题有多种回答。我让这些优秀员工告诉我，他们认为团队应该在什么方面进行合作。他们的反应几乎都是模棱两可的，比如"这个项目……""那个目标……""其他的计划……"。也就是说，在典型的团队中，大家对于"应该在哪些地方展开合作"这一问题的共识相对较低。

我不知道自己期待他们对这一问题作出怎样的回答，但这显然不是理想的答案。他们非常聪明、勤奋，有责任心，愿意合作。事实上，他们知道并期待的合作比他们实际采取的更多，但他们根本就没有合作。我记得，针对这个问题，在进行这一项研究时，我曾对着想象中的团队客户说："既然你知道你需要做什么，那就继续干吧！这又有多难呢？"

事实上，跨出这一步真的很难。我的研究发现，这是一个典型的"知行"悖论（或"知行"差距）的例子。我们都知道自己应该少吃一点，但我们还是不停地把食物铲进餐盘。我们都知道自己应该每周锻炼几天，但是我们仍继续工作或玩糖果捣碎之类的游戏。面对自己无法做到"知行合一"的无力感，员工遭受着痛苦，公司也遭受着痛苦，显然团队也遭受着痛苦。造成这种行动停滞的原因有很多，比如对现状的不满、对变化的恐惧和个人天生的防御本能。仅仅告诉团队成员他们需要继续合作，是远远不够的。

更重要的是，我从访谈中提炼出的信息虽然不起眼，却给我留下了深刻印象。我期待自己可以从这些信息中得出深刻的、惊喜的且可以让我兴奋得呐喊的见解。我需要一个好的想法，一个可以演变成有用的、迷人的团队发展方法。然而，我得到的结论是，"我们知道自己应该这么做，但是无法做到"。对我而言，这种想法毫无裨益。在这里，我停滞了。

有人给我提过这样的建议：不必总是知道接下来该怎么做。当不知道该做什么的时候，你会对"接下来该做什么"的思考有更清晰的认识，这一点更加重要。当不知道该怎么做的时候，我该怎么做？我是一个内向的人，我把自己带到了一个人单独待着的地方。在那里，我可以慢慢踱步，自言自语。我在小小的办公室里踱来踱去，喃喃自语，含糊不清地咒骂着，又走回书架旁，试图寻找任何有助于我理解这条不起眼的信息的东西。最后，我逐渐安定下来，想到聪明能干的人会发现自己在这条走向合作的路上被困住了。专家告诉我们，"知"与"行"之间的差距不能依靠汲取更多的知识来弥补，我们已经掌握了大部分甚至所有的相关信息，但我们仍然没有采取适当的行动。如果他们并没有掌握所有相关信息呢？我恍然大悟，不禁喊出一声"啊哈"。我的实验对象都是从各自角度来看待问题的，忽视了一些在我看来显而易见的东西：

他们不合作的一部分原因是他们不知道在什么方面进行合作，也不知道应该一起做些什么。

让团队成员知道自己具体需要做什么有助于缩小"知"和"行"之间的差距。"少吃""多锻炼"等模棱两可的警告并不有助于弥补这些差距。告诉他们需要执行的具体步骤更有效，最好是明确的小步骤。在团队发展练习中，这些团队成员一起上烹饪课，并不时艰难地进行尴尬的谈话，大家已经花费了大量时间和金钱来了解彼此的性格类型。但是，他们没有停下手头上的事来互相询问对方："我们应该一起做什么特别的事情吗？我们应该从哪里开始呢？"对这些团队来说，"合作"和"团队合作"只是一种普遍的口号与共同的工作方式。但是，这些团队没有专注于明确的、具体的团队任务，而仅仅是在表面上发扬史蒂芬·科尔伯特提出的所谓"团队精神"。他们没有做的是，弄清楚他们在实现共同目标、愿景的过程中需要在什么方面进行合作。他们不仅需要知识，还需要明确合作的方向。

问卷显示了什么

正如我提到的，除了通过访谈获得我刚才讨论的见解外，我还向每个向我咨询过的团队发放了一份问卷。这是一份比较基础的问卷，我在问卷中设计了20个问题，针对每个问题设置了6个从"强烈反对"到"强烈同意"的1—6分制选项。这不是一个非常合适的调查，也不像统计学中的调查那样无懈可击。我没有足够的预算，也不具备足够的专业知识来做这件事，但不管怎样，这份问卷最终达到了预期目的。当对团队进行管理时，这些问卷可以提供有用的信息。当这些信息汇总并反馈给团队时，它们可以让团队一起更好地谈论重要决策。

总的来说，这些问卷及其引发的讨论让我进一步了解到为什么团队成员在合作意愿上如此一致，但我始终未能做到这一点。在研究中，我们将来自30个团队的200多名成员的问卷数据整合在一起，以便分离出团队成员心目中最认可和最不认可的理想团队描述。研究显示，以下五个描述最受团队成员认同（下列描述按认同程度由高到低排序）：

- 团队成员因加入该团队而感到自豪。
- 团队中的员工具备一定的技能和能力，包括岗位职能能力和其他高绩效团队所需要的能力。
- 团队成员的个人目标与团队的总体目标战略相契合。
- 整个团队的业务成果由所有职能的团队成员共享。
- 团队成员了解他们各自的角色以及其他团队成员的责任。

当我回顾这五个在团队成员看来最重要的描述时，其各自的焦点令我印象深刻。这些都描述了个人特征或精神状态，例如自豪感、技能和角色明确性。最受团队成员认同的描述是"团队成员因加入该团队而感到自豪"，这一结果表明团队成员具有团队精神。但访谈数据清楚地表明，他们的自豪感主要源于个人的素质和能力，与合作或团队合作的质量无关。

现在，我们再将目光聚焦到团队成员最不认同的五个团队描述：

- 团队需要预留一定的时间，以定期评估团队近期的表现是否满足团队发展需求。
- 团队成员善于表达不同的意见，直接且及时地处理差异和分歧。
- 团队有便于理解的问题识别和决策制定程序。
- 团队评估重要事件，以吸取教训。
- 团队内的工作环境开放，通常不存在未解决的紧张关系。

与前五个认可度最高的描述不同的是，这五个认可度最低的描述更多地着眼于处理整个团队及其内部的关系。集体名词"团队"在三个描述中被用作主语。例如，"团队需要留出时间""团队评估"等，其余一个描述中所提到的"工作环境"是整个团队创造和体验的东西。最后一个主题（管理差异和冲突）是一种个人技能，更类似人际交往技巧，只对改善与其他团队成员的关系有一定意义。

总而言之，最受认可的理想团队描述都涉及个人属性，最不受认可的理想团队描述则倾向于处理团队或团队关系问题。

在访谈中，团队成员告诉我："我想合作，但我不知道应该合作些什么。"调查问卷数据也反映了缺乏合作清晰度将会如何影响他们的工作重点。对于处理个人所有权和个人目标等问题的技能、角色和态度，个人很容易掌握并付诸行动。可以理解，个人的努力和目标是他们投入时间和精力的地方。而本质上更具挑战性的合作活动和思维方式被忽视了。像冲突管理和群体决策这样的事情并没有被清晰而具体地描述出来。结果，这些行为和心态已经滑落到了调查问卷排名的底部。

从调查问卷数据中，我得出这样一个假设：在访谈中，团队成员非常清楚自己的目标和任务，并且能够很好地处理，这占据了他们大部分工作时间。因此，他们几乎没有时间、精力或兴趣为团队合作付出努力。

观察结果：合作水平

基于观察团队的行动，我得出了一个结论：合作有许多方面，并非所有方面的合作都是平等的。有些合作完全是偶然的，只是因为两个人碰巧都在做相关的事情。其他时候，合作可能是有意为之的，甚至在工作开始之前，两个或两个以上的人就意识到他们需要对方。他们甚至可以坐下来和对方签订合作协议。最后，我发现一些以工作为中心的互动是极为有害的。

　　考虑到不同的合作互动类型有所区别，我开始对不同的合作进行区分（见图3-1）。通过粗略计算每种合作的相对值，我发现有的合作可以提升价值，有的合作反倒侵蚀价值。这里的"价值"是什么意思呢？正如我前面所说，合作消耗时间、精力、金钱等资源。如果合作不太可能产生比一个人单独工作更好的结果，或者在个人努力之外创造出任何好处，合作就不值得。换一种说法，如果合作可以生产相较于团队成员孤军奋战时所无法创造的更好的产品、更高的利润，或者节省更多的金钱、时间，抑或产生其他明确的利益，合作就可以提升价值。如果这些额外的收益无法被创造，合作就是在浪费时间、精力和金钱，从而侵蚀价值。

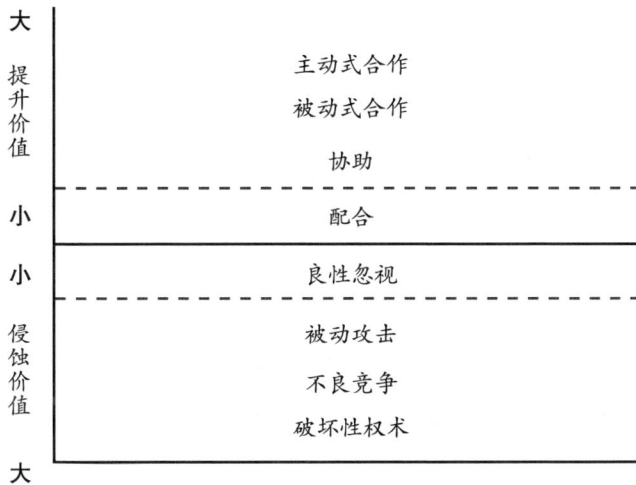

图3-1　合作水平

　　图3-1上半部分代表"合作互动"，它们往往在个人努力之外创造价值。在越往上的区域，人们通过合作得到的回报就越多。图3-1下半部分表示侵蚀价值的互动和关系，它们往往会浪费时间、资源等。毫不

奇怪，在越往下的区域，价值被侵蚀得越严重。

我将从模型的中间部分开始说起，讨论分界线上方的"配合"和分界线下方的"良性忽视"。然后，我逐一解释每一层次。最后，我会带大家深入探析"侵蚀价值"区域。

配合——配合与协助不同。配合是指两个或两个以上的人同时在同一个地方工作，但并不一定存在太多的互动。这在开放的办公环境中很常见。这种合作就像我带着两岁大的女儿在公寓游戏室里玩的时候所形成的平行关系。在游戏室里，另一个爸爸和我，他和他的儿子，我和我的女儿，都在同一时间待在同一个房间里，当孩子们一起玩耍时，大人们就可以聊天，享受彼此的陪伴。取而代之的是，当我的女儿莫莉全神贯注地用巨大的红色积木建造房子，而她预定的玩伴则痴迷于玩具卡车时，我们就会专注于陪伴各自的孩子，从而取消了互动。

良性忽视——良性忽视类似于配合，但在这一互动中，互动者之间的实际距离更加疏远。在为同一个老板工作的团队成员，或在同一个团队但在不同办公室、地点、国家工作的团队成员，会产生良性忽视。这些团队成员一般都很尊重对方，尽管他们不是彼此日常工作的一部分。当面对面交流的时候，他们会变得非常友好，因为他们会重新建立联系，并及时了解他们所在地区发生的一切。玛氏看到了很多这种合作关系。良性忽视不会消耗大量的资源，也不会产生更好的结果。由于团队成员之间的关系变得不连贯，以及重新连接需要能量，它稍微位于"侵蚀价值"区域内。

协助——有时，我们会在咖啡机前碰面。我们开启友好谈话，讨论各自在做的事情。我们也会了解到自己的工作与对方有关，但工作内容不一定相互重叠。当双方的工作有重叠时，我们会相互协调；如果需要，我们会根据对方的工作努力调整自己的工作内容，同样他们也会调整自己的工作。结果，我们对相关工作有了一定的了解，以便我们可以及时做出合适的反应。然后，当我们在咖啡机前的协调过程结束时，我们通常就回到自己的办公桌，回到自己的工作中，也回到"配合"中。

被动式合作——有时，我们在咖啡机前或会议上进行协调时会发现自己所做的工作实际上与其他人的工作相互重叠或相关。出于乐于助人的好心，或出于确保自己可以达成目标，或同时出于以上两种目的，我们就被裹挟着进入了被动式合作。这些重叠或相关的工作让大家不得不紧密合作。特定的被动式合作可能带来很多好处，例如，我们可以避免成本高昂的重复劳动，得到为解决同一问题而提出的两个不同建议。不管被动式合作可以带来什么好处，一旦结束，我们通常就会回到"配合"或"良性忽视"。你们发现这个循环模式了吗？

主动式合作——与被动式合作相比，这一级别的合作是事先计划好的。从一开始，大家就很好地理解了共同的工作是什么，以及能够通过合作获得什么价值。项目计划代表一种有意的合作，它更关注任务、工作流和资源。在这里，我们讨论的是通常在正式项目或团队中进行的结构化程度较低的合作，这种合作关系最为少见。根据我的经验，它能给相关成员以及他们所在的团队和组织带来最大的好处。有了愿景和计划，合作者在合作时不仅会考虑彼此之间的关系，还会考虑自己和利益相关者究竟需要什么。他们可以花大量的时间推动彼此的思考，并进行创新。主动参与合作的人也有更多的时间来判断未来可能出现的问题，并为突发事件制订预案。当然，被动合作的人也可以做这些事情。但如果你处于被动状态，那么你经常会急急忙忙地救火，或者试图做些什么来弥补失去的时间，所有这些都会消耗掉原本可以用于工作的机会成本。

被动攻击——这是人际关系中一种常见的动态形式，在遇到麻烦时，我们不会直接处理它；相反，我们放任自流，任凭麻烦事肆意发酵。这种现象很常见，当人们在同一办公室工作时，这种情况的发生频率并不比同事离开自己的位置少。这些被压抑的冲突往往会在不经意间渗透出来，可能通过对其他队友的事后评论等言语表露出来，也可能通过言语之外的行为表露出来，比如某人"忘记"了一个事先计划的会议。此外，还存在其他形式的无意破坏行为。早期，也许这些行为并不会直接导致冲突，但是你可以看到团队的关系、气氛以及最终的合作质量在慢慢地被这些被动攻击侵蚀。

不良竞争——一个人在别人背后捣鬼，不惜以牺牲他人为代价，为自己赢得地位、认同等优势。这种相互影响会对每个参与者的情绪和心理健康造成损害，尤其是那些被针对的目标人物。在过去40年里，我们一直在努力通过领导力发展计划培养真正的领导者，我们也不希望这种人成为榜样。不良竞争会破坏团队的合作，分散所有人的注意力，让人们无法完成工作，它不仅会影响那些被针对的小部分人，还会让整个团队陷入负面状态，导致最具侵蚀性的群体间影响的发生。

破坏性权术——这是一种制度化的不良竞争模式。在制度化的竞争中，以牺牲他人为代价来提升自己的地位已经成为组织中默认的潜在规则。我在玛氏很少见到这种竞争模式，但我在其他地方工作时会看到有公司期待或鼓励这种自相残杀的斗争。破坏性权术有时被当作一种管理手段，功能较弱的组织用它来解决领导层的问题，迫使那些"无法忍受的人"离开。事实上，这种方法会侵蚀所有相关人员和公司业务的价值！

综上所述，我把最后三种侵蚀性关系称为"功能失调"。对于我们这些和团队打交道的人来说，需要明确"是什么导致了功能失调"。这是一个重要的问题，我将在本书的后续章节进一步讨论。现在，我想说的是，真正的团队功能失调是罕见的。在与我合作过的团队中，有些团队花费了更多的合作精力来"创造价值"，这是值得肯定的。我还发现，大多数玛氏同事天生就乐于助人，只要有人寻求帮助，他们就会给予帮助。

我在框架引入后又做了一些研究。基于研究，我发现组织中约80%的合作时间都花在了图3-2的合作周期中。

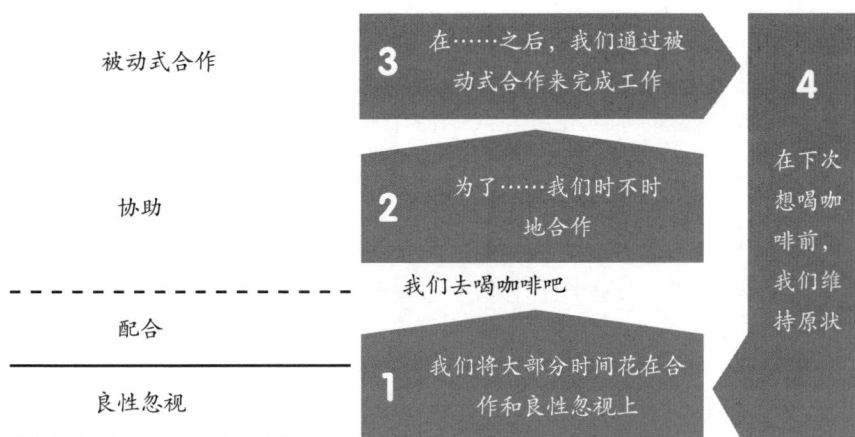

被动式合作　　　**3**　在……之后，我们通过被动式合作来完成工作

协助　　　**2**　为了……我们时不时地合作

我们去喝咖啡吧

配合

良性忽视　　　**1**　我们将大部分时间花在合作和良性忽视上

4　在下次想喝咖啡前，我们维持原状

图3-2　合作周期

顺便说一下，并非所有的工作都需要合作。有时，"良性忽视"和"配合"都是非常恰当的工作方式，能够帮助大家最有效、最经济地完成工作。关键是，合作者需要学会区分哪些项目将从合作中受益，哪些项目将无法从合作中受益。我将在后面的章节中针对这一点展开讨论。

在我的调查中，当我要求团队成员描述合作时，他们所说的"同事在交流时没有使用确切的词语"就是这个循环周期的一部分，虽然他们认为自己的同事很能干、乐于助人、擅长本职工作，且常常在被动式合作中施以救援，并引起轰动，而这种轰动也让自己感到更加自信。不过，随着时间的推移，这种循环会造成损失。被动式合作的本质就是灭火，当然，施以救援的同事会感到自己就像超级英雄。实际上，被动式合作涉及重复工作和纠正错误，因为人们从一开始就没有与正确的人建立联系。不久，这个循环如果继续持续下去，就会导致整个团队筋疲力尽。

在遇到这种情况时，我最担心的一点是团队成员明明知道他们所做的事情既不令人满意，也不可持续，却不采取任何行动打破困局。他们告诉我，他们憧憬着与有价值的同事进行主动式合作。他们在寻找这一问题的答案，我也是。

当这个模型的基本轮廓在我脑海中初步形成时，我开始思考，团队和集体可以为自己带来什么。除了做经典的团队建设和性格测试，团队还能做些什么来打破 "知行"束缚，增强合作的明确度，以及促使团队进行更加主动的合作呢？什么能让团队做更多自己真正想做的事，而不是进行让人产生倦怠感的被动式合作呢？经过更多的思考和一些实践，我开始明白，这不仅仅是关于团队可以做些什么事的问题。不管采取什么新方法，团队都必须明确自己需要停止做什么和停止关注什么。我一直采纳的概念和模型帮助团队取得了有限的进步，并让团队成员产生了更加良好的感觉。这些方法并没有对团队发展产生很大帮助，如果一定要说这些相同的方法让团队做出了什么改变，那就是在一些团队成员不太有合作意愿的前提下建立起有意的、主动的合作。

在下一章，我们将探讨团队普遍接受的想法和活动，但这些想法和活动对主动式合作的帮助不大。然后，我将对"团队应该开始做一些什么事情"提出建议，以便帮助团队成员不断优化自己的合作模式，最终通过主动式合作创造真正的价值。

总　结

　　玛氏明确了高绩效团队合作的重要地位，使之成为整个集团的标准实践。

　　我搜集了全球100多个团队的数据，并对这些数据进行了分析，以深入了解提高团队绩效的方法。

　　通过这个分析，我认识到合作有许多层级和种类，一些合作可以产生强有力的结果。

　　我决定集中精力开发一种方法，帮助团队寻找到一种强大的合作形式，从而让团队效能最大化，同时根据需要使用其他级别的合作方式。

第四章　无用之事

被浪费的时间、金钱和精力

无论是达成合作，还是增加合作数量，抑或增强合作质量，都需要投入时间，并消耗组织的金钱和资源。这些付出有时甚至会让团队精疲力竭，还会触及其底线。不过，许多最受欢迎的团队合作和团队建设的概念实际上都是在浪费时间、金钱和精力。我们可以按照专家的建议去做，但从团队效能角度来看，我们得到的回报很少。例如，我们稍后将讨论的一个目前流行且看起来合理的概念，试图使用共同的目标来加强团队合作，结果适得其反，仅推动了个人努力。其他有问题的团队概念虽然更普遍，也更基础，但仍有待检验。在本章，我们将考虑：

- "团队精神"的概念和团队为追求团队精神所做的误导性工作。

- 为什么你在使用"团队合作者"（team player）一词时需要格外小心。

- "真正的团队"有什么不一样吗？成为一个"真正的团队"意味着什么呢？

事实证明，"功能失调团队"这一概念出现的频率比大多数人想象的要少。

为了达到最终目标，现在将上述三点提出来讨论是很重要的，这可以帮助你扫清道路，从而促使你思考团队效能的替代方法。我们必须留下一些得到读者重视且深入人心的观念，以便到达更好的境界，从而推动知行合一。

"团队精神"的问题

一些被广泛接受的观点认为，团队在打着团队建设的旗号做事时，不仅会造成资源浪费，还会阻碍团队效能的提高。我们将从"团队精神"的概念说起。

无数的领导者都曾向我夸耀他们的团队有多优秀、完美。他们在谈论团队精神时说："每个人都在团队中相处得很好，大家都感觉很舒服。我们是一个强大的团队。"之前，我就将他们描述的这种感觉良好的团队气氛称为"团队精神"。

尽管团队精神或者让团队成员感觉良好的团队精神是可爱的，但这往往是一个团队缺乏继续挑战勇气的标志。这些团队满足于平和、轻松的感觉，没有坚持合作，也没有进行真正合作所需的艰难谈话。这种所谓的"团队精神"阻碍了团队高绩效的实现。

我们来深入研究这个流行的概念。大家现在停止继续阅读，先思考一两分钟"什么是团队精神"，并将那些浮现在脑海中的词记录在下方的空白处。

我们来比较一下各自的答案。当我做同样的练习时，我想到的前五个词是：

- 能量。

- 商誉。

- 同心。

- 团结。

- 活力。

这是我列出的词，可能和你想的不一样（顺便说一句，我也不知道"活力"来自大脑的哪个部分）。我已经让其他人做了这个简单的练习。在这项非正式研究的基础上，团队精神描述了团队在以积极的方式敏锐地体验到彼此间的连接时所获得的集体热情。我怀疑其中还包含了某种可以让团队成员松一口气的特殊元素，使得团队成员不会互相踩对方的脚趾，也不会互相搔痒。

是什么造就了团队精神？有很多事情。有时，团队精神来自激烈的被动式合作中团队成功应对危机后的欣喜。一位海军陆战队员告诉我，"军团精神"主要建立在共同的困难之上。有时，团队精神会随着团队达到目标或取得超出预期的结果而萌生。随着团队不断被认可，团队的合作氛围也会变得更融洽。

我感受到了团队精神的脉动，我敢打赌你也感受到了。它是甜蜜的，充满活力的，有回报的，转瞬即逝的。更重要的是，它并不是衡量团队效能或合作水平的可靠指标。如果你准备花几块钱参加绳索课程（ropes course），以建立团队精神，那么请等一等。在付定金之前，你不妨问问自己："这项活动需要具体做些什么呢？特别是，这项活动可以提高团队通过合作为企业创造更强大成果的能力吗？"团队建设者常常主张加速决策、改善问题解决方案和加大创新力度，但我几乎从未见过他们兑现这些承诺。

我不想成为一个抹杀团队乐趣的扫兴之人，团队需要享受乐趣。有时，团队应该只是为了获得快乐而做一件事。我的建议是，如果你认为花一天时间玩滑索道或彩弹枪追踪游戏将使你的团队工作起来更有效率，那么你可以再仔细想一想。事实上，这不会为团队效能的提高带来任何帮助。我认为，有一种与众不同的团队精神可以提高团队效能。当我在第十二章谈到团队学习时，我会详细谈一谈这种团队精神。

尽管我深深怀疑这些活动能否真正带来团队精神，但团队精神确实存在，并且值得追寻。我有两个建议。首先，想办法让团队精神从你和你的团队在做真正需要做的事情时产生。这项工作将继续进行，而你从特殊事件中获得的连接高点是短暂的。其次，也是最重要的一点，请记住，团队精神并不能使团队更有效率。团队精神仅仅是一个结果或指标，而不是一个预测器，所以我们不要把它当作追寻的目标。

最后，你如果感觉不到团队精神，那么也不要给自己压力。正如我之前所说的，团队精神是短暂的，它不应该是目标本身。团队精神往往会因为一个意想不到的原因而出现。我见过团队精神在团队激烈的、令人不安的辩论之后突然产生。你一定要记得，让自己时不时地休息一下、放松一下，即使是在走钢丝的时候也要爽朗地大笑几声。但是，不要忽视这一点：团队成员在一起从事困难的、真正能提高团队精神的工作时，可能会遇到巨大的压力，尤其是在这件事饱受争议的时候。

小心"团队合作者"

或许，在现实生活或者像《办公室》（*The Office*）这样的电视节目中，你也听过这样的论断："卡洛斯，我们为自己的团队精神感到骄傲。但是，我们能指望你成为一个团队合作者吗？"或者，也有其他人在我背后评价："卡洛斯不是一个团队合作者。"在团队并不团结而错误地达成了"团队非常团结"的共识后，团队合作者逃避的现象就出现了。当我们希望每个人都排在自己后面时，不管他们的实际想法如何，我们都会选择说服对方成为向自己妥协的"团队合作者"。

如果你是那个错误共识的反对者呢？如果你不是团队成员，但反对团队领导或主导成员强加给团队的观点，那么你会怎么办呢？事实上，如果真是这样的话，那么你将成为唯一一个真正的团队合作者。尽管你会试图让他们思考相反的观点，从而帮助他们取得更好的结果，但他们会对此熟视无睹。相反，你会被定义为坏人而不是团队合作者。一旦有人对你做出"团队合作者"的评价，其他人就会陷入沉默。请注意，不管是关于你还是其他人，"团队合作者"的评价可能只是一种含糊其词的恭维；或者，这是一个表明团队将在某个地方进行一场有益的、真正充满活力的辩论，从而使团队整体呈现好转的迹象。

团队是什么并不重要

当我第一次向我在玛氏的老板（一个厉害、杰出、迷人的英国男人）介绍新的团队绩效框架时，他问我："这是为真正的团队设计的吗？这对普通的团体有效吗？"当时的我有点鲁莽，答道："是的。"我解释说："一个团体究竟是不是真正的团队，与其能否进行有效合作无关。"换句话说，我发现严格定义"真正的团队"这一概念没有任何实际价值。

不过，我非常想要阐明的一点是，在企业界，"团队"一词的使用非常随意。在玛氏和其他数不胜数的组织中，每当人们聚集在一起讨论他们共同的工作时，他们都将自己定义为一个团队。他们可能只是一个小团体，或许是成员数量高达几十个的大团体；他们所从事的项目范围可能很大，也可能很小；他们讨论的时间也可以在任何时候。不管规模、环境如何，普通的团体都喜欢把自己看作真正的团队，这一点不值得讨论。

我们的老板，还有其他比我聪明的人，可能会认为我所说的都是"垃圾"。你们可能会觉得，如果我能用一些非常合理的理论来定义"什么是团队"和"什么不是团队"，那么一切都会更清晰。

不过，你还记得我说过玛氏是一个非常务实的组织吗？不论在6人还是在60人的团队中进行合作，与务实的、有想法的管理者和领导者讨论对方所领导的团队究竟是不是"真正的团队"这一辩题，无异于浪费彼此的时间。我敢打赌，在你工作的地方，情况也是这样的。事实上，所有的团队都需要一定程度的协作与合作，而我的工作正是帮助团队成员弄清楚他们需要的合作是怎样的。他们想知道，在不使用专业术语的情况下，他们可以做些什么来优化合作，以便创造出更好的结果。

但我们不能仅仅因为真正的团队难以形成，就对团队管理和发展问题坐视不管。关于这个问题，我们也需要采纳别人的看法。这也是我在制定框架时所做的事。

团队规模重要吗

卡岑巴赫和史密斯是《团队的智慧：创建高绩效组织》（*The Wisdom of Teams*: *Creating the High Performance Organization*）一书的作者，这本书给出了"真正的团队"的定义。在这本20世纪90年代的作品中，他们解释说，真正的团队：

> 由少数技能互补的人构成，他们致力于通过一种形成共识的路径来实现共同的目的、绩效目标，并相互负责。①

这个定义不仅经过了充分的论证，还非常优雅、直观，看起来是正确的。它提供了一个清晰的边界，定义了什么是一个真正的团队。我同意所有的描述，除了对团队成员数量多少的描述。"少数"是什么意思呢？这让我想起了很久以前的一个电视广告——一个冥思苦想自己需要给孩子多少干李子来额外补充纤维才比较合适的消费者。"六个够吗？八个是不是太多了？三个是不是太少了？"作为团队效能顾问，当一个团队中只有15个成员时，我应该因为他们不是"真正的团队"而拒绝与之合作，或者让他们去其他地方寻求帮助吗？当然不应该（顺便说一句，我认为作者的本意也不是这样的）。或者，我应该解释一下："虽然你们不是真正的团队，但是我们仍可以帮助你们成为一个真正的团队，甚至是一个高绩效的团队，但我想说的是，你们现在并不是一个真正的团队。"我不认为接下来的讨论对每个人都有价值。

当来自世界各地的80位研发人员聚集在一起参加为期三天、半年一度的会议时，他们称自己为"全球研发团队"。他们这样做，就像

---

① Jon R. Katzenbach and Douglas K. Smith, *The Wisdom of Teams: Creating the High Performance Organization*（HarperCollins，1993）.

堪萨斯城一家工厂的6位经理称自己为"工厂领导团队"一样容易和舒适。我曾经试图向一位全球高级品牌经理解释，他手下的那群来自世界各地的50位经理很少交流，他们并不是一个团队，而是一个临时的团体或工作组。你觉得他愿意就这个问题和我进行学术讨论吗？他一分钟都不愿意，因为他不在意。在我与数百个团队一起工作所得到的每一个案例中，它们全都根据自己的经验，认为自己就是真实的、真正的团队。这些团队具有一些共同点，团队成员一起负责了真正的工作。我刚才提到的品牌经理明确地知道自己需要改善员工之间的沟通和合作情况，因此他向我和我的同事寻求帮助，但是他并不知道也不想学习"什么是（或不是）一个合适的团队"。

我们再看一个关于"真正的团队"的观点：哈佛大学的理查德·哈克曼写了一本书《领导团队：为伟大的表演搭建舞台》（*Leading Teams: Setting the Stage for Great Performance*）。他用了整整一章的篇幅来阐述怎样组成一个真正的团队。他写道：

> 关于"真正的团队"，它的规模可以是大型的，也可以是小型的；它的权限可以是广泛的，也可以是受限制的；它可以是临时的，也可以是长期的；成员间的地理位置可以是相同的，也可以是分散的；成员可以执行多种不同类型的工作。[①]

现在，我们再来讨论这个话题。人们对团队的理解是广泛的，包括所有类型的团队。一个团体究竟是不是真正的团队不受我或其他专家的想法左右，重要的是，团体内的所有人都坚信他们就是真正的团队。不论其规模大小，所有认为自己是团队的团体，通常都真诚地希望提高

[①] J. Richard Hackman, *Leading Teams: Setting the Stage for Great Performances* （Harvard Business School, 2002）, 60.

效率和合作水平，体验更强的凝聚力甚至团队精神。对我和我的客户而言，了解自己是一个团体还是一个团队，抑或一个高绩效团队，没有帮助。对这样的团队真正有帮助的是：

- 明确地了解什么工作通过合作完成得更好。
- 了解团队内部的什么人应该在什么方面合作。
- 弄清楚团队如何集体提高工作效率。

我喜欢进行好的且能让我真正投入的学术讨论。当我开始开发这个框架时，我决定创建一些实用的、可供需要帮助的经理或团队成员使用的东西。我明白，我必须向卡岑巴赫、史密斯和哈克曼这样聪明而博学的人学习，框架需要反映出值得借鉴的最佳思维。同时，这个框架需要考虑到我们的文化、偏好和现实情况。

我们的文化过去没有耐心进行理论辩论，现在也没有。我发现其他公司也是如此。所以，当我提出我们的框架时，我回避了在定义"真正的团队"上达成一致的必要性，我把重点放在了我开始相信的旨在更好地达成合作的团队的共同点上：增值合作。

我们重温一下我所说的"增值合作"，就是一个团队的合作工作可以产生比个人努力的简单加总所能获得的更好结果。还记得我在上一章描述的合作水平图吗？我发现，价值最大的积极合作（主动式合作）在图的顶部。

我们从这个假设说起。顺便说一句，以下提到的知识受哈克曼博士的启发。

为了替组织创造或释放更大的价值，大家需要合作，需要在组织中创建团队，需要在团体里形成团队，而这些无法简单通过个人努力的集合来实现。

团队合作的冲动往往始于组织结构。"我们都负责市场营销的工作，并且我们都可以被称为高级营销人员，所以我们是一个团队。"不过，这还不足以使人们对合作有足够的期待。与个人努力相比，合作更加费时、昂贵和复杂。作为一个团队，我们需要付诸行动，努力工作，最好能带来更多净利润。如果一个团队的合作没有逐渐产生更多或更好的产品或结果，即创造价值，组织就不会也不应该长期支持这个团队。

这不仅仅是组织的要求。哈克曼博士建议，以下三个标准可以判断合作团队是否成功：

- 团队的输出可被团队客户或者以组织为单位的客户接受。
- 团队能力的增长。
- 团队中的每个成员都能体会到意义和满足感。[1]

在玛氏，我们将团队效能的三个衡量标准解释为组织、团队和每个团队成员的价值创造，这比任何"真正的团队"是什么或不是什么的不可违逆的定义更重要。令人开心的是，他们接受了这一定义，并将其作为自己的定义。

不要让别人给出的关于"真正的团队"的定义限制了你的思考和合作。不论你是领导者、团队成员还是顾问，你都应找出团队更需要在哪里进行增值合作，并投入精力来实现它。此外，不论你是为团队、团体还是工作组工作，都可以应用这个基本概念。实际上，由于合作主体

---

[1] J. Richard Hackman, *Leading Teams: Setting the Stage for Great Performances* (Harvard Business School, 2002), 60.

的多样性，我在本书的其余部分交替使用"团队""团体""工作组"等术语。

功能失调的团队——已不再是曾经的模样

至少在25年前我刚开始和团队合作时，我是这么认为的：功能失调的团队最需要行动起来。功能失调的团队也最令我担心和着迷。不正常的团队动力学往往弥漫着一股危险的气息，给人一种熟悉的感觉，你还记得我那庞大的原生家庭吗？这听起来有些道理，对吧？

你还记得我曾谈到的在北卡罗来纳州细布厂中的那个团队吗？我渴望遇见这样的团体，希望帮助它们解决问题，这让我感觉自己像一个英雄。我相信，我更擅长处理更加棘手的团队问题。在我的专业指导下，过去的挫折和强烈的压抑怨恨涌上团队成员的心头，就好像堆积如山的肮脏衣服被拖出来暴露在我的眼前。当时的合作真是太匆忙了，我真希望我知道我是多么不负责任。我想不出我与这些团队的努力会产生持久积极影响的例子。在大多数情况下，其他人会感觉更好，甚至感觉更具团队精神，至少感觉轻松。不过，当我回忆起这些事时，为了他们的利益和我的利益，我宁愿自己没有走近这几个团队，因为我揭开了我和团队都无法面对或有效处理的伤口。当然，没有人因伤口的揭开而死，但我确信，这样的治疗无疑会给团队留下情感和心理创伤。

不用说，这些研讨会让人感到痛苦，但它们在我的职业生涯中也教会了我一些最重要的道理。我希望我以前的客户也能懂得这些道理。正如从痛苦中吸取的教训一样，这些道理也需要一段时间才能变得清晰。对于我而言，大约在五年前，在我开始致力于与玛氏团队合作后不久，所有的团队管理课程开始融合。我开始与一个都向财务副总裁汇报工作的领导和经理团队合作。由于该团队和我在不同的城市，我首先通过手机视频通话的方式采访每个团队成员。第一次访谈才开始几分钟，我就知道团队出现了一些问题。在屏幕中，我看到了泪水、恐惧、愤怒，我也不断向他们保证我会对这次谈话内容保密。到了第三个视频，我的心情从期待变成了担心，又急忙提醒自己，我还需要更加谨慎。在这种情况下，我做了一件自认为最聪明的事。我停止了采访，给人事与组织部门的领导打了电话。我告诉她："摸着自己的良心，我不能继续和这个团队合作。"我还告诉她，问题不在团队，可能团队也有自己的问题，但更大、更紧迫的问题来自老板。我建议，在和该团队合作之前，我们应该讨论如何解决这个非常现实的问题。

　　事实证明，他们早已知道问题所在了。人事与组织部门副总裁，以及财务副总裁的老板（公司总经理），甚至业务领导团队副总裁的同事，都知道这个家伙存在问题。问题是，他们都希望，在一个方便的团队研讨会上，其下属团队能给他明确有力的反馈，并要求他做出改变。有趣的是，他的同事和老板曾在类似的研讨会上给出一定的反馈，试图帮助他看清自己造成的伤害，但最后这些努力都以失败告终。如果和他同级的人、他的老板都无法成功改变他，那么他的直系下属又能做些什么呢？我们真的能够指望一帮初级管理人员可以说服老板不要囚禁他们、操纵他们，并让老板知道自己应该改变吗？副总裁的同事和老板都是好心人，他们真心希望我能成功做到他们做不到的。毕竟，在他们看来，我是一个"专家"。但是，从"专家"的角度出发，我告诉他们，这是一种危险的做法，而且几乎没有成功的机会。

　　值得称赞的是，人事与组织部门同意介入并终止这一过程，然后让财务副总裁制订了一个绩效改进计划，还给他找了一个外部教练。人事与组织部门的副总裁还同意亲自与财务副总裁及其团队会面。他们一起解释说，团队会议被推迟了，因为财务副总裁在真诚地努力改变自己的工作方式。我们还得再等一段时间。

过了几个月，财务副总裁的教练变成了一名顾问，这位顾问在职业生涯的大部分时间都在促进团队效能研讨会的召开。经过几个月的指导，他敦促人事与组织部门副总裁与这个团队一起举办一场以反馈为中心的研讨会，其目的是诱导和促使他们进行一些坦诚、直接的谈话，以消除隔阂。换句话说，这个顾问想让他们做我几个月前拒绝做的事情。人事与组织部门副总裁对此感到紧张，这是可以理解的。他在研讨会前一周打电话给我，问我是否有什么建议——我再次建议他们不要这样做。不管怎样，他们还是做了，正如我的英国老板可能会说的那样，这个过程很快就出现了问题。在低信任度的气氛下，团队成员感到压力很大。可想而知，因为他们不得不在同事面前对威吓他们的老板说些负面的话。他们的担心和我与他们在一起时的担心一样：他们的老板以后会拿这些话来反对他们。研讨会开始了，但不久团队成员就对研讨会表示抗议，因此会议很早就结束了。

大约一年后，在我的研究中，我反思了这个故事和其他我参与过的类似故事。我突然意识到，与我共事的绝大多数团队都相当稳固。我在财务副总裁的团队所经历的团队功能失调问题实际上只是一个例外。与我共事的绝大多数团队都在不断取得业务成果。团队成员也许并不能形成十分良好的合作，但通常他们相处融洽，互相尊重，十分投入地工作。我唯一一次在团队中看到问题是在一两位团队成员举止不当的时候。

有人说，一个坏苹果可以毁了整个篮子里的苹果。但是，只有当你把坏苹果放在篮子里的时间足够长时，这种情况才会发生。就财务副总裁而言，当经理打乱了一个原本相当不错的团队时，当团队成员的行为具有破坏性时，同样的情况就会发生。

不管我们多么努力，我们都会招到不好的人。不管我们给一个人安排了多少次面试，对他进行了什么样的模拟，我们经常会不可避免地雇用一个根本无法胜任工作的人。可能是技术问题，也可能是文化不匹配的问题，不管在什么情况下，我们都会遇到不好的员工。大多数公司可以通过真正的努力让误聘者走上正轨。也有很多其他公司会选择忽视这个问题，只是默默地幻想着误聘者会变得更好。但是，如果误聘者继续无谓挣扎且丝毫没有改变，那么他迟早会影响其合作者。

即使一个团队成员对团队造成了巨大的破坏，这个问题最终也会演化成领导问题。在我职业生涯的早期，我在图库行业工作时很幸运地为一个有天赋和善于鼓舞人心的领导者（亨利）工作。亨利教会了我人员管理领域的大部分知识，他曾悉心指导我，包括绩效问题处理和扩展团队的相关知识。当时，我也在管理一群图片研究人员。我遇到了金姆—— 一位聪明优雅的女士，那时她正处于事业的后期，她和她的前经理从另一家照相馆跳槽，加入了我们的公司。金姆被明确地安排到我的团队中，公司领导，包括金姆的前经理，都认为金姆的表现一直存在问题，他们希望我可以解决这些问题。或多或少地，我曾听到一些关于金姆的评价：

> 卡洛斯，这位女士（金姆）比你大20岁，在行业的经验比你丰富得多。她辞去了一份长期的、安稳的工作，去了别的地方——跟着她以前的经理来到我们公司，结果在第一年就崩溃了。卡洛斯，你年轻有为。我们从未怀疑过你的能力，现在我们需要你对她做些努力，然后让我们知道她的改变。

这是我第一次开展管理工作，而且我很肯定，自己从来没有解雇过任何人。

我的老板向我发布这项任务证明他对我很信任，我很感激。尽管如此，我们还是要谈谈隐藏在最深处的事。我当然不会在当时直白地说这些话，但金姆的问题的确是一个文化不匹配的例子。我们公司是图库摄影业务领域正以光速前进的后起之秀，相比之下，金姆来自一个更古老、更稳重的公司，这个工作上的改变其实并不适合她。我尽我所能教导她，试图帮助她看到自己所需要的改变，并帮助她相应地做出行动。我也花了相当长的时间从自我否定中跳脱出来。那时，我不过是一个缺乏经验的经理。面对一项陌生而不讨喜的任务，我也毫无准备。我告诉自己，"一切都会成功的"，尽管在某种程度上，我知道自己的努力是徒劳的。过了几个星期或几个月，我不记得确切的时长了，金姆还留在团队里，办公室里的空气中一直弥漫着莫名的挫败感。后来有一天，我的老板来找我聊天，虽然我记不清他具体说了些什么，但他的意思是：

暂时忘掉金姆吧！我知道，你想在困难的情况下为她做正确的事，这也是我选择你处理这件事的原因之一。但想想其他团队成员，不管金姆是否是有意的，她都反复地让他们失望了，最后你的团队成员都在受苦，团队绩效也受到了影响。金姆无法承受她的工作，显然你也没有采取任何相应措施，团队正在为此付出代价。她的信誉已经丧失，如果你继续这样优柔寡断，那么你的信誉也会迅速消失。卡洛斯，你的团队成员很尊重你，但你必须为他们做正确的事，否则这种尊重不会持久。这是你想要的吗？

我的老板亨利真的很聪明。就在同一天，我按照亨利的建议，以体面且委婉的方式辞退了金姆，这就像在大型机器中插入最后一片齿轮，使机器得以运转。虽然这花了一些时间，但成功了。最后，金姆真挚地感谢了我，不过这不是重点。对于一个正在挣扎或面临失败的团队来说，这个影响是巨大的。我们团队的绩效被拖累并不是因为我们的功能失调，而仅仅是因为团队中一个成员的工作不适合她。在前段时间，除了绩效的下降，团队的士气和参与度也受到了打击。人们在金姆和我的背后议论纷纷，团队里的消极情绪不断增加，功能失调也变得更加严重。而这些都是因为她的经理（我）没有有效地解决个人绩效问题。

我从这一经历和我之前讲过的财务副总裁的故事中吸取了三个教训。

第一个教训：这其实是个人绩效的问题。团队的问题和挫折通常是由个人引起的。所以，在试图帮助一个正在挣扎的团队之前，你应该看看能不能通过解决个人问题来解决团队问题，然后对症下药。

第二个教训：永远不要试图通过团队的干预来解决个人绩效问题。不论是团队成员还是团队领导，都是你所看到的问题的关键所在，我们需要的是可靠的绩效管理。团队研讨会是解决个人问题的有效途径。

第三个教训：问题总是出在管理者身上。团队绩效的关键是管理者，而不是表现不佳的团队成员。即使一个团队成员把其他成员踢出局，主要的问题还是在于管理者未能采取有效行动。

在其他健康的公司中，很少有真正功能失调的团队，只有不熟练或懒惰的管理者才不会对团队的健康和绩效负责。在好奇团队需要什么之前，你需要弄清楚，团队的需求是不是源于团队中的个人需要帮助，然后从那里开始。

真正功能失调的团队

功能失调的团队数量可能比我们想象的要少。事实上，功能失调的团队只是组织生活中的偶然现象。管理者和团队成员有时会做一些扰乱团队正常运作的事情，如果不加以解决，就会引起一些看起来像团队功能失调的问题，其至最终可能导致真正的团队功能失调。我们再来看一下我之前分享的图（见图4-1）。

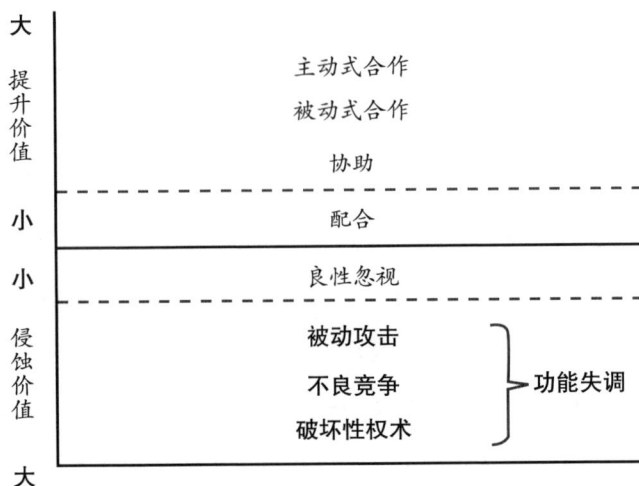

大
提升价值

主动式合作

被动式合作

小   协助

小   配合

小   良性忽视

侵蚀价值

被动攻击

不良竞争 　　}功能失调

破坏性权术

大

图4-1　合作水平

当图4-1底部的任何行为在一个团队中被制度化时，它们都会导致真正的团队功能失调。例如，在一个团体中出现"被动攻击"是正常的，但是当"被动攻击"成为常态时，问题就演化成了功能失调。同样，一个团队内的竞争实际上是健康的，也可以是有趣的。当团队成员之间的竞争开始分散他们做正事的注意力，且每个人都专注于他们虚假的胜利时，就会演化成功能失调。权术是组织或团队的一个标准特征，利益需要被考虑，议程也需要被推进。然而，当一个团队中的权术成为目的本身，而不是被用来推进适当结果和议程时，权术就会变得具有破坏性，团队就会面临功能失调的问题。如果管理者不时地允许或促进这种侵蚀性行为，这就会产生真正的功能失调。

正如我之前所说的，在健康的组织中，真正的团队功能失调是罕见的，常见的是会扰乱团队的个人绩效问题。为了让图4-1底部的行为在团队中固定下来，它们必须得到更多组织的支持或容忍，这就引出了关于功能失调的最后一点。

功能失调的组织

我在玛氏任职期间得出了本书的结论。促使我得出结论的数据、经验和见解均来自25年来我作为管理者和顾问与许多组织和团体进行的合作。基于这一背景，还有一个团队功能失调的原因必须继续阐释：有时团队之间的斗争不是因为特定的个人，而是因为其周围的组织不健康。这可能发生在财务困难的公司，也可能发生在发展态势良好的公司；它们可能是老公司，也可能是新公司，还可能是任何国家的任何行业。这些无关紧要。我没有遇到过很多真正糟糕的公司，在与这些公司打交道时，我发现它们内部的团队和个人都在挣扎。再多的团队建设，即使是我在本书描述的那种有益的建设，也无法解决那些病态组织的根本问题。

然而，我发现，在消极的海洋中，团队是一个功能失调的组织，团队其实可以成为理智、生产力和积极情绪的避难所。优秀的管理者总是能找到方法使他们的团队远离周围的侵蚀性环境，让团队成员在一个相对健康的环境中尽最大努力工作。在一个似乎旨在扼杀它的文化或系统中，领导一个高效的团队似乎是让人精疲力竭的，但这是可以做到的。在这种情况下，更重要的是要做最有效的事情来培养团队的能力，其中一点是，避免在之前讨论过的无效措施上浪费时间。

团队中的个人

我与一些功能失调的公司合作过，其中有一些可怕且糟糕的管理者，还有一些不合格的团队成员。但是，正如我所说的，团体本身很少是问题所在，问题往往出在个人身上。同时，团队只有依靠强大的个人，才能茁壮成长。如果你不能让强大的个人加入你的团队，或者更糟糕的是，不能妥善地处理团队成员暂时的失败，那么我敢肯定，这无疑会毁灭你的团队。

在团队建设和团队精神培养领域，大多数公认的智慧言论或手段并不会对团队绩效产生真正的影响。这是因为不论它们的用意有多好，使用频率有多高，它们都无法做到因地制宜地应用于实际问题。这给合作带来希望，也为合作带来失望：这一切都是关于个人的，以及是什么让他们真正行动起来的。这是所有团队合作的中心悖论。我们来想一想：

- 在一个健康的公司中，大多数团队都是由有能力、善意的个人组成的，其中许多人希望进行更多的合作。
- 少数团队可以被称为"功能失调"的团队，这些团队总是把自己的失败归咎于个人，或者说，更少地将责任归咎于周围的组织。

个人是解决最常见的团队功能失调问题和开启越来越有效的合作的关键，引用卡岑巴赫和史密斯的话，"我们需要让自己与众不同，成为团队绩效的强大引擎"。[1]我们将在下一章深入探讨这个想法。

---

① Jon R. Katzenbach and Douglas K. Smith, *The Wisdom of Teams: Creating the High Performance Organization*（HarperCollins，1993）.

总　结

　　大量的组织时间和金钱被浪费在团队建设和团队效能的概念上，而这些概念并没有带来任何有意义的价值。

　　关于团队精神和所谓的团队合作者的想法被广泛讨论，但这些讨论无助于创造更多、更好的合作。

　　定义一个"真正的团队"是什么或不是什么在很大程度上只具备学术意义，在改善以成果为中心的合作方面没有很强的指导意义。

　　在团队管理的过程中，很多管理者往往错误地将功能失调的团队作为团队干预的主题，而忽略了团队中大多数功能失调的实际原因往往在于团队内的个人管理者、团队成员或团队周围的组织。

　　开启合作并加强合作的关键在于充分考虑典型的个人团队成员的需求和动力。

第五章　团队中的"我"（下）

中心悖论

团队的成功需要很多要素，例如有效的领导、特定的团队结构和实干精神。有效的合作则是形成这些要素所必需的。正如我在上一章末尾所说的，团队依赖于技术熟练并擅长自我激励的个人。团体的合作和个人的自我激励看似矛盾，却是框架的核心。

"悖论"是一个重要的概念，但如果我们在用它的时候不够谨慎，它就会被认为是一个商业术语。所以，我想先澄清我对悖论的看法。我认为，悖论是一种陈述，由两个相互联系的、明显矛盾的观点组成。如果我们把这两个观点放在一起考虑，它们就会产生一种深刻的见解或更深层次的真理。对二者合二为一后的探索，也给你留了一个选择。你可以看到一个包含矛盾思想的陈述，同时被矛盾的两部分不可调和的冲突束缚，不禁产生沮丧的、停滞不前的感觉："这些有什么意义？不管怎么说，这些都说不通！"相反，你也可以尽情转动你的大脑，思考这一悖论，看看它究竟会把你引向何方。"如果这两个想法都是真的，对我来说这意味着什么呢？"这种智力测验可以揭示一些新的、有趣的东西。悖论是古老的大脑训练技术，在哲学家和禅宗教徒中普遍使用。禅宗利用悖论帮助行家获得更深刻的见解，他们称之为"心印"（koan）①。最著名的心印是这样一个问题："一只手拍手的声音是什么？"僧侣在训练期间会被要求停止训练，转而开始冥想。这么做的目的在于，心印与训练看似矛盾，但是心印可以暂时冻结理性思维，而理性思维无法"摆平圆圈"，然后当理性思维被暂停时，类似本能和直觉的东西就会介入，最终导致僧侣获得洞察力。

生意也充满矛盾。我曾在IBM担任一个团队的负责人大约一年时间。有一次，我在审计一个项目时，无意地向参与者提出了一系列类似心印的矛盾。这可能是我在公司课堂上见过的带来最多成效的意外。这个项目持续了五天半，在纽约艾蒙克的IBM学习中心进行。有时，在课堂结束时，我们会请一位副总裁向时任IBM首席执行官兼董事长卢·格斯特纳做一个非正式汇报。接下来，大家可以吃着奶酪，品着红酒，在壁炉边与副总裁聊天。IBM学习中心没有真正的壁炉，所以我的团队画了一个实物大小的石制壁炉，并将它贴在公共区域的墙上。我们的第一位演讲者是才华横溢、热情好客的研发副总裁尼克·多诺弗里奥。他的简短演讲和随后的问答环节所涉及的内容多集中在他以人为中心的优势和领导方法上。之后，参与者心情饱满，精神振奋。下一个主导炉边谈话的演讲者是山姆·帕米萨诺，他将接替卢·格斯特纳成为IBM的首席执行官。山姆是一个有趣的、坚守底线的商人，也是一个威风凛凛的人。他给这些初出茅庐的高管传达的信息一目了然，绝非胡说八道，与你想象中的尼克·多诺弗里奥完全不同：作为IBM高管，他希望每周工作7天，把家庭生活放在第二位。如果你不能处理好工作和家庭的关系，或者你的家庭不支持你的工作，那么你可以选择继续过着这样两头受难的生活，或者选择一条不同的道路。"就这么简单！"山姆的

---

① 又称"禅宗公案"，指一个似是而非的逸事或一个没有解决办法的谜语。——译者注

语言非常简单，他的语气是略带轻蔑的，再加上他所表达的内容与众不同，这让在座的听众目瞪口呆。之后，当参与者啜饮着霞多丽葡萄酒在我们粗糙制作的壁炉边闲聊时，我听到不止一位参与者向同行倾诉他们对即将上任的山姆的领导文化感到绝望。他们想知道，为什么两位领导者如此不一样，所倡导的公司文化也不尽相同。在这个约为25人的群体中，他们隐隐地察觉到，这位强硬的老板最终会向现实妥协，改变管理风格。我想，几年后，当山姆成为首席执行官时，他们的恐惧似乎已经应验了。那天，在场的另一部分人则从这次谈话中读取到了不一样信息——他们看到了旧矛盾的离开和新悖论的形成。领导者需要同时具备坚强和温柔的特质，需要对结果不懈关注，需要对产生结果的人持续关注。好的领导者需要具备一种平衡的个人风格，将精力和注意力平衡地分散于各类事务中，这个最有用的信息也蕴含在悖论中。

这该如何运用于团队、个人和团队发展？正如我所说的，任何悖论的核心都是矛盾。有时，悖论是模糊的，因为其中的矛盾似乎失去了平衡。显然，这也是一些IBM员工存在的情况。一种领导风格似乎注定要压倒另一种。我最喜欢的商业学会会员埃德加·沙因在他的书《谦逊之道：一问强过百述》（*Humble Inquiry: The Gentle Art of Asking Instead of Telling*）中谈到了个人主义和合作之间的不平衡。

美国文化是建立在实用主义、个人主义和成就与地位成正比的共识之上的。这些关于个人主义的假设在完成工作的过程中产生了强烈的偏见，这种偏见与个人主义相结合，导致建立关系和团队合作贬值……[1]

---

[1] Edgar Schein, *Humble Inquiry: The Gentle Art of Asking Instead of Telling*（Berrett-Koehler, 2013）.

我们稍后将再次展开讨论这段引文。不过，在这段话中，沙因博士指出了一点，正如我在第一章所讨论的，就像我工作过的公司一样，许多公司都是由这种个人主义和个人成就的美国文化催生的。这些假设往往也能从企业文化和领导层的风格中反映出来。事实上，个人主义理应占据悖论的一半，可个人主义压倒了另一半，导致二者失去了平衡。不过，这也不全是坏事。这种对个人成就的普遍偏见已经为包括玛氏在内的许多公司带来了一些惊人的商业成果。同时，对个人主义的不平衡的强调也阻碍了合作的建立，被阻碍的情况可能是：

- 产生更好的结果。

- 持续创造超过个人成就的价值。

- 提高员工敬业度。

- 主动多于被动。

- 可持续。

在这里，平衡有机会重新实现，但这种机会可能很难被抓住。我们对个人主义存在根深蒂固的偏爱，我们渴望或需要更有效的合作，且二者之间的紧张关系将持续存在。我们不能为了团队合作放弃个体的取向，反之亦然。如果我们能在人们身上加一点团队精神，那么我们会得到更好的团队合作。这不可能，甚至不会起到任何作用。还记得我在第一章提到的细布厂中的员工对团队不满的故事吗？团队中的紧张氛围还会持续下去。不过，这种明显的不平衡并不一定只会造成这样的结果。

我不是第一个指出存在这种紧张关系或注意到矛盾双方不平衡的人，其他团队效能问题研究领域的每一位专家都提到了这一点。然而，在我看来，大多数团队研究的专家总是无法运用他们的模式和方法充分解释"个人—团队"悖论。例如，卡岑巴赫和史密斯这样说：

团队与个人的绩效不是对立的。真正的团队总是能找到方法让其中的每个人都做出贡献，从而获得卓越的绩效。[①]

他们的大意是，这两点不一定是对立的，至少在谈到"真正的团队"时不是对立的。我们被告知，"真正的团队"会找到引导个人主义的方法，让人们通过个人主义"获得卓越"。对此，我有两个问题。第一个问题是，"真正的团队"是如何做到这一点的呢？是不是要向团队成员分配个人任务，通过任务的引导让他们学会表达个人主义？这似乎是合理的，所以我们可以假设这就是他们的意思。这就引出了我的第二个问题：如果向一个团队成员抛出一根个人主义的"骨头"，这将如何促进合作呢？我支持这样的观点，确实有很多工作是由个人来完成的。这项工作将有助于团队中的个人感受到他正在做有意义的贡献。但是，假设满足个人工作的需求会在某种程度上为更多的合作创造空间或诱导更多的合作，并不是合乎逻辑的。这有点像我用冰激凌诱导我的孩子吃西兰花，他们最终会学会多吃十字花科蔬菜。他们可能会这么做，但这只是我的猜想。即使他们最终没能学会多吃西兰花，他们也会爱上冰激凌。合作与个人成就的问题有点像西兰花与冰激凌。我们知道合作是好事，但要是有选择的话，我们还是会更享受个人成就带来的美好感受。

与其他研究团队的专家一样，卡岑巴赫和史密斯没有充分认识到个人工作的巨大吸引力以及加强个人工作的组织系统的力量。作为一个个体，我知道整个薪酬、绩效管理和奖励体系都是建立在对个人进行补偿和提升的基础上的。综合起来，个人成就和个人激励的双重力量很容易掩盖和压倒人们心目中所有合作的倾向。

我们回到前文沙因博士的话，这是省略号之后的内容，请大家注意

---

① Jon R. Katzenbach and Douglas K. Smith，*The Wisdom of Teams: Creating the High Performance Organization*（HarperCollins，1993）.

加粗部分：

　　这些关于个人主义的假设在完成工作的过程中产生了强烈的偏见，这种偏见与个人主义相结合，导致建立关系和团队合作贬值，除了作为完成任务的手段。

　　在本质上，沙因博士的书是一部关于询问、倾听和工作中人际关系价值的作品。在这段引文中，他指出，当个人主义和对任务的关注共同作用时，关系和合作就会受到破坏。真是这样吗？如果以任务为中心的个人参与到以任务为中心的关系中，最终不仅取得了成功，而且创造了更高效的合作，那会怎么样呢？如果通过这些以任务为中心的关系，人们能够在任务之外建立更深入、更私人的关系，那又会怎么样呢？这些是好事，对吧？这些正是我所看到的。然而，要做到这些，我们就需要打开二元思维，拥抱悖论的力量。

　　合作与个人成就之间的张力常常被视为组织生活中的一种无法避免的坏处，就像是绝地武士和黑暗面，是我们必须面对的对立力量之间不可避免的斗争。然而，当这种冲突被理解为一种悖论时，它可以帮助我们看到这种矛盾是如何成为一种能量来源或创造性张力的。至少，这对于我来说是有帮助的。我们在合作领域取得的任何进展，都是因为我们已经了解到，我们对个人成就的偏好可以在互利、动态的关系中与强有力的合作共存。如果我们要充分利用个人主义的力量，合作的力量就取决于个人主义的力量，这就是中心悖论。

　　我在工作中认识的大多数人都是聪明和有效率的。他们相信，团队工作与合作值得大家为之努力，因为这可以产生更好的结果。然而，他们中的大多数都在埃德加·沙因所描述的组织中工作。所以：

- 他们寻找并雇用最优秀的员工。

- 他们的人力资源系统旨在跟踪和奖励那些人。

- 大多数领导者所受的训练让他们逐渐磨炼出识别个人成就的能力。

- 他们庆祝个人的成功，甚至像崇拜英雄一样崇拜员工或领导者。

领导大公司的人认识到，在当前复杂、快速进化的全球工作环境中，有效和高效的合作至关重要。他们要怎么做才能开启更多的合作呢？他们购买可行的团队建设服务，投资于那些强调并试图增加团队精神的团队建设项目。他们并没有接受我所说的悖论。

接受这个悖论似乎意味着要超越两股对立力量之间的冲突，并寻找充满活力的见解。仅仅承认二者的紧张关系并试着学会适应它是不行的。事实上，这样做浪费了绝佳的机会。这种紧张气氛孕育了创造更有效的团队合作的种子。因此，我们需要摒弃二元对立思维，接受个人努力和有效合作需要彼此的观点。

要做到这一点，第一个切实可行的步骤是，你必须从一些被珍视的方法中跳出来，将精力投入组建团队中。当团队建设试图在强大的、普遍存在的、奖励个人努力的力量面前诱导合作时，它是无用的。如果我们不承认团队建设本身和个人力量之间的紧张关系，团队建设就不会带来结果，反而会在团队成员中造成无法解决的内部冲突。"我知道我应该合作，但老实说，那不是我擅长的，也不是他们付工资让我做的。"

我们需要一个模型来帮助自己理解个人努力和合作是如何相互依存、相互交织和相互促进的。一旦理解了这一点，我们就可以开始改变团队效能在组织中的实现方式。最好的一点是，在不与现有的系统、公司的文化或员工的想法拧着干的情况下，这种转变也可以实现。这一切都可以追溯到一个非常古老的观点，即动机。它与团队合作一样，经常被误解。

挖掘成就的驱动力：动机理论

如果我们要利用个人的能量进行合作，我们就需要真正了解是什么让每个人行动起来的。动机所带来的商业价值是巨大的。当然，如果不能说越来越多的人通过动机赚钱，那么至少有相当一部分人通过动机赚钱，就像有人在思考和书写"团队"领域的文章一样。一些职业激励者兜售的东西是"垃圾"，而一些拥有良好社会科学素养的职业激励者兜售的内容是真正有效的。动机的研究空间里有很多噪声，你必须小心地选择工作。动机可以有效地增进合作，这是毋庸置疑的。

很多方法可以帮助大家试着理解人们做什么以及为什么做。像这个领域的很多研究者一样，我也使用了一系列心理测试工具。我使用过迈尔斯-布里格斯类型指标（Myers-Briggs Type Indicator, MBTI）、人际基本关系导向行为和库伯的学习风格清单（Learning Styles Inventory）等，它们都很有用。至少，就我的研究目的而言，大卫·麦克莱兰关于动机或需求状态的研究最能解释"是什么让每个人行动起来的"这个问题。在IBM工作期间，我曾与由大卫·麦克莱兰共同创立的咨询公司Hay-McBer合作，这也让我了解了麦克莱兰的工作。

麦克莱兰的工作是解开这个悖论的核心，所以我要向你介绍一卜他的背景和工作。如果你已经了解了这些内容，那么你可以先看下一部分的内容；如果还没有，那么请看下面几段内容。

麦克莱兰是人力领域尤其是管理行为领域的巨人。他为当今能力培养、企业学习和领导力发展领域的许多工作奠定了基础。他认为，动机是理解员工、管理者和领导者的基础。他给出了如下关于动机的定义：

对一个目标状态或条件的反复关注……它驱动、指导和选择个体的行动。

他断言，在工作方面，有三种动机或需求最为重要：

- 成就感（nAch）
- 归属感（nAff）
- 影响力（nPow）

该领域的另一位巨人理查德·博亚特兹就三种需求状态提出了以下看法：

成就感：无意识地朝着卓越的标准做得更好的动力。成就感能力强的人常常设定目标，努力承担适度的风险，喜欢个人活动。

归属感：一种无意识的动力，使之成为友谊等温暖、亲密关系的一部分。有很强归属感的人会选择和亲密的朋友或重要的人在一起，喜欢集体工作，等等。

影响力：在潜移默化中，对他人产生影响的动力。影响力很强的人往往通过担任领导职务来表明自己的立场。他们更喜欢能够帮助他人或对他人产生影响的职业，比如教师、经理。

为了说明这些动机或需求，请思考人们打高尔夫球的原因。对一些高尔夫球手来说，这一切都关乎成就。他们在与他人的竞争中不断成长。对于成就驱动型玩家而言，即使在给定游戏中得分最低，这也给予了他们挑战与成长的动力，并促使他们不断改善自身劣势，不断调整长期的优秀标准。对于其他人来说，游戏关乎归属感。高尔夫为他们提供了一个健康的关系，在四个小时的时间里，他们可以与好朋友踏着悠闲的步伐散步，一起谈生意。关于影响力，有些人是俱乐部的会员。很明显，会员的身份可以带来更大的影响力。这些人非常享受乡村俱乐部会员的身份，这给予了他们结识首席执行官或脑外科医生的机会。他们通过组建团队、确保整个活动顺利进行，以及确保球童、专卖店员工顺利完成活动，获得满足感。

高尔夫球手可能会被这些需求中的任何一种或多种驱使。我们每个人心中都存在三种动机，每一种动机都存在高、中、低三个等级。例如，在完成图片故事练习（PSE）的动机测试后，我表现出高成就感、中归属感和低影响力。[①]其他人的测评结果可能是高影响力、低归属感、中成就感。一种需求的状态处于高、中或低等级与其他需求无关：可以是三个需求都位于高层级，也可以是两个需求在低层级，或是一个需求在高层级，等等。

在IBM的日子里，我接受了为图片故事练习评分的基础培训。这些知识很神秘，有助于形成我日后在玛氏工作中所做出的假设。在图片故事练习中，受试者面对的是一系列黑白图像、绘画副本或草图，这些图像展示了不同环境下的人：两个人穿着实验室外套，拿着烧杯和吸管；一个人坐在窗户前，桌子上放着一个玻璃杯；等等。实验要求受试者根据不同的图片写出不同的故事，每个故事都由经过培训的记分员评分。

评分者要在受试者写的简短故事中寻找特定的词、短语和表达方式，这些词、短语和表达方式往往会在作者不知情的情况下揭示出对他来说重要的东西。这似乎不常见，但它被证明是一个用来确定这三种动

---

① 这里有27种可能的需求状态组合——3种需求状态和3种评级（H-M-L）产生了27种组合。对于这些组合在成功的企业家和中高级经理那里如何表现这一课题上，麦克莱兰和他的同事进行了开创性研究。

机的有效和可靠的工具。图片故事练习的评分包括学习如何从人们的言语中识别三种动机的信号。当我开始分析从玛氏研究数据库的30个团队搜集而来的数据时，这一神秘的知识对我来说是不可或缺的。在研究过程中，我仔细研读了数百条团队成员的语录，并且发现：

- 这些团队主要由高成就感类型的成员组成。
- 尽管他们的合作性不高，但他们确实很重视彼此之间的关系，并将其作为完成工作的一种手段。
- 他们证明有影响力的人的需求相对较低。

在这些数据的基础上，我认识了一些玛氏同事，并开始与他们一起工作。他们的行为和性格与我在玛氏团队的数据所勾勒出的画像一致，我自己也与数据勾勒出的画像一致。基于这一点，我勾勒出了我认为的一般玛氏同事的动机轮廓。

明确地说，我没有权力对公司所有人的主要动机进行严格的评估。我没有使用图片故事练习（或者类似的TAT，即主题感知测试），我的假设基于麦克莱兰的工作以及我在IBM高管培训中使用动机理论的经验。我运用我的知识、经验和直觉得出了这个比较专业的预感，我敢用我第二年的薪水打赌我的预感是正确的。

图5-1既为我创造了一个"快乐"时刻，又让我唏嘘不已。请记住，高成就感的人"努力朝着卓越的标准做得更好……他们设定目标，努力承担适度的风险，更喜欢个人活动"。我再说一遍，他们"更喜欢个人活动"。他们可能喜欢与他人在一起，但更喜欢自己把事情完成，他们对影响他人没有兴趣。

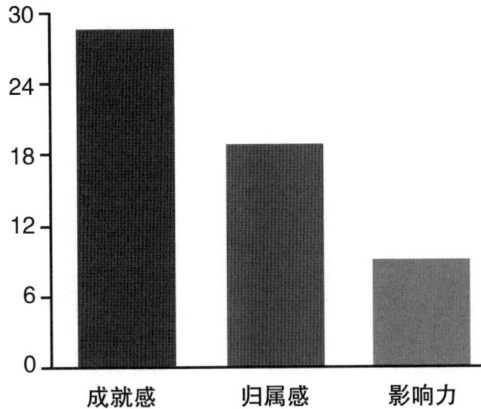

图5-1 动机或需求图

在反思数据和条形图时，我提出了以下有效的假设：

被玛氏雇用和在玛氏得到晋升的人，不一定会承认自己一贯符合这种动机，因此反复强化了玛氏卓越的成就文化。

我认为，这种形象及其背后的文化为我们的商业成功做出了重要贡献，也使得形成有意义的合作比以往更加困难。当我想起之前在IBM和DDI工作的时候，我确信，他们的典型员工看起来几乎是一样的，其他很多大公司的情况可能也是如此。

我的评估和假设是由玛氏内部其他几位有资质的同事一起完成的，让我宽慰的是，他们也是通过读取数据的方法进行评估的。他们一致认为，对玛氏文化和同事的画像勾勒在直觉上是准确的。

最后一点，麦克莱兰认为，动机或需求是通过一个人的生活经历和一个人成长或发展的环境而习得的，这个理论有时被称为"习得的需求理论"。由于动机是习得的，麦克莱兰、博亚特兹等人断言，动机是可以改变的。你可能会想："太棒了！让我们训练出一些可以激发高成就感、高归属感、高影响力的团队精神。"事实证明，要想实现这一改变，我们需要几个条件，其中的两个条件是：

- 人们只有想改变时才会改变。
- 如果环境支持不改变，情况就不会发生变化。

我是一个没有麦克莱兰和博亚特兹那样学术背景和成就的实践者。我的经验告诉我，无论环境如何，改变动机都是艰难的，而改变行动则不一样。我甚至帮助他人改变了部分行动。虽然改变行动不容易，但显然这是可行的。另外，从定义上说，动机是"无意识的驱动力"，存在于日常意识之外。我们更深入地考虑这两个条件。

①**人们只有想改变时才会改变**。我们以前都听过这样的话："换个灯泡需要多少心理学家？""一个，但是灯泡必须想换。"你上次成功地影响某人改变自己的潜意识是什么时候？有很多人尝试着要这么做，我在菲尔医生身上也见过。但是，我的经验和我在过去收到的建议都让我知道，试图在潜意识的层面改变一个人的努力很难成功。

②**如果环境支持不改变，事情就不会发生变化**。正如文献中所解释的，环境支持的定义是模棱两可的，它可以包括支持团体或在线社区，还可以包括奖励任何能加强预期变化的环境。这些支持的成败取决于组织的文化，有些企业文化可能是支持性的，而有些可能不是。在我熟悉的以成就为导向的文化中，如果它们存在，社交网络就会更专注于完成工作，不太关心个人或管理的发展。如果改变环境意味着改变文化，那么解决环境问题也不太可能成功。

因此，要想改变团队和个人的工作方式，我们就要改变动机。要想改变动机，我们就要改变人和文化，而改变人和文化很难成功。我前面提到的"快乐"时刻变成了更令人讨厌的时刻。

- 我对合作和动机真正有用的见解感到高兴。
- 当被要求为团队创造超出我或任何人预期的东西时，我感
  觉自己被困住了。

我又回到我的小办公室，踱来踱去，喃喃自语，再次寻求见解。我的自言自语带来了一个适度但重大的突破。奇怪的是，突然出现在我脑海中的是一架波音747的图像（见图5-2）。准确地说，波音747上还搭载着一架航天飞机。

图5-2　波音747

这么重的物体有时能表现得像失重一样，这看起来有些矛盾。波音747以及航天飞机的总质量较大，而地心引力会使飞机围绕地球转动。这是因为存在着来自空气动力的与重力方向相反、相互制衡的力。考虑到飞机右翼的特定形状和尺寸，以及飞机足够的速度，重力被强烈抵消，足以产生升力和飞行力。两股强大的力量（重力和空气动力）相互作用，使43吨的飞机和航天飞机离开地面，然后安全返回。我想知道，

是否有类似的方法可以让合作得以实现。

玛氏和其他大公司的文化就像地心引力一样。地心引力使我们脚踏实地，没有地心引力，我们就不会是这个星球上的居民。如果没有这种文化，合并后的玛氏就不会是玛氏，也很可能不会拥有现在所取得的成功。恰巧，玛氏文化的一个重要方面是对个人成就的广泛需求。从本质上说，这种需求是在打压合作，使合作更难实现。

"如果，"我猜想，"有一种方法能让合作对典型的玛氏同事而言变得更有说服力呢？我们是否可以让合作变得切实可行，让人们觉得这是一件需要实现的事情，从而吸引一个由个人动机和成就驱动的玛氏人？"换句话说，如何才能充分利用这种主导需求吸引人们通过共同努力使他们的成就感需求得到满足？我猜，第一章中的史前猎人迫切需要养活自己和家人，这种需求可能会在他们决定共同击倒一只巨大的乳齿象时起到作用。他们的合作出于基本需求，是围绕着一项明确、共同的任务展开的。更重要的是，这种合作导致了人际关系、社区的形成，也许还催生了文明。

我发现，这么做的风险似乎很高，潜在的影响也是巨大的。这个挑战听起来令人生畏：我只想将合作重塑为成就。这并不像我想的那么难，一会儿我会慢慢解释。不过，这确实有点像作弊，有点像为了让孩子吃蔬菜而开发冰激凌味的西兰花。正如我之前所说的，我是一个实践者，玛氏文化也崇尚务实。如果我们可以达成渴望的合作行为，那么使用一些小的心理技巧又有何不可呢？

通过几个小时的洞察，我制定了高绩效合作的三个必要条件：明确性、意向性和纪律性。这三个简单的概念源于我的研究，将塑造解锁合作的方法。它们不会要求我们改变任何人的潜意识，也不会搅乱文化。更重要的是，这三个必要条件将成为团队领导和团队成员能够拥有并驱动团队效能的基础。玛氏大学的同事也逐渐参与其中：克林特·科福德是负责改进我们经理发展计划的玛氏同事，西莉娅·哈蒙是负责设计团队的玛氏同事。从此，他们成为我在框架开发工作中不可或缺的合作伙伴，我们一起构建了玛氏高绩效合作框架。

总　结

理解玛氏团队研究的关键在于认识到大多数公司团队中存在一个悖论。

悖论是个人成就的普遍驱动力与组织对更多、更好合作的渴望之间的紧张关系所固有的。

接受并充分利用这一悖论需要应用个人动机理论，特别是大卫·麦克莱兰所描述的成就动机理论。

我们一旦了解了成就动机的力量，就可以清楚地看到，成功合作的关键在于把合作当作目标。

第二部分

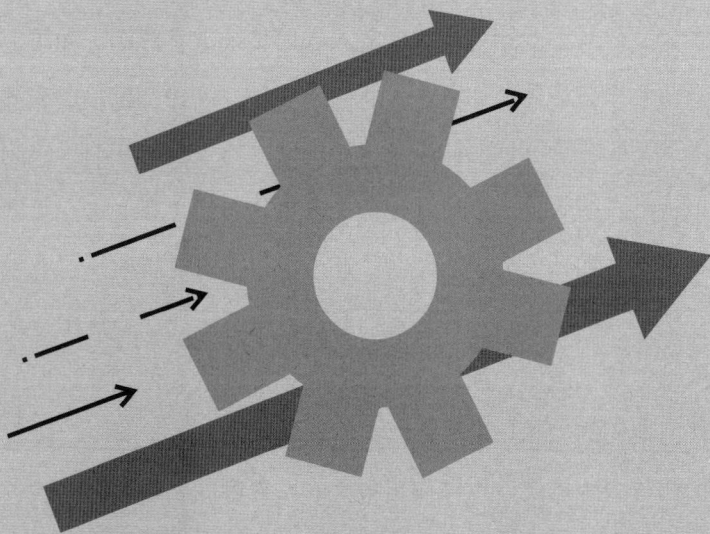

第六章 主动式合作与三个必要条件

我有一个在金属回收行业工作的哥哥。前几天，他给我发了一条短信，里面有一段他在伦敦参加公司会议时录制的视频。在这个视频里，团队建设被提上了日程。视频展现的是一个特别的活动，由来自南太平洋的一小群部落成员展示哈卡舞作为开场。正如你所知，哈卡舞是新西兰毛利人表演的一种戏剧化的、鼓舞人心的传统战争舞蹈。如果你有幸观看过新西兰橄榄球队的比赛，你就会发现每一场比赛都是以表演哈卡舞为开场的。我哥哥和他的同事第一次观看了哈卡舞的表演，录制了视频，并把视频发给了我。然后，他们分两组学习哈卡舞。每一组跟随在一名舞蹈演员后面，一边模仿他的动作，一边唱着跳舞时不可或缺的战争圣歌。到了表演的时候，两组就同时进入第二阶段，每一组都在大家面前表演哈卡舞。然后，大家根据两组舞蹈的质量和他们展现出的投入程度来评判他们的表现。最后的结果当然是一组赢了，另一组输了。这被当作他们的团队建设。如果你想收获一点无聊的乐趣，那么这种做法太好了。如果你想要的是对合作的鼓励和支持，那么这种做法是对时间和金钱的巨大浪费。

为了鼓励和实现更有效的合作，我们必须在团队中激活上一章所描述的悖论。我们必须直面这样一个现实，即大多数团队建设方法不会花费太多时间（如果有的话）：个人成就驱动的力量以及在组织中加强这种力量的制度和态度，实际上阻碍了合作。同时，与我们一起工作的同事确实希望拥有更多合作。他们渴望真正的团队精神，富有成效、有意义的合作，以及合作所带来的乐趣。像玛氏这样的组织，尽管它们都支持个人主义的制度和态度，但是它们在工作时所追求的东西一致。当接受悖论时，我们可以把这一矛盾变成一种释放合作的力量。随着最初的研究逐渐结束，我能够将我的想象力转向个人主义力量和团队合作激情之间的动态张力。当我这样做的时候，一条通向彼岸的路就出现在了我的眼前。我找到了一种方法，使团队成员既能专注于合作，又能对个人目标充满热情。

公司、领导者及其所聘请的顾问在面对个人主义猖獗的团队建设时，尝试了各种富有想象力的合作方式，比如刚刚描述过的哈卡舞。就像我之前说的，这些练习很有趣，不过它们并不能在团队合作方面产生持久的改进。在研究我和同事开发的方法之前，我们停下来思考一下管理者和领导者为激励团队成员合作而采纳的一种流行方法——包括设定共同目标和优先事项。你知道当人们告诉我他们想合作却没有合作时，我感到多困惑吗？在那些日子里，我信奉共同目标和优先事项的统一力量。所有最富有智慧的人都说，这是一个真正团队的关键部分。在我所记录的数据里，大多数团队成员都说他们有共同目标和优先事项。不过，我并没有在其中看到很多主动式合作。下面是一场纯虚构的讨论，假设它发生在团队成员之间，我将虚拟的团队成员称为"成员1""成员2"和"成员3"，"我"所说的话不是虚构的，而是我真正想说的。

成员1：我们知道应该多合作，我们真的很想合作，但我们就是不知道该如何合作。我希望我知道我们为什么会这样啊！

我：噢，别抱怨了，继续说吧！我有个想法，我肯定你们有共同的优先事项，对吧？它们是什么？

成员1：是的。我们有三个简单的优先事项：参与度、人才和成长驱动。

成员2：你好！我不记得了。我手头没有我们的策略，但我敢肯定，我们的经理说，我们正在集中精力提高团队的技能，通过一个大客户来扭转业务。

成员3：不，伙计们，事实上，我们都在9月份见过优先事项，如果你们能回忆起来。我们都同意这一优先事项，即以客户为中心、减少日常开支。我很确定这一点。

我：不要想太多，伙计们。我很抱歉自己问了你们这个问题！

在我的研究中，大约一半的团队确实比这三个团队成员更清楚其共同的优先事项。不过，在大多数情况下，尽管团队成员认同那些代表优先事项的流行语，但他们在追求这些优先事项时却对各自需要做什么存在着不同的假设。或者说，他们没有结盟。在指导人们的选择和努力时，共同的优先事项并不代表所有利益的共享。因此，当利益冲突时，团队成员不再选择合作，而是回归到由个人成就需求和个人工作习惯驱动的状态中来。

这里有一些好消息：尽管他们对共同的优先事项感到困惑，但团队成员通常相互尊重和喜欢。当一个队友需要帮助时，其他人往往非常乐于助人。还记得我之前关于合作水平的图吗？我之前称乐于助人为"被动式合作"，这是一种很好的甚至必要的品质。就像火灾得到扑灭一样，它常常使问题得到解决。不仅如此，被动式合作似乎能激发人们的活力，挖掘他们天生的成就需求。被动式合作会让施助者承受一定的压力，也可能导致一部分团队成员倦怠。根据我的采访数据，被动式合作也不是这些团队想要的。接下来，我想来描述一下我在数据中观察的内容：团队成员和他们的领导者有共同的愿望和需求，那就是培养团队更主动或有意的合作。正是这句简单的话，帮助我确定了第三章提到的合作水平图（见图6-1），图中添加了根据数据得出的期望偏移。

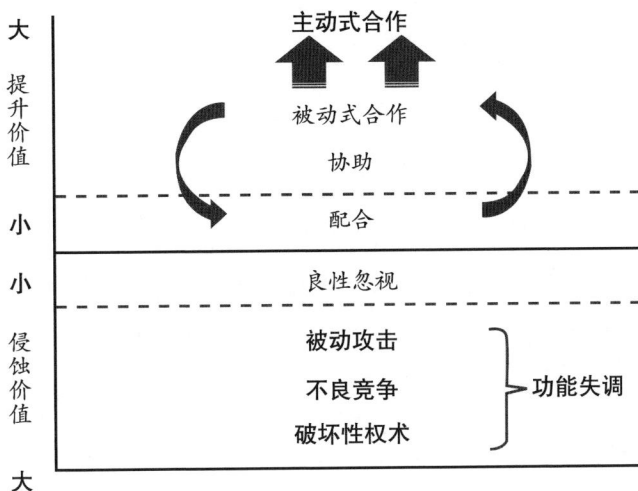

图6-1　合作水平

如果团队成员想让合作更主动、更具有意向性，显然他们仅仅关注共同目标是不够的。让我们花点时间在"意向性"这个词上。

从习惯到意向性

"意向性"是一个商业术语。在过去的10年或15年里，意向性已经成为领导力专家和作者呼吁我们具备的特征之一。它虽然不像"真实性"那么常见，但很接近"真实性"。这个词也许已经被过度使用了，如果在我用这个词的时候，你表示抗拒，那么我不会怪你。如果我能找到一个更合适的词，我就会用一个新词代替它。实际上，我考虑过的每一个词以及所有我使用和喜欢的词，听起来都像隔靴搔痒，不能准确地表达出意思，比如"有目的的""有意识的""有选择的"。在这里，我们用"意向性"这一术语进行描述更加合适。

意向性包括两部分。这意味着你要选择你想要的，然后做你需要做的。意向性驱动我们的行动，但它不同于我们在上一章讨论的动机。动机，比如成就需求，通过存在于意识之外的大量工作来塑造我们的选择。虽然意向性应该让我们明晰自己的选择，但它本身就是一种选择。因此，它更具有意识。动机和意向性之间的区别，类似于天生的饥饿感和可能选择的饮食之间的区别。饥饿驱使我们吃饭，有时我们会选择对健康有益的东西，有时则不会。另外，饮食是关于我们将如何管理饮食欲望和所吃的食物的一种选择或一系列选择。节食试图改变我们的饮食习惯，而对最优秀的人来说，改变习惯是很难的，尤其是当这个习惯建立在像饥饿一样的冲动之上时。因此，节食失败的次数多于成功的次数。大多数团队建设的尝试也是如此，团队成员会遇到强烈的基于动机的冲动，这些冲动已经变成了个人行动的习惯。正如我们所讨论的，他们在团队建设时也常常遭受失败。

当然，即使是我们的习惯，它在某种程度上也是有意的、主动的。理论上，你和我总是有选择的余地，我可以选择吃旋风薯条，也可以选择吃沙拉。尽管我选择了低碳水饮食，但我很可能会忍不住屈服于油炸薯条的诱惑。我们都会固守自己的习惯，特别是那些基于基本欲望的习惯，我们很难做出其他选择。有一次，我在工作中认识的一位生活教练对我说："你在选择让你深陷其中的东西。"虽然我很想证明这句话是捏造的，但他是对的。

与我一起工作的玛氏同事都陷入了一种行为模式。更重要的是，他们被动地选择坚持自己的偏好，没有走出舒适区，成为个人贡献者。如果他们中的一个人接受了新的工作任务，并且出于习惯，迅速、高效地完成了任务，同时取得了良好的效果，那么谁能责怪他呢？他的老板可能在幕后抱怨团队合作没有得到很好贯彻之类的事情。但是，一切都很顺利，他也知道该怎么做。和别人一起工作可能会让他慢下来，更重要的是，他完成了任务并将其从待办事项清单中勾选出来，获得了很多满足感。这满足了他实现目标的需求，并提高了他的参与度。如果他做得好，那么他最终可能会升职。所以，对他而言，团队合作不是一个最优选择。在这里，旧习惯仍未被打破。

在我的研究中，我还观察了通过玛氏的领导力项目搜集的累积能力数据。数据来自360度的反馈调查，这是我们课程的一部分。多年来，有一个主题一直是不变的，这进一步加强了我的成就假设。玛氏领导者有两大优势：一是以行动为导向，二是一贯注重结果。在玛氏能力模型中，这两个技能都被视为个人贡献者能力，它们与成就动机需求密切相关，已成为玛氏同事完成任务的首选，也是绩效驱动下的习惯。这些习惯对玛氏的商业成功起到了巨大的推动作用。像大多数高效习惯一样，这些习惯也有阴暗面。这两种能力的优势被过度使用，这也是企业文化的瓶颈。现在，我们的同事非常依赖这两种优势来完成工作。因此，在他们看来，他们似乎不需要合作。不过，问题不在于合作的能力，而是我们作为玛氏同事一直没有动力，或者没有充足的动力去选择合作。

随着玛氏全球化程度的日益提高，我们的商业环境变得越来越复杂，我们面临的问题往往是跨职能和跨国家的。我们的同事需要选择像过去一样令人满意和有效地进行合作，而不是勉强地改变个人行动的习惯。如果你在一个大的组织工作，或者和在大组织中的人一起工作，那么我相信你会很熟悉这个难题。玛氏只是其中一个很好的例子，但肯定不是唯一的例子。

无论你选择什么样的团队开发方法，真正能起到作用的方法必须帮助团队成员打破他们以前的表现习惯。在改变旧习惯和养成新习惯的过程中，一个大问题是"决策疲劳"——习惯性的操作让我们不必做出选择和决定。尝试新的饮食习惯，意味着我们突然不得不选择吃什么、吃多少和多久吃一次等。曾经如此令人愉快的事情，变成了需要不断考虑和选择的负担。显然，大脑决策能力有限。我的年龄已经很大了，还记得美国有一家电话公司，即"贝尔大妈"（MaBell）——美国电话电报公司（AT&T）的前身。电话费基本上是固定不变的，除了昂贵的长途电话外，每月的账单很容易阅读，而且基本上是可以预测的。然后，美国电话电报公司的合法垄断权在法庭上受到了挑战，它被拆分成八家规模较小的地区电话公司［戏称为"小贝尔"（BabyBell）］，竞争也随之而来。几年内，我们不得不在本地电话服务和长途电话服务方面做出选择，MCI（美国电信公司）、Sprint（美国天线运营商）和其他公司开始积极参与长途业务的竞争。曾经，美国电话电报公司的套餐非常简单，顾客可以毫不费力地选择各种服务，然而随着业务的竞争，现在出现了一堆复杂的套餐计划、交易和决定。当然，美国电话电报公司的拆分带来了电话业务的巨大增长和不可思议的创新，我做梦也想不到能通过手机上的视频观看哈卡舞团队建设的惨败，并且能在大西洋的彼岸看到——这只花了过去交通成本的一小部分。然而，虽然现在我已经习惯了自行选择电话服务套餐，但是我内心深处仍怀念着那段不必自行选择电话服务的日子。

在养成新习惯的过程中，人们容易感到筋疲力尽。不久，我们就想屈从于我们所熟知的旧习惯。专家认为，成功创造不同习惯的基本要素是，改变环境中的线索，把那些容易做出错误选择的东西拿走，用那些能帮助你做出更好选择的线索来代替这些东西。还记得我喜欢吃的旋风薯条吗？我认识那家餐馆的经理，我可以试着把旋风薯条从菜单上拿下来，换上更有趣的沙拉。更简单的方法是，我可以不去那家餐馆，直接去街上更健康的餐馆。

　　大约10年前，玛氏无意中为我做了一件事。我的经理向我介绍了一种特殊的配方，在一杯热的芙拉维亚咖啡中加入一个微型德芙冰激凌棒（让它融化），这会带来绝佳的乐趣。这两种都是玛氏产品，在我们的咖啡休息区似乎有充足的供应，这挺好的。自从我加入玛氏以来，我的体重增加了20磅，巧克力、冰激凌和咖啡的组合是体重增加的主要原因。由于我们位于北美的业务成本不断削减，芙拉维亚咖啡机对面不再是冰激凌盒，取而代之的是自动售货机（对我们来说是免费的）。但那些微型德芙冰激凌棒已经不再供应了，只有整装的冰激凌棒，你可以用木棒把它们加入咖啡里。我很确定它们很好吃，只是装不进咖啡杯（请注意，我试过了，不要怀疑）。一年之内，我的体重减少了20磅甚至更多。我知道我需要减肥，却无法付诸行动，但是德芙冰激凌棒大小的改变让我失去了这份难以抗拒的款待，也让一切都变得不同。从那时起，我开始只喝简单的咖啡。

　　为了使合作的选择更具可行性和吸引力，我们必须解决意向性的两个部分。首先，合作必须更容易被选择。要做到这一点，我们就必须迎合对成就的渴望。其次，我们必须在工作环境中建立明确的线索。在工作的过程中，这些线索就像路标一样，将清晰地指导我们的选择，指引我们走上正轨。

　　我们已经讨论过共同目标不会起作用。那么，我们该如何培养合作的习惯呢？我们必须转变合作：

从	到
超凡的、模糊的原则	具体的事情：有明确结果的实际工作
被动选择的一般方法	主动选择的具体方式
可以自主选择的工作方式	需要负责的工作方式

这些就是团队成员达成更加主动的合作所需要的。如果你能做出这些改变，你就会得到主动性更强的合作。

主动式合作

我们再来谈一谈主动式合作。以下是主动式合作的简单定义：

在一项特定的、目标明确的、有时限的工作开始时选择的合作。在整个工作过程中，通过持续关注角色和责任，以及相关人员之间关系的质量来保持这种关系。

我们来分析一下这个定义。首先，这不是一个关于项目管理的声明。你会注意到，定义中没有任何内容是关于项目的重要时点和最后期限的。不管你是在合作还是在独自工作，这些事情都很重要，你必须加以关注。这不是这个定义需要处理的，它只关注工作中合作的方面。我们来看看定义的主要部分。

开始时选择：主动式合作是一项有计划的合作。计划包括选择，但不仅仅是选择。对于给定的事情，我们可以选择很多方法和工具。在你开始写一项提案时，Word（文字处理软件）是一个可以供你选择的工具。如果你在做园艺，那么你很可能会在开始劳作前从棚子或车库里拿出一把铁锹。铁锹是一种工具，合作只不过是另一种工具。当然，它并不总是正确的。但如果合作是在开始工作之前选择的，那么它给了我们一个机会来思考我们将如何使用它。

持续关注：在《高效能人士的七个习惯》中，已故作者史蒂芬·柯维谈到了"磨锯子"。他意识到，我们需要停下来，不时地休息一下，让自己重新振作起来，也让锯子恢复到原来的样子。在停下来把锯子磨快的一段时间里，我们可能会思考自己的感受和任务的意义，甚至我们为什么要这样做。如果不听从柯维的建议，个人就会在不停磨锯子的过程中感到筋疲力尽。类似地，合作工作和关系也会从这种定期维护中受益。如果我们不经常花时间与我们的工作伙伴联系，重新审视和更新我们的合作安排，那么合作可能会迅速恶化。

角色和责任：当开始一起工作时，我们将就我们对彼此的期望达成一致，比如谁将在什么时候做什么。正如一位伟大但不为人所知的圣人说过，"有事必成"。我们合作之初的事实未必在一个月、一个星期甚至一天后还是真实的。我们就如何共同努力达成的协议必须加以调整，以适应我们周围世界的自然演变。

关系的质量：合作质量取决于彼此间的关系。我们不会总是喜爱自己的合作伙伴，也不会总是感觉自己和他们很亲近。当然，我们也不需要这样，我们需要的是，我们的关系在我们所承担的任务方面是有效的。因此，在开始的时候，我们一起思考我们的偏好、我们的风格、我们的优势和我们的怪癖会如何影响合作，这样才有意义。我们可以在工作中慢慢解决这些事情。随着工作的开展，出现了对彼此关系更加严峻的考验，以及环境的不断演变，这就要求我们应该"磨砺关系的锯子"。我们需要偶尔停下来思考，我们作为一个合作单位是如何坚持走下来的。这样，我们就有机会把事情说清楚，并根据需求对误差进行纠正。

要想让合作变得有价值，我们就必须从一个清晰、有说服力并且能够吸引成就驱动型人才的命题开始。在工作期间，合作必须保持这种状态。主动式合作似乎有很多，更不用说它包含的所有计划、思考和检查。想想看：如果没有同样的用心行为，你为什么要承担那些工作呢？

不过，谨慎一点总是没错的。所以，我要回到我讲过多次的主题上来，并将它用黑体字写出来，以确保你不会错过这一重点。

你要做的很多工作不需要任何形式的合作，包括主动式合作。相比个人工作，合作的成本更高，也更加复杂。只有当合作的收益和好处明确时，你才应该使用这种方法。

尽管有这样的告诫，但培养主动式合作将有助于团队及其成员做更多自己想做的事情，并给组织带来想要的结果。在这个瞬息万变、纷繁复杂、全球化的世界，很多人都在工作和生活，我们真的别无选择。一开始，主动式合作并不容易，但这很简单。主动式合作需要努力，并不复杂。主动式合作只有三个要素，最终将通过六项实践实施。我们从三个必要条件开始，我在上一章的结尾介绍了这三个必要条件。

三个必要条件

三个必要条件是成功合作所需的三个要素，源于我在研究中得出的诊断。回顾一下，聪明而抱有善意的团队成员想要进行更多的合作，并且知道他们应该这样做，但是他们并没有这么做，合作也并没有蓬勃发展。所以，他们专注于对他们来说最清楚、最令人满意的事情，即个人工作。这项工作通常提前由管理者下达，满足了团队实现目标的需求，并确保团队的义务得到履行。合作确实发生了，但合作主要发生在问题突发、队友遭遇意外需要帮助或对紧急状况有反应的情况下。在这些被动的情况下，合作是很容易的，因为需求和收益通常都很清楚，就像个人工作一样。帮助队友这件事具有很强的明确性和紧迫性，从而充分挖掘了他们的成就动机，而一旦激发了成就动机，合作就会迅速进行。因为这是没有计划的，而且常常是在许多其他个人工作的基础上产生的，这种被动式合作的习惯就会导致挫败感和最终的倦怠。

所有这些都有一个模式：清晰而深思熟虑的个人任务和目标激发了团队成员的成就本能，并取得了良好的效果。同样，偶然或非计划的合作，以其明确性或紧迫性，始终在点燃成就之火。我想知道，要想更深思熟虑、更有计划地合作，从而开发出同样的工作能量和动力，我们需要什么？团队成员是否可以利用他们天生的需求来实现合作成果？当然，他们可以。

显然，这将以一种清晰的方式开始。团队成员需要清楚地知道什么是需要合作的，就像清楚地知道自己的任务和责任是什么一样。合作必须从一个高尚的想法转变为真正的工作，像个人目标一样具体，像团队成员的紧急请求一样重要。同样重要的是，团队成员需要清楚地了解合作对他们意味着什么。合作需要一个问句："这对我有什么好处？"这种个人得失未卜的感觉，将进一步点燃成就动力。明确性将使他们能够对共同工作更加负责。

明确性是三个必要条件中的第一个，是合作的基础。正是明确性使第二个必要条件（意向性）成为可能。明确性和意向性几乎是密不可分的，但我们要把它们分开对待，因为这样能够让我们专注于它们之间的关键区别。第三个必要条件是纪律性，可以保证明确性和意向性得以持续一段时间。现在，我们分别详细讨论这三个必要条件。

明确性

在挖掘成就驱动型成员的个人能量时，团队中的明确性是必不可少的，缺乏明确性是一种危害。明确性是成功合作的基础，是一种土壤。明确性只有准备好并趋于清晰时，才能促进合作的培育和繁荣。

请记住，成功者是一个设定目标的积极进取者，他喜欢把事情从清单上划掉，靠成就将自己的荣耀进一步发扬光大。成功者喜欢设定目标，然后付诸行动。但是，作为领导者，如果你不清楚想让他们做什么，他们就会默认执行自己清楚的东西。

例如，你可能会对一个团队成员说："安妮，我希望你和查尔斯在坎迪·坎恩项目上表现出真正的团队精神。"安妮会向你保证，她完全相信自己是"团队"的一员，并且会忙着做自己的事情。考虑到你指导的总体基调——"展现出真正的团队精神"，她会做什么呢？不管你和安妮一致同意什么，安妮都最可能忙着履行个人责任。这份责任可能与查尔斯有关，也可能与查尔斯无关。当领导者下属以团队合作的方式行动时，这实际上是一种模糊警告，通常被解释为"如果你的队友需要你，你就帮助他们"。当然，无论如何，公司的大多数人都会这么做。

明确性要求我们解构通用的基于流行行话的命令，并具体地了解自己需要做什么。办公室里贴着这样一张海报，上面有"大家一起实现更多目标"的口号，背景是团队一起在日落时分的照片，事实上大家对此习以为常且熟视无睹。请撕下那张海报，换上几张空白的活页纸，你可以在上面清楚地了解你的合作需要什么。

- 明确团队共同的、都想激发的目标，让团队洋溢着振奋人心的决心。
- 明确需要合作的内容。
- 明确不需要合作的内容。
- 明确合作对象以及具体的合作内容。
- 明确团队流程以确保各项工作平稳运行。
- 明确团队面临的挑战以及应对措施，一起面对，一起成长。

这是一张很长的清单，但它不是详尽无遗的。不过，我向你保证，这张清单是团队合作的良好开端。比起那张撕下的海报，或者你正在考虑的让团队一起跳的哈卡舞，这更有可能产生专注、高效的合作。

请记住这一点：如果你带有目的地把一个团体组织起来，你就把事情复杂化了。这是真的，其中一个原因是团队成员不能读懂彼此的想法。你可能会听到团队成员说这样一句话："是的，我明白了。团队需要不停地沟通，甚至过度沟通。这是能提高团队效能的沟通。"是吗？嗯……不是的。为什么？这里有一个提示：你所说的"沟通"是什么意思？"沟通"在用于描述团队时只是一个流行语。管理者总是来找我，声称如果他们的团队能够更好地沟通，事情就会好转。不幸的是，这一论断如此含糊且无用。事实上，这一论断聊胜于无。想象一下，假设你宣布，从现在起，团队中的每个人都会与你或其他成员进行过度沟通。当听到"过度沟通"这个词时，不同的人会得出不同的结论。你可能会突然看到无数试图进行过度沟通的电子邮件和会议通知。或者，当你和一个健谈的老板在一个团队里时，她可能会开始说更多的话，她认为这样可以解决沟通问题。沟通和明确性不是一回事，虽然沟通是增强明确性的一部分。我们需要清楚地沟通重要的事情，比如团队工作。如果你想真正增加合作的价值，那么你需要的是切实增强团队中的明确性。

明确性听起来很简单，但很难做到。

明确性有三个重要方面。这是每个团队成员都需要的东西，这是一个团队内部共同的心理状态，这是一个持续的过程。

明确性是发展变化的。事情变了，明确性就变了，策略、计划、角色、优先顺序、政策都会改变。星期一天气晴朗，星期五可能就会阴云密布。昨天有用的，今天未必有用。

明确性需要团队成员的坚持和参与，需要沟通，需要通过实时的或虚拟的谈话以及警觉、积极的倾听进行相关信息的多向流动。

明确性需要测试和质疑假设，需要引起团队成员的注意，而不仅仅是默默地向前迈进。明确性甚至可能会导致团队的发展速度减慢一段时间，以便以后能发展得更快。

尽管我对合作这个话题充满热情，并且具有一定的知识，但我和其他在大公司工作的人一样陷入了需要完成无数任务和工作的陷阱。例如，我是一个项目团队的成员，该团队主要致力于帮助员工开发新的会议思维方式，包括召开远程会议。我们的目标是，减少公司旅行的次数，从而提高员工的生活质量，同时减少公司在机票和酒店上的开支。我们的项目团队分布在两大洲和三四个国家，一直试图通过使用推荐过的各种合作技术进行工作，从而为远程合作树立榜样，这些技术包括 Skype for Business（通信服务软件）、文件共享平台和企业社交媒体应用程序。我已经参与这个项目两年半了，但是项目进展缓慢。在第一年的上半年，项目不仅进展缓慢，而且出现了各种复杂情况。当项目负责人跟项目发起人说，"团队需要抽出时间来厘清合作原因"时，终于一切开始改变了。我们都知道这个项目应该达到什么目标，不过我们从来没有花时间弄清楚我们的合作如何才能更好地为项目目标服务。因此，为了完成这项工作，我们开了一系列工作会议，前一两次会议是远程的，第三次会议是面对面的。明确性带来了多大的不同呢？就好像我们眼前蒙上的面纱被揭开了。突然，进展加快，结果开始显现。所有的利益相关者都意识到了明确性在合作中的必要和价值。

明确性是高绩效合作的基础，为成就驱动型员工提供了具体的目标。团队成员可以一起行动，检查各自清单。这样他们就会感觉到自己是有效率的，并且完成了有意义的事情。在讨论激发目标和明确意图的实践时，我们将更多地讨论如何实现明确性。

意向性

我们已经讨论过主动式合作的问题，所以这里我简要介绍一下。主动式合作不需要过度沟通。意向性命令就像种子，被种植在明确性的肥沃土壤中，终有一天会结出合作的果实。出于这个原因，我简要地多说几句。

土壤和种子最终会变得紧密相连，这一比喻也永远适用于明确性和意向性之间的关系。在某些方面，意向性是对明确性的延伸，侧重于合作协议和关系。高成就类型的员工需要明确：

- 他们需要与谁进行具体合作。
- 他们致力于达成的合作将带来哪些好处。
- 为了实现预期成果，合作各方需要达成哪些具体协议。
- 合作的成功将会是什么样子。

主动式合作是一个团队内两组行动的结果：**合作契约和关系建立。**

涉及典型工作组（那些有明确领导和成员的工作组）的契约包含两个部分。第一个契约是纵向契约，即领导者和团队成员自上而下和自下而上的契约；第二个契约是水平的，团队成员是肩并肩的。这两个方面的契约都涉及明确对将要共享的具体工作的期望，并就有关各方希望如何管理彼此的问题达成一致。这样做的目的是让这些合作的期望变得更加清晰，以至每个参与其中的人都能感受到成就动机。

领导者和团队成员的契约由领导者发起，从签署一个基于行动期望的简短清单开始。在清单中，团队成员向领导者提出了他们的需求，以便他们在这样一个团队中茁壮成长。在这个团队中，合作变成了一种绩效期望，而不仅仅是一个流行语。一个团队可能会要求管理者"就与项目相关的预算和资源分配决策寻求意见"。

请注意，如果契约要挖掘在行动和具体结果的基础上蓬勃发展的成就动机，与行动相关的词和具体是什么行动是必不可少的。一句"让员工帮助编制预算"并不如"从员工那里寻求与项目相关的预算和资源分配决策方面的意见"有用。

要想得到这样的行动清单，我们需要进行谈话或谈判。最后，短期行动契约更好，包括五种行动的清单是我的上限。

接下来，为了支持团队的目标和共享的工作，领导会制定一个类似的清单，列出他们对团队的总体期望。类似的谈话和谈判过程也会随之展开，直到团队行动契约最终达成一致。在没有正式领导的团队，以及没有正式领导的实践社区中，签约过程几乎相同。在这种情况下，关键的契约只会发生在成员之间。

这些契约创造了明确性和责任感，这是主动式合作的基础，阐明了团队成员如何通过相互合作来实现特定的以目标和任务为中心的结果，这正是彼此需要交付的工作。既然合作协议已经明确，现在是时候解决这些承诺的核心关系了。只要稍加努力，我们就可以很容易地描述任务和行动。另外，性格的影响以及人类性格的广泛变化将影响工作的完成。我们在合作完成一个给定的任务时很难准确预测"我的方式"和"你的方式"将如何相互作用。然而，精确预测是不必要的。只要团队成员彼此之间的关系足够亲密，这就可以了。如果做得对的话，建立正确的关系就会带来巨大的回报。

大多数传统的团队建设都是为了加强关系和信任，但是这与大多数团队所习惯的团队建设不同，它建立在有缺陷的假设"熟悉孕育合作"上。我只知道代表你性格的颜色或字母，或者因为我和你一起完成了哈卡舞表演，但是这并不意味着我们会在大项目上更好地合作。这只能给人一种团队气氛很好的虚假感受，给人一种"我们已经讨论过啦"的团队气氛。除此之外，这些练习通常是对时间和金钱的浪费。还记得我在

第一章提到的马斯洛需求层次理论吗？即使是很温和且友好的意图，当你强迫人们往上爬的时候，他们也总是会滑回原有的层级，专注于驱动他们的本原。事情的关键在于，要把对高成就者而言有意义的工作直接与他们获得渴望的结果联系起来。

我们通过将契约签订期间商定的特定的共同任务与每个人的信息、风格和偏好联系起来，以初步提升意向性。然后，团队成员可以讨论工作关系中的问题症结所在，他们可以通过说出各自风格上的相似之处来支持他们的合作。这种方法尽管立足于任务和结果，但仍然会增强信任。我已经暗示过，我对许多人所说的"建立信任"表示怀疑，还记得我在第一章对"约哈里窗口"的讨论吗？我将在第十章重点阐释如何做出基于意向性的要求，包括如何以更有效的方式增强信任。

到目前为止，我们已经讨论了类似土壤的明确性和类似种子的意向性，这是一个很好的开始，但只是开始。最后一点是纪律性，这是让合作得以蓬勃发展的第三个关键点。

纪律性

如果说明确性是土壤、意向性是种子，那么纪律性就是园艺。纪律性是你的程序和良好习惯，让合作得以生存，而且蓬勃发展。如果团队没有纪律来实现共同意图和合作协议，那么世界上所有的明确性和意向性都会成为一堆废弃的激励海报。

从个人的主观评价出发，我对"纪律性"这个词并不完全满意，它带有体罚的意思，实施主体通常是天主教学校修女。关于其他词，我考虑过使用"严谨"（rigor），但它并不能很好地表达我的意思。我也不喜欢用"细致""彻底"或"一丝不苟"这样的同义词。勤奋是需要经过时间训练的，但勤奋并不是与我工作过的团队成员所缺乏的。所以，我只能用"纪律性"这个词来表达我的意思。如果你的脑海中有一个更好的词，那么请随意替换，重要的是了解这个概念。

我所指的"纪律性"在关于团队合作的图书中广泛地出现，它常常被定义为"团队过程"。不过，我们的看法有点不同。虽然为"纪律性"着想的纪律令人厌烦，但这是有用的。在深思熟虑之后，如果让纪律性与明确性和意向性相结合，它就会变得强大。当团队成员知道什么需要合作、什么不需要合作，并就合作需要包含的内容的认识达成一致时，他们就可以通过创建规程来支持和驱动这些内容。

尽管如此，纪律性可能是合作框架中最不性感的。对于行动导向性强的人来说，这可能是最艰难的。这听起来很枯燥。然而，正如日常浇水、修剪和除草对植物的生存和茁壮成长是必不可少的一样，纪律性对于强有力的持续合作也是必不可少的。

我们把纪律性分为两部分：过程和学习。过程包括建立一些基本的团队惯例和开发良好的团队习惯。团队必须重复和例行做一些决策、沟通之类的事情，制定一些规范和工作方式，这将使其受益于提高绩效的节奏。这些操作习惯降低了决策疲劳的可能性，释放出团队成员的精神空间和创造力，这样团队就可以应对那些非常规、非标准的挑战，这些挑战是成就者所热爱的，也是企业所依赖的。正如我所说的，这种方法的不同之处在于，我们创建了与明确的目标意识和合作协议相一致的规范。这样，我们的生活就容易多了，这种感觉更自然，不像一种强制的纪律。

例如，我稍后将谈到一个业务部门中的全球供应链团队，团队成员在创建鼓舞人心的目标和明确需要合作的工作方面做得很好。至少，他们最初没有改变开会方式。也就是说，根据现有的会议纪律，他们每年面对面举行三次会议，中间伴有视频会议和电话会议。他们甚至坚持同样的基本议程，专注于商业评论和解决当今的热门话题。不过，他们发现这种"剪切和粘贴"的方法行不通，他们的会议平淡乏味，他们开始取消这些会议，这也导致他们缺少一起工作的时间。一年之后，他们重新审视了团队会议的纪律，开始使用我们的框架，并与框架的要求保持一致。这次调整产生了巨大的影响。

最后，伟大的团队就像有成就的园丁一样，从不停止学习，继续解决当前的问题。伟大的团队也是敏锐的观察者，不断定期思考什么在起作用，什么不起作用，以及自己能做些什么。伟大的团队会寻求新的、改进的做事方式，还会利用具有能量的成就驱动型团队成员为团队做出贡献。当谈到激活工作方式与更新实践时，我将介绍如何促使团队成员遵守纪律。

在下一章，我将介绍我们的框架是什么、不是什么以及为什么是这样的。我将以同样的方式讨论框架的六项实践。我将解释每一个团队的目标是什么以及我们对团队合作的想法。这些想法要么没有包括其中，要么与典型的团队合作不同。

总 结

三个必要条件是成功取得合作所必需的。

在了解了三个必要条件之后，你可以问一些基本问题。例如：在我的组织中，命令是如何执行的？对我和我的工作组来说，这些命令是什么样子的呢？下一步该怎么办？

明确性是第一个必要条件。明确性是发展变化的，需要持续关注和不断沟通，你需要对它进行不断的测试、提炼和刷新。

意向性由明确性实现，二者交织在一起。意向性是高绩效合作的关键，依赖于团队成员就他们将共享的工作和工作方式制定明确的契约。

纪律性是第三个必要条件，支持意向性。纪律性通过创建常规和标准化的工作方式来建立一个团队的运作节奏，从而使团队的合作得以蓬勃发展。

第七章　高绩效合作的实践

关于框架，我们已经谈了很多次，现在是时候制定框架了。框架的与众不同之处在于，它将动机理论应用于团队目标、团队优先级、团队互动过程甚至信任等不同主题中。我的目的是，让读者了解我们的流程和想法，以便读者能够采纳相同的见解，并以适合自己组织的方式应用它们。我们致力于使框架与企业文化产生共鸣，这也为我们带来了巨大的回报，我希望你能有所收获。

在开始阅读这一章时，你有几件事要记住。鉴于本章的目的是提供玛氏高绩效合作框架的概述，因此本章比前几章更具有技术性，相对来说也更简洁——故事少了，解释多了。然后，如果你熟悉其他的团队效能方法和工具，那么当读到这一章时，你可能会发现自己在想："是的，这些我都知道啊。"你也可能会因此忍不住跳过这部分内容。如果你在脑子里听到这个声音，那么请停下来，仔细阅读这部分。在玛氏，我们选择超越传统团队建设的正统观念（orthodoxy），"正统"的字面意思是"正确的观点"，是被普遍接受的很少被质疑和挑战的知识，是传统的智慧。如果你认为让你的团队跳哈卡舞会得到更好的结果，你就去尝试吧。你也可以贴一些看起来鼓舞人心的海报。我们的框架从正统观念走向正统实践（orthopraxy）或"正确的实践"，我们的重点是团队需要做什么才能变得更强大和更有效。我们的方法、想法和工具中有一些真正的精华，它们在有时微妙但总重要的方面是不同的。不管你对团队效能了解多少，本章都是值得一读的。

从必要条件到实践

三个必要条件对所有组织中的团队都有效，它们揭示了影响大型企业合作的一系列普遍真实的条件。不过，你选择用它们做什么，应该基于你的公司和团队。这也是我们所取得的惊人结果。如何从三个必要条件到玛氏团队目前所使用的框架，是一个关于如何从洞察到文化协调应用的有用故事。在这一章，我将分享我们的想法和框架的形成过程，以便你能将这些想法运用到自己的组织中。即使最后你发现我们的高绩效合作实践可以"原封不动"地为你工作，本章还是值得一读的。本章包含关于框架的各个方面如何协同工作以产生更大影响的重要信息。

三个必要条件是如何演化成六项实践的？回想一下，这些必要条件用积极的语言描述了我们在玛氏团队中看到的三个主要问题。

- 明显缺乏主动式合作（意向性），这与……有关。
- 对什么需要合作普遍缺乏明确指示（明确性），并因……加剧。
- 团队通常没有积极或有效的纪律来支持合作（纪律性）。

不管这些条件多么好或者与行动多么匹配，仅仅描述条件是不够的。这些必要条件是对玛氏团队需要什么的有用评估，我们今天将它们作为团队诊断方法的基础之一。我将在第十三章中对此进行更多的讨论。当然，团队关心哪些做法不起作用，更关心自己需要做些什么才能变得更好。实践证明了这一点。

从"怎么了"到"应该怎么办"

为了解决三个必要条件纯粹基于描述而脱离实践的问题，并将它们与成就动机联系起来，你可以把它们看作行动的要求。

明确性——明确合作！

意向性——在合作中是主动的！

纪律性——维护合作所需的纪律！

即使这样说，必要条件也不过是含糊不清的行动要求，你可以选择用多种方式回应。"明确合作"包括许多内容，它可以指向合作目标或需要合作的一般领域。同样，"维护合作所需的纪律"的号召也可以指向许多方面，你可以选择在如何应用项目管理实践方面更加严格，也可以选择将训练重点放在团队成员如何使用沟通工具上。这些都是有价值的话题，其中一些可能对组织中的团队有意义。

我们的目标是将我们对必要条件的理论理解转化为一种简单但没有被简化的方法。

- 要足够全面，涵盖一系列有助于团队的行动，但不要太宽泛以致让人觉得繁重或复杂。
- 对务实、注重行动的员工具有内在吸引力。
- 考虑到员工独立和自给自足的倾向，这些特质在许多成就驱动型员工身上很常见。
- 方向明确，不要过度指挥。

我们的最终框架更像谷歌地图，而不是GPS（全球定位系统）。也就是说，它更倾向于向用户提出建议，给出他们可以采取的各种可以提高团队效能的方法，当然，给出的方法也可能是司空见惯的。不过，它不会为所有的团队选择一条最优的路线，而是允许团队自由选择适合自己的东西。我们的方法如果不符合这些标准，就不太可能与玛氏文化相融。

玛氏的团队会尽量列出一系列可以共同采取行动的事情，这样团队成员就可以从合作的恐惧中解脱出来。这些事情越少越好，所以这张清单越短越好。在我的研究中，我遇到了很多关于团队如何提高绩效的建议。例如，团队可以致力于：

- 愿景。
- 使命。
- 目标。
- 建立信任。
- 进行实践。
- 通信。
- 规范。

我试图在本就繁忙的玛氏同事可承受的情况下，尽可能包含足够多的元素来涵盖三个必要条件。我想到了威尔·舒茨提出的三个优雅而简单的基本问题：融入、控制和亲密。就像塔克曼的四个阶段和我们的三个必要条件一样，这三个问题也是描述性的。有句老话说，不断地给猪称体重是无助于提高猪的重量的。同理，比起描述问题，我们需要更规范的行动，或者其他类似实践的东西来解决问题。

所以，我又开始研究数据。团队成员一遍又一遍地告诉我："我想合作，但不知道合作内容是什么，也不知道与谁合作。"在这种渴望的背后，有一种几乎无法控制的冲动——这种欲罢不能的行动最典型的满足方式是着手处理清楚的事情。通常情况下，在这项研究中，玛氏同事十分清楚个人项目和目标。还有一句老话，"量入为出"。这句话同样适用于猪，虽然这个比喻看起来有点离题，但确实是这样的，因为能被测量的东西必须是明确的和可定义的。你也可以说"当事情变得清晰了，它就一定会被完成"，这就是明确性成为三个必要条件之一的原因。这使我得出假设，我们的合作框架必须包括：

什么（What）：明确"哪些工作需要合作完成"。

谁（Who）：清晰地认识到"谁需要与谁合作"以及"在哪些具体工作上需要与谁合作"。

为什么（Why）：清晰地说明"为什么合作是重要的""为什么团队合作就像团队中的个人工作那样重要"。

玛氏如此重视简单性原则，所以我希望这三个元素能单独发挥作用。显而易见，它们不足以单独发挥作用，只阐明了明确性，那么意向性和纪律性呢？是的，更清晰的合作会激发更多的意向性，但需要加入其他元素才能让意向性被点燃：它需要自己的指令，让自己感到真实和务实，从而吸引成就驱动型的个人贡献者。纪律性是另一回事，玛氏同事对纪律性的感觉就像我对我每五年做一次结肠镜检查的感觉一样。这是必要的，甚至是救命的。不过，如果我对此感到兴奋的话，我就会被诅咒。纪律性需要简单指令或实践，从而使其以一种易于接受的方式呈现。

最后，我们讨论六项实践。团队的合作雄心是团队的核心。在本章的其余部分，我将概述高绩效合作的六项实践，也就是高绩效合作框架。然后，在第八章到第十四章中，我将详细解释每项实践。

　　下面是六项实践的总结。六项实践是根据与每项实践联系最紧密的必要条件来阐释的。明确性出现两次是为了适应阐明背景的特殊要求。

明确性

　　激发目标——旨在澄清和定义"为什么"，即合作目标和理由。团队将其目标与自己认为需要合作的工作（下一项实践）结合起来，指导自己的努力和奉献。

　　明确意图——定义了"什么"，即团队中共享的特定工作以及不共享的工作。团队利用其目标来指导自己选择将从合作中受益的工作。共同激发目标，明确意图，塑造团队在框架中所做的一切，使得团队成员彼此之间的合作达成一致，这些合作包括开会和决策等流程，以及他们如何一起学习。

意向性

　　培养合作精神——建立在前两项实践中所做工作的基础上。在团队中，鼓舞人心的目标通常会影响团队的运作方式。因此，领导者和团队成员聚在一起的时候，需要就实现他们的目标所需的行动达成一致。每个任务也将分配给团队成员，由他们一起完成。在这一实践中，团队成员对如何合作以及如何承担责任做出承诺。作为其中的一部分，团队成员共享自己的信息、风格和偏好，这些信息可能与他们所做的合作承诺相关。在此基础上，他们讨论共同的工作、彼此之间的关系，并达成一致。

纪律性

　　激活工作方式——定义并遵循一组简洁的团队流程，这些流程旨在明确团队鼓舞人心的目标和在明确意图中达成共享的工作。当培养合作精神解决了团队成员和团队领导之间的行动承诺时，此实践将团队作为一个知道全部内容的单一操作单元来关注。

维持和更新——团队需要持续不断地反思和学习。主动式合作要求团队在发挥团队效能时与为特定工作签订契约时一样主动。团队成员将对合作过程进行定期的调查。通过这种调查和思考，他们创建并维护了一个不断发展的团队开发计划，旨在确保合作效率不断提高。

明确性

阐明背景——这是仅在重大过渡时期使用的"特殊实践"。团队的目标、合作清单和合作协议都会被定期提及。只有当团队的战略环境发生变化时，阐明背景才会被触发。公司战略、组织结构和领导层的变化是采纳这种做法的最常见原因。

在某种程度上，这六种做法都与三个必要条件有关。然而，每个人都有首要的必要条件。我将在接下来关于具体实践的章节中详细讨论。现在，我们将专注于对六项实践的高层次理解。

注重行动

为什么我们选择称之为"实践"，而不是"指令"或"行动"？当我在2011年开发框架的最早版本时，我选择不使用"阶段"这个词。这是一个很重要的选择，对某些人来说，也是一个违反直觉的选择。因此，在我与同事分享这个早期框架时，它需要很多解释。现在，让我们直面"选择实践而不是阶段"的问题。

在与业务团队合作时，团队开发阶段是正统的。我自己也曾经依赖塔克曼四阶段模型，但如你所知，现在我不这样做了。

在创建框架之前，我在俄亥俄州与一家小公司的领导团队工作，使用塔克曼四阶段模型作为团队管理问题诊断和讨论的基础。在研讨会之前，正如我通常所做的那样，我对每个团队成员进行了访谈，并执行了前面描述的调查。我们又进入了一个昏暗但很干净的酒店会议室，至少这个会议室有窗户。我们坐在普通的呈U形分布的座位上，每个人都能看到其他人。我分发了一份包括访谈和调查的摘要，让他们花15分钟查看数据。然后。我把他们七个人分成两组，每个小组都需要讨论数据，并用一张活页纸来突出他们的发现。当他们工作的时候，我特意创造了可供讨论的空间，这个空间远离由酒红色的布覆盖的U形宴会桌。当他们回到临时谈话区时，八把椅子又呈现了一个粗糙的U形。好的团队就是这样做的，对吧？我把他们的发现贴在了座位对面的墙上，并与他们讨论什么在起作用、什么不起作用以及什么是可能的。我让他们回答了一个具体问题："在塔克曼四阶段模型中，你认为你的团队处于哪个阶段？""一""二""二，接近三"，两个小组来回交换意见。然后，其中一个人说："为什么在开团队研讨会时，我们总是处于第二阶段，或者接近第二阶段？虽然处于这个阶段只是我的个人猜测，但这是为什么呢？"这个问题使我措手不及。他是对的，因为我注意到，其他团队也有同样的情况，它们一直处于第一阶段或者第二阶段。我感觉到了，但从来没有说出来，因为我被正统观念束缚住了。俄亥俄州的团队和我一直在回答这个问题。在一个成员都是男生的团队中，有人提到，在四个阶段的前半段不断重复，让人感觉不太好。"我们好像从来没有进步过，这是我讨厌这样的研讨会的原因之一。"我非常理解他所说的话。这真的令人沮丧，但这又是怎么回事呢？

塔克曼四阶段模型可能是最有名的，但绝不是唯一的团队诊断方法（见图7-1）。

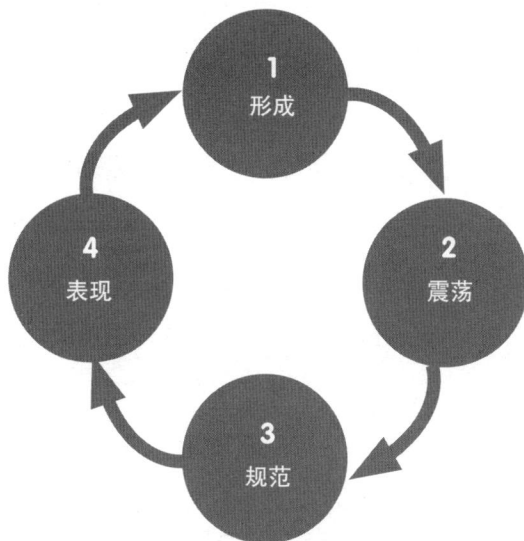

图7-1　塔克曼四阶段模型

30年前，我就开始和团队合作了。回到以前，就像在北卡罗来纳州的细布厂工作一样，我与共事的团队在同一层楼、同一栋楼、同一个城市、同一个国家。我发现塔克曼四阶段模型对这样的团队很有用，它帮助我描述和理解我所看到的东西，也给了团队一种了解和谈论自己的方式。

随着时间的推移，业务团队的性质以及团队的构建方式发生了巨大的变化。直到几年前，我还在继续使用塔克曼四阶段模型。当我开始关注玛氏的团队时，塔克曼四阶段模型理所当然地成为我的实践的基础。但当我最终进入俄亥俄州的领导团队时，我已经对此产生了严重的怀疑。塔克曼四阶段模型并没有以一种有用的方式描述我所看到的东西。

那些对团队工作感兴趣并以此为生的人，都非常感谢布鲁斯·塔克曼和他在团队发展方面的工作。这不仅是那个时代的突破，也使我现在的工作（包括本书）成为可能。不过，现在是时候了解塔克曼的工作了。根据我目前的经验和理解，塔克曼四阶段（最终是五个阶段，甚至是六个阶段）模型并不是基于对工作团队的研究，而是基于塔克曼对50篇学术文章的评论，其中大部分是对治疗组的心理分析研究。

明白了吗？塔克曼四阶段模型是基于对学术文章的分析，而不是建立在与活生生的团队面对面合作的基础上。更重要的是，塔克曼所参考的大多数文章都是关于治疗组的，而不是在复杂业务中工作的团队。治疗组做了很多好事，我对治疗组没有任何不满，其实我也参加过一两次。尽管治疗组做得很好，但它与现在的商业团队并没有太多共同之处——治疗组不必交付业务目标，没有战略或工作计划，也不必在竞争激烈的市场中做出反应。据我所知，尽管这有可能发生，但是治疗组中很少有成员被解雇。最后，我确信，塔克曼所研究的治疗组成员在很大程度上是相互接近的，很可能他们都在同一个城市、同一栋楼甚至同一个房间。塔克曼的研究基于一个与我们大多数人在大型组织中进行团队合作时所面临的完全不同的现实，难怪塔克曼四阶段模型并不适合我。

使用塔克曼四阶段模型还有一个挑战：该模型认为，当团队成员发生变化时，团队将回归到模型的第一阶段，即形成。我在10多年前觉得这个说法很有道理，但是：

当我们把重点聚焦于阶段时，这种理论意味着一种机械的可预测性，这种可预测性与变化的动力、随时间变化的通量程度以及个体的变化程度不一致。[1]

我不能说当发生变化时，团队往往会在发展过程中倒退。当新管理者或新成员加入时，团队本身也会发生变化。问题是，玛氏的团队每三四个月就会发生这种变化。我敢打赌，你工作的地方也是这样的。就像生活中的其他事情一样，事实上，团队并不像20世纪50年代塔克曼工

---

[1] Connie J. G. Gersick, "Time and Transition in Work Teams: Toward a New Model of Group Effectiveness," *Academy of Management Journal* (1988) vol. 1, no. 1, 9–41.

作时那样稳定和可预测。

鉴于我的工作经验，遵循这四个阶段的逻辑会显得徒劳，甚至是有害的。我怎么能负责任地建议一个团队回去重复其在新管理者比尔加入前所做的一切？两个月后，当新成员克劳斯加入时，我会问同样的问题吗？三个月后，当大卫离开去追求"其他职业机会"时呢？自从加入玛氏以来，我与数百个团队合作过，它们都面临着我刚才描述的那种变化。根据正统观念，这些团队将会一直处在塔克曼四阶段模型的第一阶段或第二阶段。虽然从理论上说这可能是真的，但是仅仅知道它们正在"形成"阶段或"规范"阶段对它们来说是没有用的。事实上，正如关于俄亥俄州的讨论所表明的那样，这是令人沮丧的。我感觉除了倒退以外，它们无处可去。我开始相信团队只对其所处的阶段感兴趣。它们更愿意知道自己能做些什么，而不考虑自己的发展阶段。它们想向前迈进，想要感受到成长，想要创造生产力。

正如我所说的，我欠布鲁斯·塔克曼一份深深的感激之情，我并没有完全否定他的模型，或其他线性、阶段性发展过程的模型。这些模型是有意义的，在某些情况下，仍然发挥着价值。但是，我们应该质疑它们在当前工作场所的适用性。对于团队来说，重要的是找到有价值的方式来切实提高合作水平。不管是新团队还是成熟的团队，只要团队成员能够相互理解并行动起来，就可以持续地提高效率。

"实践"这个词虽然不是关于阶段的，但不仅仅意味着行动或团队要做的事情。我练瑜伽已经15年了。我不断练习、不断学习，瑜伽已经成为我日常生活的一部分。如果我不这样做，我就不会从中受益。如果团队真诚地致力于加强和维持员工的合作，将他们在团队中所做的工作视为一套持续的、永远有用的和促进增长的实践，那么这是很好的。这就是为什么我会相信"实践"这个词，我的同事也同意坚持使用这个词。我们在2011年底和2012年初制定了高绩效合作框架。从那时起，我了解到另外一两种采用这个词的团队方法。你可以理解为什么我选择在团队方法中嵌入这个词。

我们的实践要求我们采取行动。每项实践的名字都以一个动词开头，当沉迷于行动的同事第一次看到这个框架时，他们立刻得到了这个框架所包含的信息——"激发目标！""明确意图！"等。这就是目的，而且已经奏效了。

我们的"实践"是"正确的"吗？对玛氏同事来说，是的。我可以肯定地告诉你，这些实践已经对数百个玛氏团队以及数千名同事产生了重大而持久的影响。此外，我还和一些在玛氏以外工作的人谈过，其中有些人在大公司工作，有些人在非营利组织和社区团体工作。那些采纳或修改我们框架的人告诉我，这些做法也对他们所合作的团队产生了影响。

实践之间的动态关系

我们来讨论一下这个框架及其六项实践是如何作为一个整体结合在一起的。高绩效合作框架示意图详见图7-2。

图7-2 高绩效合作框架

稍后我将讨论这张图背后的思想，它蕴含了一个故事。在此之前，我想给你一个更全面的关于"实践"的总结。现在，我们重点关注实践。你需要对每项实践都足够了解，以便更好地理解框架是如何工作的。

激发目标

相关必要条件： 明确性。

解决的问题： 阐明团队合作的意义、重要性和价值。

核心问题： 为什么？

推动实践的问题：

· 我们为什么要作为一个合作团队而存在？

· 我们如何通过合作创造独特的价值？

工作原理： 一项又一项的研究表明，人们被有意义的工作吸引，而不仅仅是一份薪水。尤其是对于那些现在进入职场的人来说，很多公司都有令人信服的愿景、使命或目标。然而，真正的工作发生在个人和团队层面。因此，激发目标的目的是创造一个针对团队合作的工作，一个具有相对明确的意义的工作。成就驱动型的个人会发现这种做法很有吸引力，而且这对他来说可能比其他人更重要。

同时，在所有的实践中，这也许对于务实、成就驱动型的人来说是最具挑战性的一件事。"当有真正的工作要做时，为什么我们要谈论其他东西呢？"我有一半的时间都能听到这样的话。在指导团队完成制定目标声明时所需的深入谈话后，他们总是报告说，这是他们在工作中进行过的最重要、最有用的谈话之一。在下一章，我将分享一些玛氏团队在发展过程中关于目标声明的示例。

明确意图

相关必要条件：明确性。

解决的问题：保持需要团队成员之间合作的具体任务和不需要合作的任务的清晰性。

核心问题：什么？

推动实践的问题：

· 哪些工作必须共享，哪些工作不需要共享？

· 谁将与谁合作，具体在哪些方面进行合作？

工作原理：通过研究，团队成员一遍又一遍地告诉我，他们愿意加强合作。他们只是不清楚自己应该合作什么或者与谁合作。这种做法迎头解决了这个问题。

这种做法已经改变了玛氏的游戏规则，也将适用你的团队。不论你的团队在制定战略和部署商业计划方面有多出色，我敢打赌，对你来说，"明确意图"是一个新名词。"在我们必须做的所有工作中，哪些工作会从合作中受益，哪些不会呢？" "在所有受益于合作的工作中，什么是正确的合作——有多少人应该参与合作？"如果你的团队有这些谈话，那么恭喜你，你的团队将是一个有效率的少数派。这些都是简单的问题，并不会经常被问到。如果没有这种明确性，合作就没有意义。有了它，成就驱动力可以被唤醒，然后被引导到正确的合作水平上。

培养合作精神

相关必要条件：意向性。

解决的问题：为合作建立明确的责任，包括团队成员之间合作任务的契约以及领导者与每个团队成员之间的合作期望契约。此外，这种做法解决了团队成员之间关于合作的信任问题。

核心问题：谁？

推动实践的问题：

· 你是谁，我是谁，这将如何影响我们的关系和合作？

· 对于将共同完成的工作，我们将对彼此做出什么承诺？

· 对于将如何合作，我们将对领导者做出什么承诺？

· 我们需要领导者提供什么来支持我们的合作？

· 我们将如何建立强有力的关系来服务我们的工作和团队？

工作原理： 这一实践直接建立在刚刚讨论的两项基于明确性的实践（激发目标和明确意图）之上。一旦每个人都清楚他们合作的重要性和价值，以及同意什么工作需要合作，成就的火焰就会被点燃。当团队成员在特定任务中看到他们的名字时，他们会用行动来回应。当他们看到自己的名字不仅与行动配对，而且与队友的名字配对时，他们会跟随自己的冲动去行动，从而走向共同成就。

作为这一实践的一部分，团队领导者必须阐明他们如何让团队成员对工作和合作行为负责。自相矛盾的是，实现这种问责制的最佳方式是建立现有的个人绩效管理系统。团队成员同意领导者在年度绩效计划中列出一些合作承诺。到了评审时间，这些承诺要像单独的任务一样接受检查。有了这种清晰和高度的责任感，每个人都可以全力以赴弄清楚他们的合作需要成为什么样子，并对彼此做出坚定的承诺。

激活工作方式

相关必要条件： 纪律性。

解决的问题： 创建和维护一些简单的团队流程和规范，以确定团队将作为一个整体按照其目标和合作承诺运作。这一实践和上一实践都涉及工作方式。培养合作精神专注于团队成员之间的合作关系和行为。相比之下，激活工作方式专注于团队层面的纪律和围绕整个团队承诺的会议、决策和沟通等事项达成的协议。

核心问题： 怎么做？

推动实践的问题：

· 我们将如何最有效地运营我们的团队，实现我们的合作承诺？

· 作为一个团队，我们将遵循哪些简单的流程和例行程序来最有效地运作？

· 如果我们要建立一种可靠的节奏和强烈的合作习惯，我们必须采取哪些与目标一致的工作方式？

工作原理： 所有值得关注的团队模型都包含一些关于团队流程的内容，那么本书的框架有什么不同呢？这个框架与团队目标及其特定合作协议的连接十分清晰。这些连接使得团队纪律更容易接受。团队并没有被要求采纳随机的"最佳实践"，而是在会议和沟通等方面设置一些定制的程序，这些程序是为他们的目标和他们都同意的工作量身定制的。如果一个团队在目标声明中宣布其将充当其业务的"未来缔造者"，那么他们将从会议议程中删除战术话题。他们只会为可能影响未来的问题腾出时间。

维持和更新

相关必要条件： 纪律性。

解决的问题： 建立一个持续反思和学习团队运作或不运作的纪律，创建并维护团队发展和成长计划。

核心问题： 现在做什么，下一步做什么？

推动实践的问题：

· 现在，团队内部发生了什么？下一步，我们需要做什么才能将我们的合作提升到一个新的水平？

· 我们将如何继续学习和成长？

· 我们现在要怎么做？我们还能做些什么来变得更好呢？

工作原理： 这一实践要求我们不断学习。与之前的实践一样，这一实践的某些版本可以在其他提高团队效能的方法中找到。事实上，在这一点上，我同意组织和团队发展领域的正统观念。高绩效和卓越需要不断反思和学习，维持和更新更广泛地表达了实践的本质和精神。

阐明背景

相关必要条件： 明确性。

解决的问题： 明确团队如何融入更大的组织及其动力是什么。阐明背景仅在影响团队工作环境的变更或过渡期间激活。类似于维持和更新，但它专注于团队外部而不是内部。

核心问题： 我们需要关注的更广泛的背景是什么？

推动实践的问题：

· 我们需要应对的环境发生了哪些变化？

· 我们应该如何应对，它将如何影响我们的合作？

· 我们需要如何改变和适应周围的情况？

工作原理： 阐明背景确保团队100%真实，它是所有实践中最有存在性的，甚至超过激发目标。商业团队的存在取决于组织的需要。这一实践确保了团队与创造它的外部现实保持联系。这不是每天都会随时发生的。事情会时不时地发生变化，有时变化很大，有时一年一次或一年半一次，一个团队应该评估其工作条件和环境。这使团队能够做出明智的、适应性强的选择，以服务于集体意图和创造组织的需求。

为什么框架看起来是这样的

框架和其中每项实践都有一个逻辑，反映在我们创建的图中。你可以用其他方式来描述这些相同的基本元素。我和我的同事像玩拼图一样对这六项实践进行排列组合，直到它们以一种对我们有用的方式结合在一起。你的公司和企业文化是独一无二的，框架应该反映出这一点。第十五章提供了几种方法来帮助你考虑如何采纳或调整它以适应你的组织。

我们把这些实践按特定的顺序放在圆圈里。通过将该框架应用到团队中，我们找到了团队在相对稳定的环境中第一次进行实践的最佳顺序，就是图7-2中的排列方式。早些时候，我说过，我们不希望框架过于规范。然而，对于第一次使用这个框架的用户来说，这个排序方式最好地利用了实践之间的关系以及它们相互构建的方式。

对于第一次组建的团队来说，明确其背景、组织存在的原因的实践始于激发目标，然后沿着顺时针方向移动，最后到中间结束。实践之间的关系使这个序列有效。这是框架的工作原理。

- 激发目标解决团队合作中的"为什么"问题，团队的"为什么"问题强烈影响"什么"问题。
- 回答"什么"的问题是明确意图的重点，它处理团队内的合作任务和项目。在明确意图方面所做的工作，显著地塑造了一个团队走向下一项实践的方法，即培养合作精神。
- 培养与"谁"以及基于完成明确意图的工作关系合作。一旦这一做法建立起来，团队就转向如何激活工作方式。
- 激活工作方式的重点是建立与团队目标和共享工作一致的团队流程。完成后，团队进入圆圈中心，即维持和更新。
- 维持和更新的重点是学习，让团队参与规划，并学习如何继续保持团队绩效。

记住，我刚才描述的仅仅是团队刚刚开始使用这个框架的情形。对于这些团队来说，激发目标是基础性的，并且会影响它们此后做出的许多选择。

当然，很多时候，在这个排列方式之外所做的工作是有意义的，特别是对于有经验的用户来说，每项实践都有可能是最好的起点。在后面的章节，我们将探讨选择不同起点的原因，并更深入地探讨每项实践。不过，"目标优先"排序有一个例外，它涉及框架的最外层元素，即阐明背景。

阐明背景是关于全局的，关于团队的基本问题和存在问题。你为什么不从这里开始呢？出于同样的原因，我不会每天早上从床上爬起来就思考生命的意义和价值。当然，每天都是一个新的开始。正如我之前所说的，我喜欢吸收伟大的思想和思考重要的事情，我可以认真对待所有事情。不过，和我的许多玛氏同事一样，我需要继续努力。对于那些急于求成的人来说，从激励目标开始已经够难了。至少在我们的文化中，退一步去思考更大、更具存在性的问题是一件过犹不及的事情。显然，在必要的时候，保留阐明背景的价值是显而易见的。如前所述，阐明背景最适用于团队面临重大变革的时候。例如：商业战略发生了重大变化；公司重组，新的领导者开始掌舵，并希望重新调整团队及全部工作。不管是什么情况，当团队周围的事情发生变化并且方向需要改变时，阐明背景都是一个开始的地方。

说到方向，你会注意到图中的箭头位于每项实践的边缘，并不像你想象的那样都是顺时针方向。我刚才讨论的适用于新手的框架隐含流程是有效的。不过，最终每项实践都会与周围的实践进行交互，这些重要的交互也是在接下来的章节需要探索的。

最后，我们来谈谈维持和更新。或许，你一直在关注我所说的那句话"玛氏最需要的是更主动的合作"。那么，为什么我们不把专门处理意向性的培养合作精神放在中心呢？我可以给出一个简短的回答："以前是这样的。"之前，培养合作精神处于框架的中心位置，就像达·芬奇的素描作品《维特鲁威人》中的人伸手去触摸环绕着它的东西一样。如果你要为你的团队调整我们的高绩效合作框架，你就可以选择这种方法（见第十五章）。尽管在玛氏，数据是明确的，但是我们的团队最不擅长的事情是停下来反思和学习，这似乎也是我们最不兴奋的一点。请记住，我们所研究的团队尽管都以一般的团队合作的方式进行连接，但至少都有一个真正的兴趣，甚至是对合作的热情。我们觉得可以很容易地利用这种能量。另外，我们将注意力集中在持续学习和适应上，这也要求我们更清晰、更严谨。因此，维持和更新处在中心位置。此外，维持和更新最直接触及其他人的所有实践，因为每项实践都要经过反思、研究和改进，只有中心位置才能准确地说明这种联系。同样，你可能会有不同的看法。我解释这一切是为了让你能利用我们所学到的知识，让它为你的组织工作。

读完本章后，你将对玛氏高绩效合作框架及其来源有一个坚实的、深层次的了解，现在是时候更深入地研究高绩效合作框架的六项实践是如何工作的了。下一章将从这一更深入的研究开始，重点是高绩效合作框架的激发目标实践。

总　结

　　高绩效合作框架看起来很直观，与其他团队绩效模型类似。重要的差异隐藏在表面之下，所以花时间熟悉它的所有组成部分是值得的。

　　六项实践根植于三个必要条件。三个必要条件使得实践更加鲜活，并描述了更主动、更有效的合作需要什么，六项实践则具体说明了团队要如何满足这些需求。

　　这种专注于行动的方式使高绩效合作框架不同于塔克曼四阶段模型，后者只描述了发展阶段。

　　高绩效合作框架被描绘成一个带箭头的圆圈，连接六项实践。团队可以根据自己的实际需求在其内部移动。

　　对于首次使用该框架的团队来说，建议从激发目标开始，顺时针移动，最后到中间结束。

第八章　明确性与激发目标

　　回想一下我们在第二章谈到的某个发霉的、有镜子的会议室，当我在一个跨职能的品牌团队工作的时候，我第一次顿悟，并忍不住感叹：创建团队的原因和团队的合作目标有着显著的不同。在这种情况下，团队成员知道他们为什么被组合成一个团队——他们都在一个重要的巧克力品牌工作，每个人都是各自领域的专业人士，每个人都是杰出的玛氏同事。尽管他们有着明显的联系和潜在的协同，但他们对于作为一个团队实际会带来什么样的好处缺乏清晰的认识。是的，他们为同一个标志性品牌工作，每个人都对品牌的持续发展和未来的成功起着至关重要的作用。每个人都知道他们为什么在那里工作，每个人都专注于完成自己的职能。其中，一个人来自财务部门；几个人来自制造部门，负责确保工厂能按预期交货；负责履行采购职能所在的商业部门也有一席之地，有一两个销售代表。在这个团队中，主要职能部门至少有一个人。他们经常一起待在房间里，这在一定程度上是为了确保这些相互交织的专业部门可以适当协调。这个团队大约有13名成员，他们相互依赖，但所需的协调程度差别很大。销售和营销之间的相互依赖程度较高是可以理解的，研发和供应（制造业）也是如此。如果财务和供应部门需要进行谈话，那么所有人都需要在场。销售与营销、研发与供应等的谈话也是如此。会议通常在这些职能部门都方便的时间进行，要求每个人都在现场。虽然这样看起来方便，但实际上没有效果。让另外11个人旁听一个销售人员和一个财务人员的讨论，最好地利用了每个人的时间吗？没有。所有主要职能部门都有代表在团队中，团队有13名成员，可能导致职能部门间的谈话数量迅速增加，浪费大量时间。

如果把每个人参与的会议时间都加起来，我们就会发现，这个团队每个月要花几百个小时在一起。他们在这样做时没有清楚地意识到，他们的合作除了保持低水平的跨职能协调之外，并没有什么意义。显然，团队成员需要保持联系，也需要在重要的事情上进行合作。但是，哪些事情是重要的呢？为什么他们要选择在这些事情上进行合作而不是其他事情？他们应该多久开一次会？这些问题在他们的商业战略中没有得到回答，他们的组织结构图对回答这个问题也没有帮助。他们需要明确团队目标以及实现该目标的具体工作。

明确性是一块肥沃的土壤，你可以在其中播下主动式合作的种子。明确性的土壤有两个基本要素："为什么"和"什么"。我将在本章详细讨论第一个要素——"为什么"，即团队目标的概念，特别是激发目标。在下一章，我们将阐释第二个要素——"什么"，我们称之为"明确意图"，它关注团队的共享工作。

激发目标——"为什么"

目标像一只熊，完成目标是一项艰巨的工作。目标是框架的重要组成部分，虽然要实现它往往是一项艰巨的工作，但这是值得的。在这一章，我们将花一些时间理解团队目标、为什么团队目标很重要、什么目标有用、什么目标没有用，这些时间的花费是值得的。

目标是一个大而有趣的话题，可以用很多方法来探讨，并在不同层次上加以应用，因此寻找合适的目标显得有些困难。只需在网站输入"目标"一词，我们就会看到一大堆标题。根据个人的目标来寻找和生活有好几种方法，由瑞克·沃伦提出的"由目的驱动的生活"就是一个著名的例子。戴夫和温迪·乌尔里克的《工作的原因》（*The Why of Work*）一书阐述了为什么企业的领导者必须培养和分享更大的目标感。关于这个话题，有一些很棒的TED（技术、娱乐、设计）演讲，比如西蒙·西内克关于企业的演讲，甚至还有一首百老汇的曲调——歇斯底里的《Q大街》（*Avenue Q*）唱到关于"目标"的内容。

目标是什么意思

我们需要区分不同类型和层次的目标，以便我们可以将目标具体应用到团队中。大多数作者和专家都会同意，无论目标的层次如何，它都是关于意义和重要性的。如果要从深层次上理解"为什么"，那么有人会问"为什么我们在这里""为什么我们要做这些事"等等。史蒂夫·乔布斯宣称"在宇宙中有所作为"是很重要的，他和其他许多著名的领导者一样，都有着令人敬畏的使命感。大多数作者、思考者和创作者都是在个人或公司层面提出目标的，他们关注的不是如何过着有目标的生活，而是想让公司明白，有一个超越股东价值和利润的公司目标是多么重要。在玛氏，我们理解公司层面有更大目标的价值，因此我们提出了玛氏五大原则。我们还了解到，团队如果想要达到最佳状态，就需要明确合作目标。

正如我在前一章所建议的，合格的"团队目标"要能够回答以下问题：

- 为什么在个人的职能、责任之外，我们要以一个合作团队的形式存在？

* 我们如何通过合作创造独特的价值？

　　我们发现，团队的目标声明是捕捉和记录这些问题答案的最佳方式。在最佳状态下，团队的目标声明描述了团队作为一个整体，通过共同工作为组织及其利益相关者增加的价值。这是目标观念的一个相当局限的应用，这也是另一个解释"寻找目标十分困难"的原因。在团队中，最强大的目标往往并不明显，但必须明确、具体。

　　典型的业务团队就是我所说的"实际存在的团队"，之所以被称为一个团队，是因为组织结构图显示它是一个团队。团队中的所有成员都向同一个人报告，或者所有成员都是同一职能部门或项目的一部分。事实上，就像我之前提到的13人巧克力品牌团队一样，在我工作的大多数团队中，员工都拥有同样强烈的个人成就需求，这些团队正是这些强大的个人的集合。在团队成员已知的、最擅长的方面，他们自力更生、努力工作来满足团队需求，并且主要通过个人的努力和成就来发现价值和实现个人目标。是的，他们经常互相帮助。在需要的时候，他们会启用被动式合作，并从中获得价值。团队之间的互帮互助加强了团队之间的纽带，有时甚至赋予团队特殊意义。然而，除了帮助和主动性支持之外，他们还能获得有计划的合作和主动式合作。这就是团队目标想要阐释的谜团和揭开的谜底。我们制定战略，并为员工明确说明如何实施战略。我们制订详细的预算，这样就能知道我们计划做的事情需要的成本，以及我们将从这些努力中获得多少回报。我认识的领导者和管理者都非常善于做计划。为什么我们在合作中不实施同样的计划，以管理我们自己投入的时间？

　　团队的目标声明应该让团队成员明白，他们作为一个合作的整体可以创造什么价值。这并不是说他们不能也不应该为企业增加个人价值。

事实上，个人价值必须继续增加，否则个人的职业生涯和业务将受到影响。团队目标的关键是明确团队合作的原因。团队需要知道，如果每个人都努力工作，并在必要时进行简单的协调，那么比起单打独斗，集体努力会产生更大、更好的结果。

在任何一个层次上，努力实现团队目标和努力实现个人目标一样，具有挑战性，并且可能会更难。想要了解任何事物的本质都是很辛苦的，当你在努力超越显而易见的事物，并雄心勃勃地进入更能施展抱负的领域时，努力保持本真是很难的，你很容易迷路。

本章讨论了一些寻找目标十分困难的原因，并没有试图解决无法解决的紧张关系，比如愿望和实用性之间的紧张关系。即使面对这样的悖论，这也是关于明确性的。明确团队目标是挖掘成就需求的一个重要步骤，否则成就需求只能由个人任务来满足。有了明确而有力的目标，合作就会成为真实的、有形的工作，就像写在个人年度绩效计划中的东西一样真实。

另一个与团队目标一样亟待解决的挑战是，"目标"作为一个概念，经常与另外两个相似概念（"愿景"和"使命"）混淆。就像在做发型之前，我们需要梳理头发。在制定团队目标之前，我们需要厘清团队目标的概念。这么做有两个原因：第一，我们可以专注于目标，因为它特别适用于团队；第二，一旦做到了这一点，我们就可以继续讨论这三个不同的概念如何以相互加强的方式一起工作。

愿景、使命和目标

为了简单起见，我们将"愿景（vision）、使命（mission）和目标（purpose）"称为"VM&P"。"VM&P"可以按照你喜欢的任何方式定义。不过，这种模棱两可的定义，在为团队创造明确性时并没有帮助。事实上，这会让事情变得更困难。在理解如何在框架中应用"目标"之前，我们需要理解这三个词，以及在与玛氏团队合作时如何使用它们。

首先，关于层次，"VM&P"可以应用于多个级别。这三个名称或者其中的单个名称，都可以被大企业、小企业、团体和个人使用。例如，在战略制定和部署的背景下，我会使用"愿景"和"使命"；在个人和团体层面上，我倾向于使用"目标"。以下是我们在与玛氏团队合作时使用的"VM&P"的工作定义。

愿景： *一幅令人信服的未来状态图，它将由你的选择和行动的直接结果塑造。愿景最好用现在时态，以表达一种可能性。愿景可以被描述为你想要实现的长期目标。例如，非营利组织乐施会的愿景是致力于创造"一个没有贫困的公正世界"。*

使命： *你选择的一个或多个行动，将你的战略和愿景付诸实践。这也蕴含了一种强调，"我们可以做一百件不同的事情，但是我们将关注X和Y"。"使命"描述了一个"如何"的问题，例如，"全国各地的杂货店和药店以低于竞争对手的价格销售我们的产品"。*

目标： *关于一件事情为什么重要的声明——为什么一个人、一个团体或一个公司相信他们的存在超出他们可能创造的结果。目标传达了一种生活或一个团体的努力所能带来的更深层的意义和影响。*

与我共事的许多人都认为"VM&P"中的元素是可以更换的。事实上，"愿景"和"使命"与其他概念的区别很重要，尤其是在创建更有效的团队时。虽然我们没有将其纳入高绩效合作框架，但是我认为愿景和使命的声明都很有价值：团队的愿景和使命可以增加关注度，但它们本身并不能引发更积极的合作；团队的目标是关于合作的价值和重要性的声明，不是对未来几年的真实情况的声明，而现在的合作正是关于如何创造理想未来的。这是一个令人信服的声明，说明了为什么一个团队的合作对它和它所服务的业务很重要，也说明了要如何实现这种重要性。

但是，如果你所在团队的业务环境是清晰的，那么开发目标的过程会更容易。如上所述，虽然"VM&P"是不同的概念，但它们是相互加强的。事实上，当一个团队从这三个方面进行运作时，它表现最好。大约一年前，当我在一家公司与一批人事与组织部门的领导一起工作时，我强烈地意识到了这一点。

在一次重组中，这家大公司希望把曾经分开的两个部门合并在一起。因此，两个曾经独立的人事与组织部门，以及这两个业务部门中的所有其他职能重复的部门，将被合并。除此之外，在最近合并的人事与组织部门中，还有一位资历相对较浅的领导。新上任的主管人事与组织部门的副总裁让我帮助她的团队思考职能部门的战略，以及她的领导团队使用我们的高绩效合作框架进行合作的方法。考虑到组织变革的程度，我们首先阐明背景，并将重点放在更广泛的业务及其内部的职能战略上。然后，我们按照第七章中介绍的顺序，完成其他五项实践。

我们打算先研究职能部门的愿景，一旦对此有所了解，我们就会对部门当前的状态做一个评估，并将其与愿景进行比较，然后思考如何缩小两者之间的差距。我做了一些前期工作，搜集了员工的回答，并把这些数据带到了第一次研讨会上，我们打算在那里集中讨论他们的三到五年愿景。这是一个好计划，不过我们无法了解他们对未来的看法，目前的状况一直在阻碍我们的调查。

团队成员之间的谈话是坦诚的，并且在谈到当时整体业务的环境时，他们会深深地自我反省。这几年很艰难，同事们纷纷感到气馁和不安，但是公司的要求有增无减。面对公司的要求，这些典型的玛氏同事以努力工作、不断创造和个人牺牲作为回应。他们使这家公司保持运转并赢利，但是进步的感觉根本不存在，对许多人来说，这只是一种挣扎。不仅如此，团队中还有这样一种感觉——他们的领导者压根不明白他们正在经历什么。

显然，人事与组织部门为业务环境的变化负责。企业的领导者和为他们工作的管理者在参与度和员工满意度方面负有最大的责任。不过，作为"副驾驶员"，人事与组织部门是这些领域的玛氏领导者和管理者的重要合作伙伴。与大多数人力资源职能部门一样，人事与组织部门拥有招聘、学习与发展、领导力发展和员工参与等流程和机制。显然，人事与组织部门有责任影响所在地区的同事对于工作场所的体验感。关于缺乏合作伙伴信心和与领导层脱节的谈话，源于我设计的关于团队愿景的讨论。看来我精心策划的谈话已经偏离了轨道。不过，在团队咨询业务中，我们想说的是，这个讨论正在"走向它需要去的地方"。通过挖掘当下的烂摊子，团队最终了解了其愿望——对未来的愿景。团队的愿景经过了一段时间的演变，在这里落地生根了：

这是一家由自信的同事组成的企业，专注于发展，它声明："我相信我们的业务、我的部门经理和我自己。"

对于你来说，这听起来像一个谦虚的愿景。对于他们来说，这是一幅雄心勃勃、充满动力的未来图景，他们将自豪地与所支持的领导者、管理者和同事共同创造未来。然后，我们为他们勾勒了一个任务，描述了他们将如何实现这个未来。通过专注于部门经理的技能和能力，同时重新强化我在第一章谈到的"玛氏同事"概念，他们将创建一个员工充满自信的企业氛围。这项关于愿景和使命的相关知识需要一天的研讨会，还需要在研讨会结束后通过电子邮件对草稿进行起草和评论。

他们清楚地知道自己的职责（愿景）是什么以及将如何完成使命，他们能够就自己的目标（合作如何将愿景变为现实）进行谈话。我们安排了第二次研讨会，专门讨论他们的目标，并确定他们将实际分担哪些工作。这是我参加过的最简单的谈话之一。根据我在附录A中阐述的流程，他们一致认为，他们需要：

具有洞察力和一腔热血的领导者激发员工的信心。

我对那些宣称自己可以激励他人的团体持谨慎态度。激励他人只是一个一般的意图，缺乏明确性。在案例中，灵感来自既有洞察力又有一腔热血的人事与组织部门的领导者。该团队将在研讨会结束后继续阐释"有洞察力"和"有一腔热血"是什么样的。该团队定义了与这两个属性相关的行为，以便团队成员能够知道自己什么时候是有目标的，什么时候不是。

熟悉工作中更广泛业务环境的团队，更加容易发现鼓舞人心的目标，了解愿景的意义，以及明确使命所传达的信息。如果你的团队需要制定一个愿景或使命，那么请继续。然后，你需要扪心自问："我们作为一个团队，需要如何团结才能使我们的愿景和使命变成现实？"你在回答这个问题时要深入挖掘，让它与个人的愿景和使命相联结。想想每个人的天赋，想想是什么激发了每个人的激情。记住，这一切都是为了让团队目标有意义。

关于团队目标的声明还有一个区别，它们通常在团队之外，很难被解释清楚。正如我刚才和人事与组织部门讨论的那样，我鼓励团队成员思考他们想要创造的长期愿景，并建议他们制订一个任务——讲述一个团队不断向他们所梦想的高层次状态迈进的故事。这两个条件为制定目标营造一个背景。在向团队外的人解释团队是什么时，它们也很有帮助。在这种情况下，团队目标用处不大。合作目标声明的很大一部分来自特定团队的特殊性，以及它们对团队成员的个人意义。这并不总在团队外转化。例如，我们可以参考一个玛氏的例子：

我们是被消费者信任的企业品牌管理者。

如果一个人不了解这个领导团队所面临的特殊压力、问题和机遇，那么他可能会把这种说法斥为烂大街的行话。不过，对于团队来说，这一说法引起了强烈的共鸣。我们的ICSS（冰激凌和饱腹零食）业务是我们北美巧克力产品组合中的一个小品牌集合，它是从士力架和M&Ms等大品牌中分离出来的，因此它可以专注于这一细分领域并成长。更重要的是，这个业务被视为未来人才的孵化器。在这里，一个人可以第一次担任首席财务官或供应链主管，而不必承担在规模十倍的企业中担任类似领导角色所面临的风险。他们为了自己的职业发展目标而选择这个职位，他们形成了共同的想法：担任这个角色，既要发展品牌，又要发展人。更重要的是，他们觉得信任是珍贵的。玛氏深深地致力于发展自己的品牌，甚至是其中的细分品牌。玛氏也非常忠实于它的消费者，我所谈到的相关概念都只是这种奉献精神的一个例子。这一目标声明提醒我们，作为致力于增长的管理者，玛氏同事必须在其中发挥重要作用。不过，这不仅仅是一个提醒，还起到了指路明灯的作用，指引他们前行，一直到几年后，玛氏的品牌再次重组。在讨论团队如何适应变化时，我将再次对这个团队进行讨论。

一个强大的团队目标总是基于团队所工作的业务或组织的现实。我们将讨论阐明背景，以确保团队对其运营的战略和业务环境有清晰的认识。然而，目标声明本身只需要对创建它的人有意义。

我们需要合作目标吗

如果你的团队没有任何需要合作的工作，怎么办？这是一个重要的问题。面对这一问题，有两个可能的答案。第一个答案是，可能不需要这项实践。你不需要明确的合作，也不需要合作的目标。这不会给你和你的团队带来"温暖和热情"的感觉，但这是真的。当我们第一次启动这个框架时，我正在和办公室的一位财务经理交谈。他正准备把框架带回他的团队，但他很挣扎，他想帮助团队成员理解团队目标的价值，从而让他们对工作感到兴奋。为了做到这一点，他试图弄明白团队的目标可能是什么。他所指的"团队"包括他所在网站的财务人员以及同一网站高级管理人员手下的行政人员。一旦他解释清楚了这一点，挣扎的原因就很清楚了：团队中的两个小组没有共同目标，没有合作，事实上，也没有必要进行合作。我们一致同意，他领导的不是一个团队，而是两个不同的团队。在他的两个团队中，每个团队都有可能制定自己的目标声明，但各自的目标声明可能并没有与二者共同的目标声明一致。这种混合群体一直存在，特别是在大型组织中。有时候，两个团队没有相融的地方。所以，当你在"组织结构图"上强行插入一行促使两个团队联系在一起的文字，并提供一个似是而非的理由来支撑这些莫须有的共同点时，这只会非常勉强。如果你发现自己处于这种情况下，那么我劝你不要为了刻意地营造团队精神的氛围而给整个团队强加一个目标，这不是真正的团队精神，也不会起到任何作用。不管团队成员承认与否，这都会让他们感到困惑。这肯定会浪费数小时、数天甚至数周的时间在虚假合作上，进而给组织带来巨大的损失。

凯文·霍尔是一名作家、顾问，也曾是玛氏同事，他有一个简单的方式——可以思考有合作目标的团队和没有合作目标的团队之间的区别。他曾谈到"意大利面团队"和"明星团队"。"意大利面团队"中的成员高度依存和相互联系，就像一个碗里的意大利面一样。而"明星团队"的中心有一个领队，每个成员独立运作，并通过领队进行联系。"意大利面团队"及其所有的联系有一个明确的合作目标。对于"明星团队"来说，目标就不那么清楚了。一些"明星团队"，比如我所属的团队，将团队目标定义为一起学习，把团队当作产生洞察力的温床。其他人可能认为团队的作用是保持人们的联系和参与。对于那些确实宣布了目标的"明星团队"来说，其工作方式应该反映出团队的真实本性。例如，目标驱动的"明星团队"在一起做出的与业务相关的团队决策的数量，可能会少于那些相互交织的"意大利面团队"，会议的举办不需要很频繁，会议的时间也不需要很长，因为团队成员的相互依赖性较低。鼓舞人心的目标可以帮助你理解自己的工作方式。更重要的是，团队如果没有共同的目标，就不要强行设置。

第二个答案是，也许你看得不够透彻。团队合作创造利益的机会通常是隐蔽的或不太明显的。我再举一个我所在的团队的例子，大家来看看我们是如何制定目标的，我们的目标是"一起产生洞察力"。假设你领导一个采购部门，每个团队成员都是专注采购某一类原材料的采购员，一个人买糖，另一个人买米，等等。每家公司都与不同的供应商合作，处理不同的市场动态，合作显然没有发挥作用的地方。细分的专业团队各自领导自己的团队，每个细分团队都有各自的领导者。你可以看到这一切的走向。有谁能比包括老板在内的团队更好地思考和培养这些未来领导者吗？这些领导者可以选择花一些时间讨论他们的员工、他们的下一步行动、他们的同事中有谁适合担任领导团队角色的接班人等等。

第二个答案是关于努力寻找合作机会的，这让我陷入了困境。我的一些同事认为，这等于强迫团队成员进行合作。我明白了。我们的意思是，让每个人都能在各种团队环境中找到自己存在的意义。这一点在团队可怕的、看似随机的或毫无意义的消亡之后尤其明显。打个比方，一些人在亲人和朋友逝去之后，会以死者的名字进行捐赠，以寻求这段感情的意义。这是一个多么美好且值得肯定的关于生命的人类本能。这可能有点偏题，但至少在团队方面是这样的。在这一点上，我将毫不含糊地说，没有真正合作机会的团队不应该为目标而烦恼，至少不应该在框架中设立目标。我不相信为了合作而合作会产生效果。另外，我也看到了采购团队所做的探索获得了回报。如果你的团队缺乏共同目标的基础，那么请问问自己："我们遗漏了什么吗？作为一个团队，我们是否可以或应该扮演一些角色，以扩大各自创造的价值？"或者，你可以采取一种更好的办法，反过来问："如果我们不集体行动，那么什么事情会做不到，或者会面临风险？"

目标还不够明显

有时，团队的合作机会显而易见，但不足以应对眼前的挑战。印度的一个领导团队正在努力解决这个问题，团队成员常常就一个鼓舞人心的共同目标问题，争论好几个小时。你要知道，这是一个顶尖的团队，团队成员有共同的商业战略、商业计划、资源配置等，有很多真正和务实的合作理由，而且他们已经按照这些计划开始合作了。不幸的是，他们的业务已经连续三四年没有增长了。他们告诉我，他们的同事已经陷入麻木状态。这些领导者认为，他们必须做出一些超越当下工作的突破，才能扭转局面。在讨论开始的几个小时里，一位勇敢的团队成员讲述了古代印度神话中湿婆神的故事。有成千上万这样的故事，每个故事的发生场景都不一样，这取决于你处于印度的哪个部分。这个特别故事的主人公是具有人类形态的湿婆神，在一场伟大的战斗之前，他召集军队，让士兵们喊着"哈尔哈尔马哈德夫"。这句口号来自古代梵文的翻译，就像故事本身一样，在不同的故事中，口号也各不相同。湿婆神告诉士兵"我们都是马哈德夫"，这句口号就像伟大的庇佑，煽动和激励他们组成一支强有力的队伍，团结一心，全力战斗。这句神奇的口号使这支队伍活跃起来，他们一致认为，他们能做的最大的事情就是重新唤醒民众，让所有的同伴一起参与下一个阶段的工作，共同寻求突破。在听取了这个故事之后，团队中的成员也决定，共同致力于帮助企业中的其他员工将自己视为企业成败的关键部分。他们需要的不仅仅是一场宣传活动或一系列使他们参与其中的研讨会。很重要的一点是，他们需要作为一个团队聚集在一起，朝着他们希望在企业中看到的行为努力，为其他人树立榜样。如果他们不扮演这样的角色，那么企业中的其他人或整个团体都不能扮演这样的角色。

一位印度的朋友说，他的团队打算通过合作激励同事。又是"激励"这个词。所以，我反复地问他："你要怎么做？激励行为是什么样的？"我提醒他，对于个体的人来说，鼓舞人心的东西不会对每个人都有用。作为对我的回应，他和本章早些时候列举的人事与组织部门一样，创建了一个简短的行为清单，这些行为都是他承诺的，并体现了"哈尔哈尔马哈德夫"的精神。他采取了稍微不同的方法——他将清单框设计成一组"从—到"的陈述，从"一种方式"变成"另一种方式"。

从	到
自卑	**自信**
在恐惧中工作	大胆
支离破碎的	**有凝聚力的**
筒仓	企业负责人
迂回的、拐弯抹角的	**直接的、直指重点的**
拘谨的	坦率的
从个人角度出发	不掺杂个人情感
犹豫不决、憋着不说	迎难而上、直面挑战
在地毯下面	在桌子上面
被动前进	**全速前进**
脱离环境	积极倾听
正式的、平淡的	**有趣的、可爱的**

他们每次见面都会用这个清单作为记分卡，根据"到"中的行为给自己打分。如果没有履行这些承诺，他们就会讨论如何改变这种状况。对于做得好的地方，他们会庆祝，并讨论如何变得更好。

那天，我们并没有达成最终的目标声明。团队通常难以直接达成这一点，只有经过几周的耐心思考和断断续续的交谈后，目标才会陆续出现。最终，他们和我分享了故事的结局。

我们的团队宗旨：

我们是勇敢的领导者，我们有创造变革的愿景，我们要留下一个成功的印记。

哈尔哈尔马哈德夫！

虽然，这可能不会引起你的共鸣，但它的意义重大。结合团队成员的行为，这个团队的目标提供了一种团队所缺乏的认同感。这也促使他们摆脱惯常的工作方式，从而走向更伟大的事业。

激发目标实践的实用性

尽管我对此持怀疑态度，但是团队目标的激发还是很重要的。否则，我们为什么要把一项实践命名为"激发目标"？激励与明确性、挖掘成就动机之间有什么关系？一项又一项的研究表明，即使是最有成就感的人，也喜欢在工作中找到意义。工作与任务、薪水无关，每个人都想以自己喜欢的方式在宇宙中留下一个痕迹，有时可能会采取一种不够诚挚或认真的方式。团队目标声明试图充分利用这种非常真实的人类欲望。

当想到目标的时候，我们可以变得热情、激动，想要合作。像愿景和使命一样，目标看起来如此深刻。不过，团队目标也必须是务实的。当你的目标声明既鼓舞人心又实用时，它会更有力。团队目标还应该能够做到与团队中最好的人交流，同时明确你的合作会给你带来什么好处。更重要的是，一个真正有用的目标声明能够提醒什么在合作中不起作用。一个目标声明会让你在早上充满斗志地起床，因为它会将你与一个愿望联系起来，引导你不断努力，并帮助你和团队决定你不会把时间浪费在什么地方上。这种清晰的感觉会牵扯到人的内心、思想和动机。

一个有效的目标声明有什么作用呢？对此，我提出了一个大胆的想法。我想要弄清楚什么样的目标声明不起作用。

- 它不能解释个人的职能是什么。"我们是一个世界级的工程

和维护团队"更像一个关于使命的声明而不是关于目标的
声明。

- 它不应该包含"世界级""一流"或"最先进"等词。
  这些词被过度使用，毫无意义，甚至可能引起团队成员
  的愤慨。

- 它的篇幅不能过长。一句话最好，两句话也行。

- 它并没有描述你将取得什么样的成就，只是一个关于愿景
  的声明。

目标声明描述了团队希望成为一个对业务或世界有贡献的合作整
体，并没有解释团队成员将如何进行工作（阐明团队使命）。确切地
说，目标声明没有告知合作结果是什么（阐明团队愿景）。

什么是好的目标声明

并非所有的团队目标声明都是平等的。请注意，我在目标声明的制
定方面往往过于挑剔，我希望它不仅是有效的，还是平等的。有一些同
事不这么认为，他们认为，一个目标声明对团队有意义是最重要的。在
某种程度上，我同意他们的观点。同时，明确性是发展变化的，今天清
楚的事情在下周或下个月可能会变得不清楚。今天觉得有意义的事情在
几周后可能会有不同的感觉。目标是框架的基础，目标值得我们认真思
考和耐心工作，从而寻找尽可能有效和持久的方法。

正如我之前所说的，许多有目标的工作都集中在组织上。我将继
续从这个领域延伸，进一步阐释，当涉及团队时，强大的目标需要什

么。Life is Good[①]可能是我所知道的最典型的目标驱动型公司，其目标是"传播乐观的力量"，这一点在其公司名称"生活是美好的"中很明显。该公司的目标声明就是一个目标，不是愿景，也不是使命——没有描述该公司将如何传播乐观。这个简短的目标非常简单，描述了该公司想在世界上做什么。另一件需要注意的事情是，目标如何满足既实用又有抱负的标准。把事业全放在传播乐观主义上的雄心壮志，本身就已经达到了乐观主义的高度。同时，这是完全可行的。走进该公司的一家商店，你会在购物时体验到它的目标，可以与令人愉快、乐于助人但又不过分奉承的员工互动。该公司的产品简洁、图形欢快、口号积极，充分体现了其宗旨。最重要的是，该公司承诺会将所有收入的10%捐给有需要的孩子。Life is Good作为一个品牌并不适合所有人。但是，你不能对它表达目标并努力融入其中的方式提出异议。"传播乐观的力量"是一种目标声明，你能促使团队达成类似的目标声明吗？

我们来把这一点说得更具体一点。为了帮助团队理解是什么造就了伟大的目标声明，我们在这里引入了一个由我们开发的首字母缩略词，即BeCAUSE，它代表：

Be：我们的团队会是什么样的？怎样才能让它成为我们期待的样子？

关键是什么样的模式是团队成员相处的理想模式，以及你希望团队对你的员工和企业有什么样的影响。这与团队的功能目标、任务或成果无关。

C：迷人的（catchy）——吸引人，聪明，令人难忘

目标声明应该是引人注意的，其中的基本内容和原理应该与团队成员紧密贴合，因为它需要被团队成员牢牢记住。

---

① Life is Good 于1994年创建于美国波士顿，是一家主营服装及配饰的品牌公司。——编者注

A：有抱负的（aspirational）——充满希望，渴望成功，着眼未来

目标声明激励团队满怀希望地前进，并不是描述当前的状态，而是描述团队想要达到的未来状态。

U：独一无二的（unique）——原创，有区别，与众不同

目标声明应该表达团队独一无二的贡献。该声明是一种不同于其他团队贡献的原创声明。它不是之前目标声明的复制，而是用于将该团队与其他团队加以区分。

S：简短的（short）——简明扼要

目标声明应易于记忆和分享，简短明了，能够用最简单的语句表达出来，同时保留上面列出的所有属性，便于团队成员轻松地记住和反复学习。

E：日常的（everyday）——有用，实用，始终如一

目标声明必须易于理解，并有日常的实际用途。它指导会议议程的形成，指导决策的产生，并指导团队花费时间和资源的方式和方法。

我们将此工具提供给团队，以便团队能够通过对照此工具，评估其目标声明草案。这是一个很有用的工具。

为了把BeCAUSE带入生活，我们来谈谈我在玛氏看到的最好的团队目标声明。我在本章前面提到过，这个目标声明是几年前由全球宠物护理领导团队创建的，当时我们正在开发这个框架。一个强大的目标声明需要告知团队成员，团队目标"是什么"和团队目标要求我们"做什么"，我们的目标声明符合上述所有标准。不过，它是独立创建的。在开始之前，我们缩小团队目标的考虑范围，来看一下全球宠物护理领导团队的愿景声明：

为宠物创造一个更美好的世界。

　　我们的宠物护理业务不仅仅包括销售狗粮罐头或绿的（Greenies）产品，还包括猫、鱼、鸟等宠物食品的生产和销售。我们生产宝路（Pedigree）、伟嘉（Whiskas）、美士（Nutro）和皇家宠物食品（Royal Canin）。此外，玛氏拥有连锁兽医诊所以及两个最先进的宠物营养和健康研究设施。玛氏宠物护理致力于改变宠物生活的世界，为动物及其主人造福。

　　全球宠物护理领导团队的目标是"为宠物创造一个更美好的世界"。针对这一目标，团队成员问自己："在领导这一变革的过程中，我们扮演了什么角色？"他们是这么想的：

　　我们都是宠物护理团队未来的勇敢的缔造者。

　　他们就是这样看待自己的团队工作的。我们来剖析这个语句，了解它何以成为团队目标声明。

　　都——这个词足够简单。很明显，它向我们昭示，这将是一个关于集体打算做什么的声明。

　　我们是——这个句子采纳的时态是现在时。这不是对未来的愿望，而是关于现在的，昭示着在此刻的互动。

　　勇敢的缔造者——与其他领导研发工作、制造产品、与客户合作的团队不同，这个团队将自己视为大胆而勇敢的设计师和规划师。这句话很像那个印度团队的行为清单上的句子，也表达了一种对成为领导者和展现自己雄心壮志的渴望。

　　未来——目标声明关于此时此地。但是，作为一个领导团队，未来是团队必须关注的，也应当作为日常工作的一部分。团队成员不会在工厂开会讨论最近的危机，其他优秀的员工会完成这部分工作，他们会把工作重点放在创造未来以及需要关注的主要趋势和长远目标上。他们将讨论未来需要什么样的人才和能力。这种对未来的承诺决定了他们今天将把宝贵的议程时间花在什么上。

宠物护理——他们不仅筹划自己的业务，还关心如何塑造整个宠物食品和宠物护理的产品类别，包括消费者、大型连锁店等顾客，甚至竞争对手。这是一个愿望，我们在愿望中也看到了一些切实可行的东西被提出，并演化成为会议议程。他们只想解决那些能改变竞争市场的大问题。

我们把这句声明与由首字母缩略词构成的BeCAUSE原则中规定的标准进行比较。

- 表达了这个团队想要成为什么。
- 简单易懂，但不过于简单。
- 既有抱负又实用（每天都有）。
- 句子很短，很容易记住。

我已经和这个团队的成员谈过了，他们承诺会实时应用这一目标，以保持自己在正确的轨道上和水平上工作。这正是一个好的目标声明该促成的。

我分享了一些来自高级团队的目标声明的例子，但领导团队也不必刻意创造一个鼓舞人心的团队目标。工厂团队、销售团队等有机会利用其合作意图来放大目标声明对其他人和他们所参与的业务的影响。问题是："我们在一起能完成多伟大的事呢？"任何级别的人都可以回答这个问题。我在附录A中为如何创建团队目标声明提供了具体的想法和工具。

创建团队目标所面临的挑战

正如我一开始所说的，目标就像一只熊。我们应该谈一些常见的注意事项。

与我一起工作的大多数团队，都是从创建目标声明开始的，最后以创建一种类似使命的方式结束。例如，以下是玛氏内部的一些目标声明草案的要点：

- 不断提供甜食的最佳解决方案……
- 提供突破性解决方案……
- 将想法转化为切实可行的高质量解决方案……
- 向客户传递品牌的卓越性……

这些短语要么侧重于结果——"最佳解决方案""突破性解决方案"，要么侧重于行动，诸如"转变想法"或"提供卓越"。在框架中，有一个地方侧重于任务和可交付成果——明确意图，我将在下一章讨论这个问题。此外，这些目标声明的片段倾向于使用商业术语。如果你的目标声明中包含"突破"或"世界级"两个词，你可能就搞错了。

我提供的所有示例短语，都表达了有价值的意图和情感。任何一个员工都不应该被直接解雇，我敢肯定，他们每个人都为团体创造了重大意义。同时，他们忽略了在我们的高绩效合作框架中的目标，只关注"什么"和"如何"，而忽略了"为什么"。

从"做"到"存在"

关于目标的团队谈话可能会难以进行，因为我们想要表达一些难以确定的大想法。这里有一个好消息：可以从有形的东西开始。其中包括探索一个团队生产什么或做什么。去吧，谈谈你的任务，创造一个愿景。只要你不停止，这些就可以引导你达到团队鼓舞人心的目的。

为了帮助避开"我们的目标就是我们所做之事"的陷阱，按照BeCAUSE原则，我们应专注于"成为"而不是"做"。回顾一下全球宠物护理领导团队的目标声明，它以"我们都是……"开始，而不是"我们一起创造……"或"我们一起实现……"。团队成员在一起将是"未来的勇敢的缔造者"。他们选择了一个隐喻性的几乎是原创的角色，每个团队成员都将单独扮演这个角色，并由团队共同体现。不过，这不仅仅是一个角色，还暗示一种心理状态或自我形象，可以随时被召唤。一个伟大的目标声明表达了我们在合作的最佳状态下需要成为什么样的人，从而获得所希望的结果。

我在前面分享目标声明的时候也表达了"不要盲目执行"的想法。

我们是被消费者信任的企业品牌管理者。

不论你是想成为"勇敢的缔造者"还是"企业管理者"，你都需要通过"行为化"（这是一个流行语）来阐释你想要的生活方式。正如我对印度团队所做的那样，你一定要问自己："什么样的行为符合或体现了这种存在方式？"目标声明中不需要包括这些行为，你可以把它们记录在别处，这样你就可以根据需要把它们找回来。这将使你能够在评估团队的健康和进步时，评估你在维持和更新实践中的目标实现情况。

达到激励的目标

正如我早些时候所说的，对于大部分团队的目标声明，我很难感到满意。当看到一个团队的目标声明时，我会对它做出判断。然而，当我和团队成员坐下来交谈，并由他们向我解释其目标时，我常常感到既惊讶又高兴。他们写在纸上的话，往往反映不出谈话中所展露的细微差别或激情。这与写作能力有关，而与他们试图表达的情感和概念的真实性无关。草率写出来的目标声明很容易漏掉要点，这也是在创建团队目标声明时，为他们留出足够的时间，让目标声明的制定过程成为一个涵盖数天或数周的迭代过程的原因之一。随着谈话的继续以及思想的酝酿成形，关于"目标"的词库甚至引文集将会形成。事实上，团队共同制定目标声明的情形和团队一起创作诗歌有异曲同工之妙。以下是我与团队合作时遵循的简化步骤。

- 搜集所有解释指导团队工作的战略、愿景和使命的相关文件。如果团队没有愿景或使命，你就可以考虑与团队合作，并以创建愿景或使命为出发点。
- 召集团队并解释整个框架和其中的过程。
- 将团队分成小组，问小组成员"谁必须和你们一起履行对企业或组织的承诺"。我经常用图片而不是文字让他们回答这个问题，这些图片通常是从杂志上剪下来的，或者是准备好的，这有助于他们摆脱困境。你甚至可以让他们画出这个问题的答案。
- 让小组聚在一起进行展示，并讲述讨论结果。如果你使用图片，那么你可以让他们分享答案，并在活动挂图或屏幕上捕捉重大创意。

- 让他们在团队中寻找共同的主题。

- 再次将他们分成不同的小组，让他们把搜集到的主题整理成简短的要点。

- 让小组分享其要点，讨论和探索各自的想法，捕捉任何出现的新想法。

- 在这里停下，暂停这一进程至少一周，最长一个月。这种停顿将促使直觉和微妙的心理过程发挥作用。召集一个小组把这些原材料拿走，并制定一些不同的目标声明，供其在下次聚会时思考。

- 在随后的会议上，展示并讨论小组的工作。如果条件合适，同意最终版的目标声明。

- 在60—90天后重新审视这份声明，看看它是否仍能引起共鸣。

在附录A中，我对这种方法和团队使用的另一种方法进行了更详细的解释。

不管你怎么做，强有力的目标声明都像一首诗，只用几个字就为读者描绘了丰富的画面。由于要处理的词太少，选择要包含的词通常比选择要删除的词更容易。为了使你的目标声明有力而实用，这两种选择是必不可少的。所以，耐心点，制定目标声明虽然需要时间，但这是值得的，因为它能够让团队专注于那些真正重要的事情。

团队目标的明确性只是团队需要集中精力并参与团队成员成就驱动的明确性的一部分，它解释了合作的"原因"。团队还必须阐明团队成员将合作"什么"。他们必须准确地确定哪些工作需要合作，哪些不需要。在下一章，我们将讨论明确意图，即采取下一步行动的实践。

总　结

　　激发目标让我们找到合作的原因，帮助我们在团队合作中找到意义，并告诉我们团队合作将如何创造价值。

　　在一些重要的方面，目标声明不同于愿景和使命，团队目标不仅仅需要执行或者实现。

　　团队目标不仅能将其与更大的战略目标和职能目标联系起来，也能与团队成员的个人价值观和抱负联系起来。

　　目标声明是为团队制定的，不需要分享；任务声明通常更适合在团队之外传达团队的意图。

　　花点时间制定团队目标声明，争取让目标声明在几天甚至几周的时间内变得清晰。

第九章　明确性与明确意图

2012年，我开始着手开发早期版本的框架。当时，我和一个研发领导团队一起工作，聚集在一个租用的会议室的角落里。我们在一个三层楼的现代空间里，四周都是窗户、豆袋椅和数字白板。这个研发领导团队有点像上一章的人事与组织部门，这些事业有成的研发领导觉得心烦意乱。这间租来的房间拥有干净的线条和空间，与他们的心情形成了鲜明对比。在他们负责的许多项目中，有一个项目尤其让他们感到不安。在这一项目中，他们的职责是改变数百名新加入的工厂员工的文化和工作态度，这些员工作为我们公司收购的一部分，跟随原公司来到玛氏。如你所知，质量原则是玛氏五大原则之一。涉及产品质量和食品安全标准的问题，我们不会做任何妥协。一些已经加入工厂的员工还没有将我们对质量的承诺内化，还有一些人正在抵制这一原则。在这个寒冷的冬日，随着研发团队不断地探索、揣摩这些员工的目的，这个复杂的原因陆续浮出水面。不过，这个问题不是整个团队每天都要面对的问题，只有那些关心产品质量的同事和部门经理才会经常遇到这种情况。可以说，这不是整个团队的问题（尽管他们觉得自己做得不对），而是将企业文化灌输到这个新的玛氏业务团队的问题。他们告诉我，"不管领导者的具体职能是什么，他们都领导着文化变革"。他们觉得，自己必须为解决这个棘手的问题分担责任。

我不得不同意他们的看法。当然，他们应该分担一些任务或项目，新收购的工厂可能存在这样或那样的问题。同时，在做很多工作时，他们并不需要合作。我一直在琢磨如何区分一个团队究竟是否需要合作，这样团队成员就不会承担更多的合作工作，只需要完成那些需要完成的工作即可。这是我偶然发现的一个模型——雷达屏幕（Radar Screen），它已经被证明是实践应用中的关键，我将在本章进一步描述。我们现在正在运用这一模型帮助团队为自己指明合作努力的最适合方向。这个模型非常清晰，简单易用。团队只有放弃一些事情，并且重新思考，雷达屏幕才能按照预期工作。

共享工作是"什么"

与实现团队的目标相比，明确团队的合作工作很简单。事实上，合作工作非常简单，以至于框架的许多用户都忽略了这一点，误以为自己明白了。

最常见的误解是，误认为明确意图是关于共同目标的，但是请仔细听我说：这种做法不是关于共同目标的。其他提高团队效能的方法会告诉你共同的目标有多重要。在玛氏，根据经验，我们将目标和目的作为战略的一部分，然后将它们级联到需要的各个地方和团队。之所以设立共同的目标，是为了确保我们知道目标是什么，以及需要做什么才能成功。他们所缺少的不是设立目标，而是点燃合作。

加强合作的谬论

一群能干的甚至表现出色的人向同一个人汇报工作，并且共享一个目标，并不意味着他们就是一个高绩效团队。我向你保证，我刚才讨论的研发领导团队有一个明确的目标，包括工厂里那些顽固的同事，他们也遵守这一目标。但是，他们还是在通往合作的路上被卡住了。尽管我不喜欢观看体育类竞赛，不过在这种情况下，我还是会使用体育类比，因为它非常清楚地说明了这一点。2010年，德怀恩·韦德、勒布朗·詹姆斯和克里斯·波什（三位超级篮球明星），在迈阿密热火的比赛中走到了一起。一开始，他们很"可怕"：他们的能力毋庸置疑；他们的目标也足够清楚；在大多数比赛中，他们的得分都比其他人多。尽管这个目标简单明了，但他们花了一个月的时间苦苦挣扎。当有才华的人融入一个团队时，不管他们的目标有多明确，他们都没有成为一个伟大的团队。勒布朗和他的队友最终成功扭转了局面，成为一个团队。作为一个集体，他们私下寻找自己的定位和共同为之奋斗的东西。他们的目标是赢得NBA（美国职业篮球联赛）总冠军。然而，这并不是最终使他们成为一支获胜球队的原因。伟大的团队并非都有明确目标的伟大成员。事实上，我认为，共同的目标和宗旨本身往往会削弱合作，而不是加强合作。我把对合作增强共同目标能力的信念称为"加强合作的谬论"。

关于明确的目标的想法首先建立在高层，然后级联到组织中。因此，这一想法被很好地建立了起来，不太可能很快消失，也不应该消失。至少在组织层面，我无法抗拒它的存在。然而，高绩效团队不仅仅需要目标和成功标准，还需要阐明共同的团队目标。然后，团队成员确定各自将分担的资源消耗型工作，从而释放合作能量，克服加强合作的谬论。

谬论的核心是一种错误的想法：当个人成果加起来等于我们所设定的共同目标时，我们就已经实现了关于合作的涅槃。最能体现这种谬论的例子在销售组织中，假设我领导一个销售团队，专门负责与大客户沟通，我和团队分享了今年的收入增长目标——销售额比去年增长10%。再假设有五个销售人员为我工作，每个人分别负责公司生产的主要品牌，因此，每个人的品牌都有不同的增长目标，有的目标高于10%，有的目标低于10%。不过，如果将所有的目标进行加权平均，结果就等于今年10%的总销售目标。所以，我们有了共同目标，每个人都知道自己将如何贡献。我们也有激励措施，如果最后的业绩超过了共同的增长目标，我们就会得到更大数额的奖金。这会推动团队合作吗？也许吧。如果你是我的销售人员，那么你会如何应对这些目标和激励措施？

每个员工只能做自己最了解的事情，专注于销售特定的品牌，以确保自己为整体目标做出贡献，而不太可能与负责销售的同事合作（帮助他人实现目标）。为什么要帮别人销售呢？他们最了解自己的品牌，最知道应该如何销售自己的产品。他们会做他们的事，你也会做你的事，最后所有业绩都会增加，甚至可能超过原定目标中总销售额的10%。"谢天谢地，幸好我们去年都在场外跳了哈卡舞！"真的是这样吗？

你可以理解为什么我将它称为"加强合作的谬论"。这种方法不仅不是团队合作，还以牺牲合作为代价来加强个人努力。事实上，共同的目标和许多激励措施会推动更多而不是更少的个人关注的行为。当我们分享销售额所代表的数字时，我们会感到温暖，并把这种良好的感觉与所谓的"团队合作"联系起来，而事实上，这种感觉是自己个人努力和同事个人努力的结果，这不是团队合作。把它和团队合作混为一谈，不仅掩盖了团队合作最强大的一面，还掩盖了真正的、主动的团队合作的承诺。

当然，有时候团队需要的是个人的努力。而且，事实上，团队总是需要一定程度的个人努力。再说一次，请不要强迫员工进行不会增加任何价值的合作。如果像销售组织的例子那样，团队目标的实现需要一个精心安排的计划，最后的团队成功是个人努力的集合，那么共同的目标是必不可少的。即使在需要高度合作的团队中，你也希望知道总体目标是什么。如果你认为合作确实是合适的，你就应该知道如何支持和推动合作。共同的目标虽然是必要的，但不是这样设立的，而应通过推动合作、挖掘成就动机来吸引人们合作的注意力，从而明确团队中的所有成员对实际工作的共同责任。

明确意图的本质

这种实践的基本步骤是与一个团队合作，以确定哪些工作需要合作，以及哪些工作不需要合作。一个团队内的所有工作都可以分为三个部分：个人的工作、工作组的工作和整个团队的工作。

在玛氏，我们使用我与研发领导团队的合作雷达屏幕来说明合作的水平（见图9-1）。

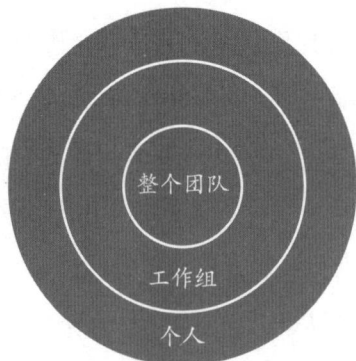

图9-1　合作雷达屏幕

合作雷达屏幕将大多数人对团队合作的看法进行了从内到外的转变。对大多数人来说，最能引起我们注意的是个人工作，而不是团队合作。通常，团队合作的模糊概念和团队合作的感觉存在于个人意识的外部边缘。我们的高绩效合作框架首先阐明合作，并把整个团队的合作放在整个框架的中心，工作组合作存在于团队合作和个人工作之间。在一个充满团队精神的团队中，如果不采纳高绩效合作框架，团队成员常常在被需要的时候施以援手、积极应对，他们的合作状态大致等同于图9-1中间的圆环。不同的是，高绩效合作框架鼓励人们提前思考和计划合作。

在附录B中，我提供了如何与你的团队一起使用此工具的详细说明。以下是一些基本知识：

- **整个团队**：在理想情况下，应该在中心的圆环列出少量的、不超过三个的计划或项目，由整个团队共同承担责任。
- **工作组**：在中间的圆环中，列入团队内的工作组共享的工作。
- **个人**：在最外面的圆环中，你可以放置需要个人处理的项目和计划。

关于各种任务归属的讨论是最引人入胜的。目前的问题是："你如何决定哪些任务交给谁？"我将从外环开始，逐一谈论团队中个人工作的角色和重要性。

如前文所述，团队中的大部分工作都是由个人完成的。是的，他们会根据需要与同事互动。然而，他们并不依赖于主动式合作来完成这些单独的任务。考虑到我们构建、组织和运作公司的方式，我们在招聘时，总是会致力于寻找和雇用我们所能找到的最优秀、最有能力的个人，这是有意义的。我之前说过，团队需要合作，但团队成员个人的工作能力与工作效率对团队整体效率的提高更为重要。因此，这个包含个人工作的外环通常包含团队中数量最多的任务。显而易见，这项工作通常与团队的合作目标最不相关。在外环的任务或业务中，个人的职能需要与团队的任务有关，以支持团队任务或战略。这一部分工作不需要合作，因此团队的合作目标与此无关。有多少项目或计划最终仅仅依靠个人完成？这一问题取决于各种因素，比如谁在团队中，他在做什么工作，等等。我们不要刻意地避免填满这个外环，你和团队如果都认为这项工作最好由个人来完成，就请自豪地把它放在那里。现在，我们把目光向图形的内部移动。

你需要在合作可能会有回报也就是你期望的地方：

- 增加成功的可能性。
- 提高成功的速度或效率。
- 提高成果质量。

这样，团队计划就有意义了。在这些情况下，任务将进入第二个圆环，即中间的圆环。

在这一部分，合作规模越小越好。卡岑巴赫和史密斯在对"团队"的定义中指出，团队应该"由少数技能互补的人构成"，而在更大的团队中，由一个小团队进行合作是实现合作效益的最有效方式。为什么？因为无论什么事情，参与的人越多，事情就越复杂。不管你的团队目标多么有说服力，如果你有一个七个人的团队，那么让两个成员在给定的项目上进行合作比让所有的七个人都参与进来更简单，也可能更顺利。

如果你的团队与我们的团队有相似之处，那么有关这个雷达屏幕的第二个圆环的内容可能会变得很棘手。玛氏倾向于营造一种平等、高度参与的文化。许多人认为，每个人都有权被倾听，大家对任何事情都有自己的观点。它的好处是给予一种思想自由交流的文化，它的缺点也是显而易见的：过多的人参与过多的事情。要想让这部分工作顺利进行，你必须让这项工作只涉及最需要的人，并且让那些认为自己应该参与很多事情的人，习惯于减少参与不必要的团队事务。例如，我最近正在与一个团队合作，团队中的财务主管认为她需要在每个项目上"合作"。可以肯定的是，玛氏业务中的每项工作都需要财务参与。无论什么工作，都有需要被核算的花销。事实上，这种想参与的倾向在财务部门和人力资源部门很常见。在这种情况下，我们花了30分钟为财务主管和其团队阐明"需要合作意识"和"主动式合作"之间的区别（如果你对相关概念不是很了解，那么你可以回顾第三章中的合作水平图，这张图可以很好地帮助你理解这些谈话）。不同的团队对团队合作水平的划分有所不同。重要的是，我们需要进行交流和对不同的合作类型加以区分。

我们发现，雷达屏幕有助于帮助团队成员从"过度参与"阶段快速过渡到"较少参与"阶段。或许，正是这个过程中的通透性，有助于减少那些倾向于过度参与的员工的控制欲。在某些情况下，为了帮助人们实现这一转变，你可能希望为他们提供机会，让他们感觉到，在不需要他们积极合作的项目中，他们的声音已经被听到。在我上面描述的团队中，财务主管就是这样帮助财务人员放手的。不过，在某个时候，团队成员更需要相信他们的同事能够完成工作，并继续履行自己的职责。

在有些情况下，让整个团队为一个项目或计划分担责任是有意义的，尤其是当一项工作与团队目标声明非常一致时——这就把我们带到了雷达屏幕的中心。例如，如果团队鼓舞人心的目标是以你作为人才开发人员的角色为中心的，那么涉及人才开发的重大项目很可能最终会成为雷达屏幕的中心。正如工作组之间的小组合作一样，只有在能够增加或创造可定义的价值（比如速度或效率）时，所有团队成员之间的合作才是合适的。在所有团队成员合作的情况下，团队必须选择性地合作。记住，团队规模很重要。在更大的群体中，团队成员的思想和风格各不相同。对于成就驱动型的个人来说，个人效率较低，这种激励作用往往更令人沮丧。回想一下我曾经说过几次的13人团队。什么人想坐在一个会议上，听其他几个人苦读一个只有他们关心而自己毫不关心的项目细节？如果雷达屏幕中心的工作没有明显受益于团队的智慧和创造力，那么你需要把它移到其他圆环上。

以下是一些关于工作类别的例子，在这些类别中，团队全面参与通常是有意义的。

- 战略制定。
- 财务规划或预算编制。
- 组织或职能内的人才管理。
- 激励团队成员努力工作。
- 部署组织范围的计划，比如具有重大战略意义的、复杂的或高风险的项目。

最后一点很重要，也有点棘手，需要合作的项目可能属于不同的类型。对于前四点，你可以想象，在座的每个人都有发言权，都有工作，都会投入其中。不过，最后一点要求团队像董事会一样以不同的方式行事。在这些情况下，并不是在座的每个人都能在项目中有一个明确定义的任务或可交付的成果。相反，他们的任务是为一项至关重要的共同工作贡献精力、创造力和批判性思维。一个团队在什么时候可以这样操作？研发领导团队的故事就是最好的例子。

研发领导团队最终同意，团队成员必须共同领导改变工厂的文化和行为，每个人都直接参与了这一变革，并不单单依靠团队中的单一部门或者团队中的某个人。尽管如此，他们将作为一个整体分担责任。最终，我在白板上粗糙的雷达屏幕中心贴上了一张便笺。

从他们的工作方式来看，这个选择意味着什么呢？在每个团队会议上，这个项目都会被审查和讨论，项目中的问题会被标记出来，如果可能的话，问题会在会议中被解决。如有必要，他们将在职能范围内调动资源，以确保问题成功解决。这不仅仅是电子邮件上的更新和通知，更是一个真正的项目、真正的工作，这得益于团队的集体智慧和解决问题的能力。在这种情况下，领导这个项目的两个人必须放松警惕，让团队成员完全了解他们在做什么、应该做什么和不应该做什么。这需要他们信任自己的同事，并冒着与同事一起受到伤害的风险。这一方法不仅使该项目的研发业务发生了变化，也使整体业务有所变化。这种合作所带来的好处对他们、他们的同事和整个公司而言都是值得的。

当讨论雷达屏幕中心的内容时，你的团队目标应当被反复提到。如果一个任务与目标没有明确的一致性，那么其中之一可能会偏离。也许，这项工作不属于你的雷达屏幕中心。或者，你的个人目标部分偏离了团队目标，这时请不要错误地把个人的目标声明当作神圣的事。如果需要重新考虑，你就去做。激发目标和明确意图需要相互合作，以服务于团队的合作需求和意图。

雷达屏幕概述

完成雷达屏幕的过程非常吸引人，足以让每个团队成员目不转睛。雷达屏幕强迫人们谈论"哪些需要合作，哪些不需要合作"，这是其他技术无法做到的。为了让你明白我的意思，我将在这里谈一谈这个过程。通常，我们会使用一张大白纸和一些小便笺来做这个练习，白纸上画着三个同心圆。每张便笺都需要放入一个同心圆中，这使得我们可以根据谈话内容自由地移动它们。从我们心目中最重要的工作开始，每张便笺都会被大声朗读，然后被放在雷达屏幕上的一个临时位置。接着，团队成员会对便笺的位置展开讨论，直到所有人就这张便笺的去向达成一致。同样，这一方法可以在演示会议中使用演示软件和屏幕共享来执行。其中的关键是确保每一张真实或虚拟的便笺都包含了领导者的名字，这使团队能够看到"谁"将在"哪些方面"与"谁"合作。这也能让我们顺利进入下一项实践——培养合作精神。我在附录B中提供了关于雷达屏幕过程的更多细节，有兴趣的读者可以自行查阅。

当完成了雷达屏幕练习，你最终会得到一幅"合作图"。它有巨大的力量让合作变得真实，可以让团队成员感到自己参与了合作。

激发目标和明确意图

如果你有机会运用本章提供的合作思路和方法，那么到现在为止，你的团队已经明确表达了一个理想的鼓舞人心的目标。你将制定出特别需要合作的工作，从而使团队目标得以实现。综合来看，你的目标和共享的工作创造了一种切实的团队认同感。"这就是我们通过合作来实现团队目标的原因。"团队成员和领导者反复告诉我，参与这两项实践对团队和个人来说都有明确的意义，有助于他们更亲密地联系，这不仅是团队和个人必须做的工作，还有着更大的意义。

完成团队目标和雷达屏幕的过程只是一个开始。记住，我们称之为"实践"是有原因的，实践必须通过练习不断强化——通过每项会议议程得到强化，从而不断符合团队目标和雷达屏幕上的工作。我们扪心自问："这次会议的召开完全是'刻意'的吗？我们是否把合作的重点放在了雷达屏幕中心的工作上？"随着旧工作的完成和新工作的到来，雷达屏幕也应当更新。每隔一段时间，或者当有重大变化发生时，目标也需要重新审视。这就是实践的本质，它们应当成为日常工作和生活方式的一部分。这时，你付出的努力将真正得到兑现。

这两项实践为框架的其余部分奠定了基础。

- 了解哪些工作需要合作，以及必须与谁合作，你将开始制定主动式合作的过程。
- 有了明确的目标和合作协议，团队就可以决定基本的团队流程，比如会议的时间和形式。
- 由于团队成员知道自己想成为什么样的人，也知道自己喜欢的合作方式，他们可以将学习和改进的重点放在特定的目标上。

至此，合作的土壤已经准备好了。在下一章，我将更具体地介绍如何培养主动式合作。

总　结

明确意图是明确团队的"目标"，即需要合作的工作。同时，明确意图还确定了不需要合作的工作。

明确意图不是为了共同的目标。共同的目标是衡量进步的必要条件，但我们的研究表明，共同的目标往往比集体的努力更能推动个人的进步。

雷达屏幕是练习明确意图的基本工具。

明确意图加上激发目标，有助于为团队及其合作创造意义感和认同感。

第十章　意向性与培养合作精神

还记得第三章关于合作的第一个观点吗？当人们被问及此事时，他们说："我们只是不知道该怎样合作。"他们告诉我，他们知道自己应该合作，至少在一些事情上应该合作。尽管如此，他们并没有合作，没有根据已知的重要的"团队合作感"来行动。换句话说，他们不是故意不合作的。为什么会这样呢？是因为他们心中个人成就的需求压倒了模糊的、薄弱的合作概念。

对于成就动机，人们往往感到模糊不清，需要被告知细节、目标和一切能从清单上查到的东西。在我的研究中，人们不清楚什么样的工作需要合作，也不知道为什么合作很重要。团队合作的一般观念，完全无法与他们对个人成就的强烈追求与抗衡。前两章的所有内容都是为了解决这种不平衡，激发目标解决了小组"为什么"要努力合作，明确意图专注于解释该就"什么"进行合作，具体的任务和项目需要协同工作。明确两个领域的合作，只是第一步。

明确性是必不可少的，但主动式合作才是关键。为了明确、有目的的工作而做，能为营造合作的土壤做准备，而播种和培育种子仍是一个必要的过程。这就是培养合作精神的目的。当在玛氏进行实践时，培养合作精神的三个方面与前一章雷达屏幕的内容大体一致。第一个方面涉及整个团队，与雷达屏幕中心的工作以及团队如何共同致力于解决这一问题相一致。第二个方面涉及团队成员之间的工作，类似中间圆环区域，强调建立合作者的责任感。第三个方面是全方位的，专注于在整个团队中建立牢固的关系，不直接对准外围圆环，但包括外围圆环。本章将根据培养合作精神的这三个方面来介绍。

注意，我把雷达屏幕放在这里，因为有时我会提到它，它为便笺提供了更广阔的粘贴区域（见图10-1）。

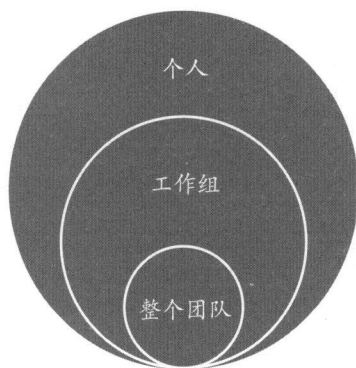

个人

工作组

整个团队

图10-1　利用雷达屏幕绘制合作图

不过，根据在这一"实践"中的经验，我们在深入研究之前有几点需要讨论。

为什么明确性不够

不久前，我花了差不多两天时间，与玛氏全球饮料业务中的一群负责供应链的高级领导者共事。

针对他们鼓舞人心的目标，我们利用雷达屏幕绘制了他们的合作图。不过，情况变化不大。我们再次开会，试图弄清楚究竟发生了什么事。他们一致同意团队目标，这一点似乎是正确的。但是，他们觉得雷达屏幕有问题，他们并不能在雷达屏幕中心填上合适的工作。好消息是，他们很快就洞察到需要在雷达屏幕上做出什么改变。经过一番热烈的讨论，他们对自己的雷达屏幕做了必要的修改，把整个团队同意分担责任的工作放在了中心。在这之后，我同意在团队中负责一些一对一关系的探索性工作。从对团队目标的明确到合作意向的达成，以及彼此间合作关系的形成，一切都很好，对吧？不过，我当时忽略了一点，我设置的练习是我多年来一直使用的，并没有明确地与团队的雷达屏幕联系在一起：让每个团队成员评估他们在团队中的所有关系，不管这些配对是否包括特定工作的合作。不管怎样，这个练习和其中的谈话都让他们感觉很好。我们确定了一些值得注意的关系，并要求这些人相互联系。由于时间有限，我们开始计划他们接下来的步骤，包括他们如何处理未完成的关系谈话。我们将谈话进行整理，并分别进行谈话。

四个月后，在与团队领导的一次谈话中，我听说团队的合作质量依旧没有什么变化。尽管通过雷达屏幕的更新，关于他们共享的工作的内容变得更清晰，但这些信息还不足以揭示团队潜在的合作意图。不仅如此，针对合作中的关系所做的工作，也没有产生多大影响。很明显，我所描述的状态只是一种理想化的泛泛而谈。正如我所说的，在实践中，我们之所以会产生这样的偏差，与之前清晰的工作无关。土壤已经准备好了，种子也已经准备好了，但是种子从来没有种进土壤——二者从未被连接。

尽管这显而易见，但我不得不说"创造和拥有一个意图"与"有意图地行动"之间是有区别的。在我的研究中，成百上千的团队成员告诉我，他们打算进行更多的合作，但事实并非如此。通往合作的道路是由良好的合作意愿铺就的，但这只是一个必要条件。我刚才描述的那个团队也有同样的真实意图，但是没有对合作采取行动。为什么？该团队已经逐渐步入正轨了，已经弄清楚了"为什么合作很重要""什么工作需要合作"，还知道"如何开始合作"。此外，通过这个过程，该团队确定了"谁需要与谁合作",并检查了他们之间的关系。尽管我有经验,也抱着强烈意愿,但这次练习还是没有成功。因为它无法将个人的注意力吸引到合作上,并没有帮助他们为具体工作的合作建立责任感,也没有给他们提供一种就如何集中合作达成一致的方法。直到现在,我已经忘了我的一条不成文的规则:应当在缺乏明确责任或团队精神的情况下处理人际关系。在讨论如何将培养合作精神应用到雷达屏幕上完成的工作之前,我们来谈谈三个关键要素是如何结合在一起的:个人、任务和关系。

拥抱关系管理

我经常告诉刚开始使用这个框架的管理者,他们需要在心理和行为上进行转变。他们的管理内容将从管理个人和任务转变到管理个人、任务和关系(见图10-2)。人际关系是合作的三个基本要素之一。

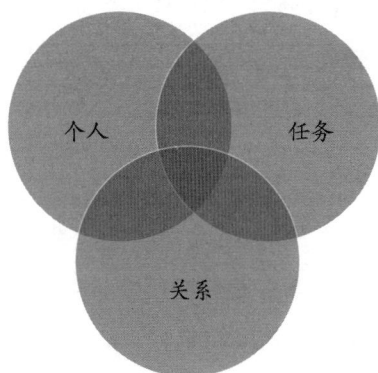

图10-2　个人、任务和关系

我只是建议团队领导管理关系,并没有要求他们扮演顾问的角色。我也不建议他们以一般的方式处理人际关系,无法确保每个人都相处融洽。我是说,人际关系在团队中的地位非常重要,就像你的员工和他们所做的工作一样，对履行团队的承诺也至关重要。当一个团队致力于充分利用合作时，这一点尤为重要。为什么你不关注重要的关系？为什么你不搞清楚什么在起作用，什么不起作用，并以适当的方式提供支持呢？只有工作、个人和关系三者相互作用，才能产生计划的结果。

顺便说一句，这条建议不仅适用于管理者，也值得每个团队成员思考并注意。培养合作精神的实践依赖于合作成功的三个要素。

回到雷达屏幕

为了培养合作精神，我们首先要回顾以前的实践和雷达屏幕。记住，雷达屏幕中心的任何便笺和中间环的便笺都包含多个名称。

基于这些名称和每张便笺所描述的工作，团队将进入一系列结构化的谈话，这些谈话将基于"谁""将与谁一起""做些什么"。我们将这个过程称为"行为契约"。这些谈话的目标是，根据特定的工作和成员身份，为团队成员的合作设定期望值。

我重复一遍，这些都不是开放式的"让我们更好地了解彼此"。这些是围绕特定任务和特定人员建立的谈话。他们将服务和支持关系，但关系不是他们的第一个重点。即使在创造意向性的过程中，我们也依赖于工作的明确性和每个人是谁，以及他们喜欢如何工作的明确性。一旦这些关系建立起来，你将寻求加深合作者之间的关系，以便他们能够最好地为任务和彼此服务。

第一次谈话

对于第一次培养合作精神的谈话，我们应该重点关注整个团队的共享工作（如果有的话），这也是雷达屏幕的中心工作。

最初的讨论分为两个方向：自上而下和自下而上。

- 自上而下：从领导者到团队成员。
- 自下而上：从团队成员到领导者。

并不是每个团体都有如此清晰的组织结构。对于一些团体，比如社区，它们更平等，"自上而下和自下而上"是行不通的。稍后我将讨论适用于这些团体的方法。但是，对于层次分明的团体来说，关注权力结构是有意义的。

实际上，第一种谈话包括两种互为镜像的谈话：领导者与团队成员交谈，并提出要求；团队成员与领导者交谈，并提出要求。当这两种谈话是一个过程的一部分，且都在解决同一个问题时，它们会产生更好的作用和效果："当涉及共同的工作时，我们需要如何作为一个整体一起工作？"

整个过程被锚定在激发目标和明确意图的实践所创造的明确性中，整个团队做的第一件事就是回顾其目标和雷达屏幕，并扪心自问："如果我们要实现我们的目标，并在共同的工作中有效地合作，团队中所有人的期望是什么呢？"最终，这将通过一次单独谈话，在领导者和团队成员之间，基于双方的期望商定。不过，这开始于领导者和团队成员分别做自己的工作，然后各自思考并写下他们对自己和彼此的期望。

领导者会详细说明他在团队合作方面的需求。领导者的一些典型期望可能包括：

- 和整个团队思考并解决雷达屏幕中心的问题。
- 当事情涉及你的队友时，以一种积极的态度行动和说话。
- 坦诚地谈论自己所犯的错误和失误，以便大家都能从中吸取教训。
- 在需要反馈的情况下，在一天内向我和队友提供反馈。

- 每天以简单的方式庆祝你和你的同事的成功。
- 只做可以遵守的合作承诺，并始终如一地遵守。

这些期望只有在使用行为语言时才有用。注意，在通过"提出问题"和"提供反馈"描述可观察的行为时，采纳团队合作的语言是没有帮助的。像"表现出积极的态度"和"团队中没有'我'"这样的表达，要么含糊不清，要么老套得毫无用处。"积极的态度"是什么样子的呢？实际上，这个问题有多种可能的答案。

为了获得成功，团队成员将指定他们需要领导者提供的东西。团队成员可能会列出如下清单：

- 及时更新会对我们产生影响的决策和情况。
- 根据团队中的情况及时反馈。
- 定期检查团队成员的个人表现。
- 在会议上共享领导力，共同设计并促进团队会议顺利进行。
- 花精力招聘新成员加入。
- 在讲述前问一下需要讲什么，与其提供解决方案不如教授解决问题的方法。

请再次注意，其中每一项描述都对应具体可见的行为。

通常，这些清单比我给出的例子要长。我们最好从一份可靠的清单开始，但数量不是关键。这里，良好的谈话至关重要。一旦谈话双方创造了他们的清单，领导者和团队成员就会一起努力去建立一系列彼此都能接受的期望。这不是一种指挥和控制方面的训练："这就是我（你的经理）所需要的，我不会将就的。"这一切都是本着开放式谈话的精神进行的，而这样的谈话把双方需要妥善处理的分歧以及能快速达成一致的领域都摆到桌面上，写入清单中。清单最终版，即一份给予领导者和一份给予团队的清单，旨在将清单作为公司发展的指导方针，以确保团队所有人了解他们应履行的职责。记住，这份清单是关乎团队成员精诚合作去共同达成团队目标的，同时也关乎整个团队分担给各个成员的工作。写下这些约定，让它们成为团队发展章程的一部分。这些谈话对于团队合作的促进作用是多方面的，可参考附录C。

正如我所提到的，不是所有的团队都有清晰的组织结构。这些团队不受"自上而下"和"自下而上"相互作用的影响。相反，它们努力回答同样的问题："如果要达成我们的目标，所有团队成员的期望是什么？"谈话的成果是一系列共同的行动，团队成员宣称他们对此负责。

这些从关于行动的简略交谈中产生的清单通常包含12—15个行动。这些行动的数量还是太多了。十诫是世界上几种文化的基石，并且大多数人记不住这些。尽管用心良苦，但是我们能记住的清单中的行动不超过五个。我邀请团队成员找出一个办法把他们的清单归纳到五个行动中，并尽可能把清单做成叙述性的风格。这里用一个玛氏区域人力资源团队中的清单作为例子。此清单得到了团队领导者和团队成员的一致同意。

玛氏亚太人力资源（Mars Asia Pac P&O）：共享合作承诺

对于想法要有好奇心——不要太快跳到做出解决方案的模式。

交流过程中注意清晰明了——尽量把事情简洁化。

对他人的需求负责——不要让他人的需求上门找你，你应尽可能积极主动地去了解他人的需求。

对其他团队成员信守承诺——始终坚守你的承诺。

建设性地挑战彼此——旨在恭恭敬敬把事情做好，对大家都有益。

因为这份清单简洁而不简单，并且包含了清晰的行动陈述，所以我很喜欢它。

这不是规范

你肯定知道，很多团队会创造"团队规范"。这些准则最终成为停留在墙上的海报式教条。事实并非如此。一般性团队规范源于团队成员想要如何对待彼此的谈话，那是良好的谈话应涉及的内容。至少当人们的脑海中对谈话还保持新鲜感时，这样的谈话会有所帮助。就算是贴在墙上的团队规范，也不具有长期效力。我刚才描述的谈话以及团队成员达成的协议，承担起合作任务和行动的责任。他们坚持团队鼓舞人心的目标，这与团队成员宣布他们将共享的工作直接相关。绩效管理开始登上舞台了，将这些行动融入团队的期望中会有所不同。我们将更详细地讨论绩效管理方面的内容。我们还需要进行第二次谈话，即团队成员间的谈话。

第二次谈话

这些谈话围绕雷达屏幕的中间环进行，所有工作都将由小组成员完成。

在参与每项工作的人中，很少有人在确保自己完全了解正在做的工作后再开始工作。他们会讨论诸如此类的问题："这个项目的期望成果是什么？项目哪天竣工？项目要求有什么资源？"他们还会讨论项目其他具体细节。一旦项目的细节明确了，他们就会讨论各自在项目中的角色，谁将要做的工作，以及他们愿意在一起工作的方式。这些角色间的谈话更个人化，涉及工作风格和工作习惯，需要双方开诚布公。他们开始涉及人际关系的话题，但尚未到达一个深的层次。在这一点上，双方停留在"你了解些什么，你喜欢些什么？你想要怎样操作？"这类问题的范畴内。这些小组成员可能提供的例子如下：

- 我喜欢很多口头上的沟通，所以……
- 我担心自己落在项目的后面，所以我能使用你那里的……
- 我已经看到你在细节方面做得很好，如果你……
- 基于我和副总裁的关系，如果我和他交谈，那么你能……
- 我对这个内容完全不了解，所以我想你能否……

你能理解我上述的观点吧？当双方经过这样简短的谈话时，每个小组成员都应该很清楚需要做的事、工作时间以及合作方式。这些的确是常识。对于国际合作来说，这些也是重要的内容。通过比较，我们在更"有帮助"的合作中能发现事实背后重叠的责任和个人喜好。相比之下，在培养合作精神中，我们采用最有助于对方的方式，并把这些知识融入我们的日常工作中。合作成功的愿景也唤醒了我们的成功含义。

绩效管理与合作

许多公司总是喋喋不休地谈论团队合作的重要性。但现在一些专家宣称，由于我们所有人都通过电子方式深深地联系在一起，团队合作有点太多了。只要公司的主要奖励和认可体系是以个人为中心的，个人表现就将占主导地位，团队合作仍会是一个被过度使用的时髦词，除非我们在自己的工作组中建立有意义的责任制度。在传统的组织中，团队是唯一一个可以让合作成为具体的、可实现的事情的地方。我们每个人都对具体的、可实现的事情负责，提供反馈，并适时给予庆祝。我在本章描述的所有谈话都是关于创建个人绩效契约的，下一步就是将这些谈话的结果和协议整合到绩效管理讨论和流程中。

就在我写这篇文章时，许多公司已经开始废除"老派"的绩效管理体系，这对它们来说是好事。这一趋势可能会继续下去，直到大多数西方管理风格的公司废弃掉年度绩效评级。这很好，但是我无法坐等。如今的现实是，我所知道的大多数大公司都继续延续着一种一些人认为是破产观念的制度。如果你关注的是合作，并且同时使用我们的方法，那么这里有一个绩效管理系统会对你有利。

但是有个要求，你需要在绩效管理系统中记录我刚才描述的谈话中设定的期望。为了详细说明，我举一个自己团队的例子。我的经理知道我已承诺与同事克莱尔一起参与"大项目"。在我们雷达屏幕的中间环上，贴着写有我们名字的便笺（见图10-3）。

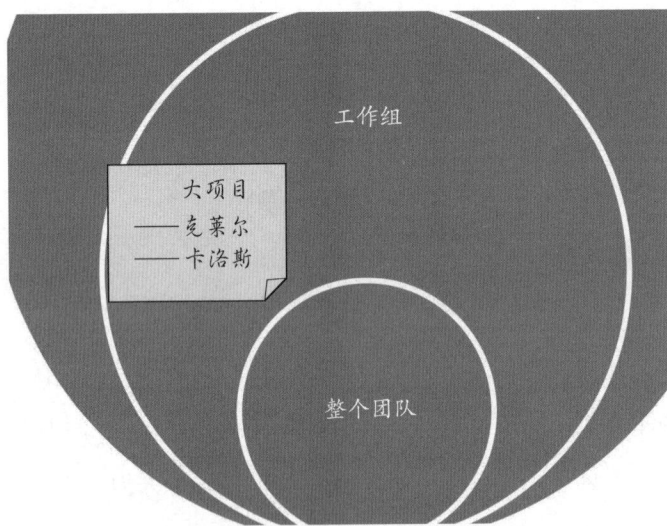

图10-3 带有名字的雷达屏幕

虽然克莱尔是我的同事，但在这个项目中，她是领导者。我已同意与她承担某些具体的责任，这些都符合我今年的绩效预期。到了年中绩效考核的时候，我的经理和克莱尔都会就这个事情给出反馈。现在我们的合作与公司体系一致，但以前似乎与其背道而驰。更重要的是，采取这一步会让团队成员感到合作的责任更加"真实"和可实现。

雷达屏幕中心的预期也是如此。每个人都同意为完成我们的共享工作负责。然后，我们在绩效评估时分享我们对彼此合作的质量和影响的看法。

绩效管理不再只是管理者的工作，更是整个合作团队的工作。对于管理者来说，最大的转变是我前面提到的：从管理个人、工作到管理个人、工作和合作效率。对于团队成员来说，在一个等级分明的团队中，最困难的部分是培养他们愿意并开放地与同事谈论自己的效率。然而，一个团队如果没有提供和接受反馈的意愿和能力，就不会有真正的、有意向的合作。

同样，明确性是至关重要的。如果没有明确的协议和我所述的谈话中准确描述的行为，合作就是行不通的。不论你是在谈论管理个人绩效还是合作承诺，当给出的期望不明确或模糊时，这些都不会有结果。

绩效管理和合谋陷阱

"合谋"是一种有害的合作。这个词的意思是，使用一个善意的阴谋来掩盖糟糕合作的真相。想象一下，一个团队负责人和两个一直一起做项目的人坐在一起。不知出于什么原因，这两个人就是没有紧密联系在一起。他们讨论了合作的预期，但是从来没有真正地为合作做什么。他们陷入了单打独斗的习惯，并因此完成了不少工作。他们都不想让自己看起来很糟糕，也不想让别人背黑锅。所以，他们和团队负责人的谈话可能是这样的：

经理：你俩觉得这个项目的合作质量怎么样？

A：我觉得我们干得不错，你说呢，B？我们已经完成任务了，不是吗？

B： 是的，完全正确。我们说到做到，没有违反彼此之间的任何协议。我的意思是，没有故意去违反。就像A说的，我们完成了项目。

经理： 我同意。你们完成了任务。然而，你们并没有把工作做到最好，有些事情被忽略了。在我看来，你们的人际关系并不怎么好。

A： 是的。你知道我们有多忙，对吧？尽管我们犯了一两次错误，但结果还是不错的，不是吗？

在这一场景中，每个人都很善良，只是想尽力而为。他们不愿承认双方合作不佳，这是可以理解的。他们可能会说双方都在相互支持。有时候，他们把互相掩护的行为叫作团队合作。

如果我是他们的经理，察觉到了他们在玩什么把戏，那么我会问："既然如此，那么告诉我，你们这样的合作是如何给你们引以为豪的工作成果加分的？"或者，我会问："能告诉我一些你们合作的具体事例吗？合作是怎样给你们的工作带来帮助的？"我不是要打压这两个人。我们假设，这两个人凭借个人能力圆满完成了这个项目。可是要记住，我们应该让合作给项目带来附加价值。工作成果良好是无可指摘的。然而，我们的目标是，通过合作取得卓越的成果。如果这两个人错过了让成果超越良好水平的机会，我们就应该讨论这个问题，并找出根本原因。他们仍将各自获得令人满意的绩效评级。但是，他们需要认识到评级有可能更高，并得到鼓励来改变他们的合作方式，从而追求更好的工作成果。

完成行为契约

这听起来像大工程，可能的确是这样的。不过，结果能够节省时间，精简工作，而且让人省心。行为契约减少了在传统的"被动式合作"中浪费的时间。在典型环境中，如果幸运的话，在重叠的工作内容带来麻烦之前，我们会在不得不撤销一些东西并且倒回去修复漏掉的事情之前偶然发现这些契约。

我们如果真的很幸运，就能够发现工作的重叠之处，并在不把对方逼疯或不被经理发现的情况下，把所有问题都解决了。我刚刚描述了大多数人都知道的团队工作是什么样的。太多被动式合作会增加压力，降低工作效率，而我们的框架可以避免这种情况。不过，我认为这个方法最伟大的地方在于，它能给团队成员带来主人翁精神和参与感。我从一个又一个团队那里听说，一旦开始着手运用这个框架，他们就开始感觉到命运真的掌握在自己手中，合作和团队工作对他们有了真正的意义。

雷达屏幕是一个奇妙的多功能工具，在若干实践中都能得到应用。在接下来的两章中，我们会再次提到它。现在，我们需要更深入地探讨关系的问题。

深化关系

到目前为止，我们所涉及的都是相当技术性的内容——谁在做什么，和谁做什么，以及我们可以就所有这些达成什么协议。这是为了让过程更加明确，以推动集中关注主动式合作。但正如我在上面建议的那样，我们不能——绝对不能——忽视潜在的人类内心动态，即人际关系的一面，这是所有合作的基础。这些谈话从手头工作开始，不断深入。谈话直接解决的问题包括：

- 我是什么样的人？你是什么样的人？
- 你在工作中塑造的价值观是什么？
- 你最大的长处是什么？

- 你最受不了什么？什么是你的痛处？

- 什么让你充满动力？什么让你疲惫不堪？

这些谈话很可能作为契约讨论的一部分开始进行，这种讨论的重点还是在工作上。特别是在我们喜欢彼此的时候，谈话就这样发生了。你只关注这些问题的谈话也会有好处，因为谈论"你是谁"所花费的时间可能影响你与同事的合作。这些谈话需要一定的组织框架，因为我们要确保谈话涵盖重要话题，并能让人回答连贯的、有意义的问题。许多领导者和团队喜欢使用性格测试来协助建立关系。我们来思考一下这种常见的做法。

你收到了什么样的性格测试结果

卡洛斯，我们的团队需要更好地了解彼此。我们已经在一起工作了6个月左右，听说团队正处于"风暴阶段"。我认为，在这个阶段，我们有必要轻装上阵。我想让你带我们了解一下迈尔斯–布里格斯类型指标。什么时候能安排好？

无论是字母、颜色还是图标，人们都喜欢性格测试工具。我收到的这些请求比以前少了，但并不是没有。一直有个传闻：我们如果对彼此更加熟悉，就能更好地合作。也就是说，如果我们对彼此有更多了解，我们就会更欣赏对方，更信任对方，从而以更好的方式对待对方，并促进合作。我对在工作中建立关系深信不疑。我经常使用心理测试工具来促进团队合作，但这种"让我们更好地了解对方，以便更好地合作"的方法在应用和执行上往往是有缺陷的。这有点类似于团队精神的问题，本质上是一件好事，但我们操作的方式有问题。

我们可以在一个团队中实施性格测试工具并进行汇报，创造出一点点团队精神的美好氛围。有些人甚至会对自己或他人的行为有真正的了解。性格测试工具和它所提供的信息并不会为团队成员的有效合作带来持久的影响。这并不是说它们起不了作用，而是当性格测试工具是作为问题的答案实施的时候，其作用是不会有所体现的；或者说，性格测试工具是在"熟悉促进合作"的假设下实施和报告的。下面是一种更加积极主动的主张：

团队的熟悉程度与合作的质量并不存在因果关系。

事实上，我还没有看过这方面的有关研究。所以，这是一次基于过往经验的分享。我和很多人都玩得很好，彼此非常熟悉，熟悉到我和他们绝对不会成功合作。我不太想用罗德妮·丹杰菲尔德的口吻来解释其中的缘由，但用她的语气再合适不过了。我十分了解我的妻子，她也非常了解我，但我们以后绝不会一起贴墙纸了。真的，绝对不会。我的性格偏蓝色，而你的性格偏黄色，这样的情况并不会让我们之前有目的性的合作顺利进行。

最糟糕的情况就是，有的团队会用性格测试工具作为避免解决真正且棘手的问题的手段，而他们在面对难题时并没有勇气或方法去提出问题和解决问题。我遇到过这种情况，或许你也曾身处这种环境之中。我们曾做了所有让人开怀大笑的练习，共同执笔画下我们梦想中的房屋，共享不同的性格色彩。由于团队内部的真正问题被掩盖了，整个过程存在着一种无法形容且几乎无法忍受的紧张气氛。

让性格测试工具奏效

所以，怎样才能让调查和心理测试帮到你和整个团队呢？我们需要首先回到讲雷达屏幕之前的管理合作三方面：个体、任务和关系。你必须将三者都纳入关系构建的工作中。我们要多使用祈使句，明确为什么构建关系很重要，以及在每组关系的核心中将彼此的知识与任务联系起来的意向性。团队成员知道什么项目或提案需要合作，他们也知道哪种关系需要投入更多精力。这并不是说我们对于其他关系就置之不理。再次重申，我们所追求的是，利用大多数团队成员的期望来获得明确、可理解和可实现的目标。通过将关系构建与团队必须完成的任务联系起来，我们让性格测试变得更加重要，否则这就只是人际事务中的常规性工作。

我们该如何实施呢？你先用自己认为合适的心理测试工具开展工作。不论是用迈尔斯-布里格斯类型指标或人际基本关系导向行为还是其他的心理测试工具，你一定要将结果与整个团队分享。这种方式能够为团队创造一种大家都可以共享的性格语言。然后，你将团队基于合作关系分为若干工作组，指明讨论内容为个人的特定风格或者个人偏好会在合作中如何体现。团队成员应该问问自己："如果你是这种性格，而我的性格是这样的，那么这对具体项目中的合作有什么潜在的影响呢？"

当你将人际关系工作与团队的特定工作锚定在一起，你也就把人际关系与驱动团队成员的成就需求连接在了一起。团队成员就会很清楚地意识到人际关系和工作之间的联系，以及理解他人会如何帮助自己实现卓越的合作和个人的目标。

几年前，我参与的一个团队用的是不太知名的性格测试工具。我们坐在一家咖啡店里听报告。当时团队包括我在内一共三人，其中一位受人尊敬的同事充当引导角色。当时天色已晚，店里几乎就只有我们这一伙人。这也让我们每个人能够充分参与进来并表达自己，而无须担心会被打扰。我们做的心理测试非常复杂，一共有12个或者15个方面。我们专注于各个方面的测试，也发现了非常相像或极度不同的地方。测试中的一项内容证实了我们大多数人的猜想：我的经理和我在其中一个方面有着截然不同的倾向。我的经理在接受和处理信息时十分迅速，而我需要慢慢消化新内容和新想法。我们在这一方面好好聊了一番，并相互列举了这种不同可能会在工作的哪些方面体现。我们还谈到了这些不同点对未来意味着什么。我们在这间小小的咖啡店进行了接近90分钟的讨论，我们在晚上结束了此次活动。

几个月之后，我的经理和我一起商讨一个新工作，这一工作也是之前没有纳入咖啡店的讨论活动中的。公司副总裁要求我们以如何推动高质量项目实施为主题，为全球人事与组织领导团队提出一个方案。我说："没问题，这是一个磨炼我的感化能力的机会。我们能聊一下该如何合作吗？"我的经理马上加入了进来，列出了方法并提供了后续工作步骤以及其他的想法。他正在做属于他的事情——快速思考（而且敢于表达，他非常外向）想要完成的事。一开始我没有说话，默默地听着，耐心地消化这些信息。然后，我意识到发生了什么。我打断了他："好了。我喜欢你敏捷的思维和一些好的想法。但是，我认为我们之间的不同可能就在这里。如果我想将这次工作作为完善自己的一个机会，那么我需要你扮演不同的角色，慢下来，做一个倾听者和一位教练。你可以让我以深思熟虑的方式来处理工作吗？你同意这样做吗？"当然，他同意了。

在咖啡店里，我们在所学会运用的个性化概念和共同工作之间画出了清晰的界线。这种区分也让那些概念更加真实，于我们而言更有吸引力。如果我们只是学习性格测试模型，在不直接与工作相关的练习中随意利用这些信息，我就不会坚持我的做法了。如果把性格测试模型和我们的工作结合起来考虑，二者之间的关系就会变得持久而有用。直到今天，咖啡店的讨论仍然不绝于耳。

你在其他团队活动和户外挑战中也可以采纳同样的方法。你用这种方法甚至可以把哈卡舞变成一项有用的团队发展活动。在大多数户外团队活动中，你的协调人会和你一起总结经验教训。你们不仅要讨论如何开展合作，还要讨论你们的个人偏好会如何影响结果。我的经验是，练习往往会到此为止。有时，我的协调人会问这样的问题："这些见解对你们在办公室的合作方式有什么意义？"这个问题的方向是正确的，但往往会得到含糊不清的回答。你会听到"我们可以这样做""我们可能需要注意那件事"。你不要满足于笼统回答，不要满足于"可能"，而要更深入、更具体。你可以抽出时间将这些见解投入实践中，应用到你和同事在办公室、工厂或工作现场正在进行的实际项目或倡议中去，从而更有效地利用这些从练习中获得的见解。

不论你用建立人际关系的名义做什么，如果你能将其与实际工作联系起来，你就会发现效果更好，而实际工作往往也是大多数成功人士关注的焦点。

信任与团队合作的关系

我刚才描述的谈话和练习是在注重成就的个人群体中开展合作的关键。如果你花时间思考或参与团队合作，信任这个话题就必然存在。你可能会问："信任在创造和维持有效的人际关系和团队合作方面发挥了什么作用？"信任确实发挥了作用，但并不是大多数人所认为的那样。

我书架上有许多智者写的书，其中都谈到了信任对团队的重要性以及信任对团队合作的必要性。我参加且主讲过一些强调在团队中建立信任的课程。一些团队模型的名称甚至直接包含了"信任"一词。我与团队一起工作了20多年，也与团队的问题打了20多年交道。我后来才意识到，我们误解了之前提到的团队信任。

如果说批评"四阶段模型"还不够，那么对关于信任的主流观点的怀疑就是彻头彻尾的异端邪说了。请听我说：我并不是说信任不重要。

信任很重要。我所描述的所有契约谈话和必要的绩效管理谈话都包含信任元素。但我想说的是，我们并没有在团队和合作的背景下富有成效地思考信任问题。

在得出这个结论之前，我需要回答几个关于信任的问题：

- 到底什么是信任？人们想用这个词表达什么？
- 为什么信任经常成为团队中存在的问题？
- 对于团队缺乏信任的情况，我们能做什么？

许多团队及其顾问都满怀信心地进行建立信任的练习，他们认为自己能回答这些问题。我不知道你怎么想，我对建立信任的练习一直很失望。我曾被蒙上眼睛，仰躺着与人进行深入交谈；我曾倒在陌生人和队友的怀里；我曾走在两棵树之间的绳子上，试图穿过奔腾的小溪；等等。这些经历很吸引人，也很有趣，甚至令人紧张，但似乎从未成功建立信任。

长期以来，我一直在思考这些问题，并尝试利用各种技术来了解信任在团队中的作用。现在，我想提出以下这一具有挑战性的观点：

当涉及团队效能时，信任从来都不是真正的问题，建立信任的练习也从来都不是解决问题的答案。

你可能不同意甚至强烈反对我的观点。我希望你能和我一起思考，从而理解我是如何得出这个结论的。我将带你见证我花了几年时间得出的论证过程。这次论证能让你明白我是如何得出与信任相反的观点的。整个论证过程包含了几个步骤，接下来我们将一个一个地展开描述。这个过程始于信任，终于勇气。

什么是信任

首先，我们来解决第一个问题：到底什么是信任？"信任"和"团队"一样，是一个可以随意使用的词。因此，认同我们所说的信任是非常重要的。说回我书架上的书，许多人在谈论信任问题上写得很好，也很有说服力，比如史蒂芬·柯维[1]和帕特里克·兰西奥尼[2]。柯维和兰西奥尼都在书中把信任描述为一种自信的感觉，我同意他们的描述。信任是一种确定感、可靠感和安全感。而对我来说最重要的是，他们提醒了我，信任首先是一种感觉。我想很多人都忘记了这一点。那么，我就从这一点开始说。

和所有的感觉一样，信任是一种内在条件，既是精神上的，也是情感上的，最终受"感受者"控制。因为信任是一种感觉，所以不可能被那些感觉的对象控制（"被感受者"不起作用）。也就是说，无论你做什么或说什么，我对你的信任感都是我自己的，也是我一个人的。不过，我们往往不会这样做，而是经常把自己的感受强加于他人。

这个现象在夫妻心理治疗中已经得到解决。这对团队管理同样适用，原因显而易见。比如，当我说"约翰，你真让我生气"时，我是在把我生气的原因归咎于约翰，是他"让我"产生了某种感觉。当然，事实并非如此。真相是，我对约翰感到生气是基于我对他的言行所做出的解释和反应。我把这称为"归因错误"。正是这种错误把人际关系和团队中的信任变复杂了。如果我生约翰的气，并把我的愤怒归咎于他，我就会认为结束我的愤怒是他的责任。我会一直等着约翰纠正错误来使我转怒为喜。这是不合理的，但确实常常发生。

---

① Stephen M. R. Covey, *The Speed of Trust: The One Thing That Changes Everything* (Free Press, 2008).

② Patrick Lencioni, *The Five Dysfunctions of a Team: A Leadership Fable* (Jossey-Bass, 2002).

我们对待信任的感觉也是这样的。我们如果不信任一个人，就会倾向于把这种感觉归咎于对方，认为是对方导致了我们的不信任。既然对方是导致信任问题的根源，这时我们就会等待对方迈出第一步，于是双方陷入僵局。如果信任只是我们内心深处的一种感觉，那么为何我们还要这么做呢？这是很荒谬的。我们甚至会告诉团队里的其他人自己不信任某某人。至少在某些时候，他们心里会嘀咕："那家伙究竟有什么问题让他不值得信任？"似乎涉及信任感的时候，我们总是把对心理和情绪的控制权轻易地交给他人。正如我前面所说的，愤怒和失望等情绪也会如此。即便这样，很少有团队要求专门针对愤怒开研讨会。这种会议是为个人举行的。他们要求开信任讨论会。我想，之所以会这样，是因为我们大多数人没有把信任看作一种感觉。信任是一种很微妙的东西，人与人之间要么存在信任，要么不存在信任。信任可以通过善举、诚实和可靠获得，也会消失且难以恢复，正如我们的轻率举动所造成的后果。老实说，我们把信任想得太复杂。一旦我们把信任看成像感觉一样的东西，事情就简单多了。即使如此，信任也不是团队合作不能进行的问题所在。

这不是信任的问题，而是不信任的问题

有一次，我正和一个客户团队合作，我在一场团队效能会议开始前通过访谈搜集数据。在一次面谈过程中，一个团队成员对我说："我觉得我们团队成员之间存在信任问题。我无法确定团队中所有人的真实动机，所以我说什么都小心翼翼。"我已经多次从客户那里听到同样的话："我们之间存在信任问题。"什么时候彼此的信任成了问题？其实，这类说法描述的是一种感觉，或者说是一种不信任的氛围。从信任转而讨论不信任，不是纯粹的语言问题。但凡涉及感觉，如果我们想做点建设性的事，或带着它来做建设性的事，我们就必须准确地描述这种

感觉。当人们说他们之间存在信任问题时，事实上，我们说的是不信任的感觉。既然我们已经澄清了这一点，我们就进入下一环节。

从不信任到恐惧

上述关于"信任问题"的谈话是我与玛氏的一个领导团队正在进行的合作中的一部分，这个团队负责玛氏一项正在发展的业务。这是一个相对较小的团队，只有六个人。他们在领导一次艰难的业务转型。在我们合作的过程中，这个团队不论是在业务上还是在团队建设上，都取得了进展。但就团队成员间的默契而言，他们进入了一个瓶颈期。团队成员间的信任度很低，不信任在酝酿，冲突在暗地里发生，成员间的紧张关系比我认为和预料的还要严重。包括我在内，没有一个人知道怎么打破这个僵局。

在另一次和团队领导的会前面谈过程中，我突然意识到，不信任也不是问题所在。不信任只是表征，造成这个问题的是更深层、更底层的情绪。事情突然变得很明显，这个团队的不信任源于恐惧。

我不知道有多少和我共事的人乐于承认自己感到恐惧。想想前面我提到的有关信任的词语——确定、可靠和安全。这些词的反面是什么？不确定、不可靠和危险。大多数人对这些词的反应是什么？某种程度的恐惧，哪怕只是较低水平的恐惧。企业经营往往面临着各种不确定性。因此，感到恐惧并不可耻。其实，对我和与我合作的团队而言，这倒是一个好消息。我们并不存在信任或不信任的问题。我们只是在应对恐惧。我发现这是一个很好的起点，由此我们可以开始工作。

从恐惧到勇气

知道恐惧是症结所在是一件好事，因为一旦我们承认这是共同的情绪，应对之道就很清晰了。应对恐惧并不容易，但总比我们想象的更有可能实现。再者，这种应对（勇气）颇有价值，值得赞许，也值得发扬。勇气是我们所有人都需要的东西，不论是单独一个人还是身处人群中间。每个人都有勇气，只是我们还不知道。工作是相对温和的，在工作中应对恐惧给了我们一个机会，使我们能够培养和表达这一简单的、极为可贵的品质。

在与各种团队合作的过程中，我发现团队成员几乎都是有责任感、关心他人、讲道德并追求结果的人，都是值得信赖的人。可能会有一些我不那么喜欢的人，但我也无须怕他们。每当我碰到一个团队自我诊断为存在不信任或恐惧问题时，我都会纳闷："你们为什么害怕彼此？其实，你们在一个伟大的公司工作，里面都是了不起的人。"

在正面处理不信任的团队的过程中，我发现潜在的恐惧确实都基于错误的假设，人们对团队成员的想象都不是真实的反映。与该领导团队的下一次会议是围绕着鼓起勇气进行几次让人感觉恐惧的谈话而建立的。

首先，我提出把信任和不信任作为一种感觉。然后，我请他们环视一下会议室，并思考那些他们本该和同事进行的但已经被规避掉的谈话。我请他们思考究竟是什么让他们感到恐惧："你们觉得会发生什么事？什么时候发生？他们会说什么？你们感觉怎么样？"他们会有一些抗拒："我不愿意说我害怕了，可能只是担心。"我们同意担心和忧虑是低等级的恐惧，恐惧程度会上升。下一个问题是："你们的担心会变成现实的可能性有多大？"这时我已经非常了解这些人的想法了。他们理性而友善。在考虑我提出的问题时，他们会怀疑对方。仅上述这一系列的问题就常常令团队成员发现他们的恐惧的确在大多数情况下是不现实的。但情况也不总是这样。下一步就是在他们独自工作或与信任的伙伴合作时，如何防止他们恐惧的事情发生。这类安排常常可以让团队成员感觉自己比最初想象的更有能力。他们内在的勇气开始被唤醒，那是在一个承载恐惧的团体里打破僵局的必备要素。对于个人来说，这会帮助团队成员感到轻松愉快，足以让他们愿意尝试谈话。我安排他们进行一系列一对一的谈话，其中一些谈话可圈可点。通过这些谈话，所有人的人际关系都有增进，而没有减损。

如果有人向你请教关于信任的问题，你就重新定义这个问题。在你眼中，信任是一个团队应对自身忧虑或恐惧所收获的成果。你不妨问问自己可以做些什么去帮助人们寻找、培养和保持他们的勇气。

勇气并不总是咆哮。有时，勇气是一天结束时的一个微弱声音，它告诉我"明天再试"。

——玛丽·安妮·拉德马赫，作家、艺术家

你需要信任谁

我必须提醒所有团队的是，勇气并不代表毫无恐惧。勇气代表即便心中有恐惧，你仍要去做某些事。勇气代表你去做那些发自内心需要去做的事，说你需要说的话。我从中领悟到的是，我信任别人多少并不重要，重要的是，我信任自己多少。这是发自内心的勇气。

当我考虑要和我的队友进行一场棘手的谈话时，我需要操心的是什么？我不知道他们会如何反应，最重要的是，我需要在如何应对他们的反应上花心思。这种担忧最贴近恐惧，害怕并不能正确且富有成效地处理别人的反应。如果你相信自己在对与错方面的感觉，相信自己的经验，甚至相信自己内在的勇气（如果并不那么明显），那么你如何信任别人就变得不那么重要，你可以处理好谈话对象的反应。

如果你不相信自己，你就去找一个真正相信你的人。和他谈谈为什么他对你有信心，邀请他帮你展现最勇敢的自我。不管怎样，真相都是：在大多数情况下，当你承担风险时，当你聚集起勇气并扩大信任时——帕特里克·兰西奥尼称之为"愿意受伤害"，其他人就会回报以同等的勇气和信任。还有什么比两个人同时鼓起勇气更鼓舞人心、更具人性美、更具成效呢？

当出现不信任和恐惧时，我们就要重新思考。我们需要做的是鼓起勇气，这是每个人都具备但忽略的东西。"勇气"这个词源于拉丁文的"心脏"。你有一颗心脏，团队的每个成员都有。你用什么行动去自我激励并鼓励你的队友呢？

恐惧、不信任和功能失调

我在第三章和第四章讨论了我的观点：真正的团队功能失调实属罕见，它通常牵涉恐惧和不信任。产生恐惧和不信任的原因各不相同，主要原因是组织结构不正常和个别团队成员被误导，有时两者皆具。

如前几章所述，在一个恐惧占上风且功能失调的组织中，组织中的团队往往会表现出功能失调。当团队身处其中时，它很难不受到组织的影响。然而，有了正确的领导者和积极的团队成员，团队就可以营造自己的氛围，保护自己不受组织中大的文化问题影响。在遇到这类情况时，我们的框架会起到良好的作用。当一个团队深入挖掘自身目标并找出令人信服的团队合作理由时，它就创造了一种有价值和有抱负的感觉，而这正是企业所缺失的。我对创建责任制合作关系的描述是团队成员的归属感和自我实现的精神支柱，并不是说我们的框架会改变功能失调的组织，但它能帮你在工作中少受其害并获得更多回报。

另一个引起恐惧和不信任的因素是那些言行令人感到不安甚至恐惧的个体。我们称之为不值得信赖的人，或者危险的人。在第四章，我使用了财务团队的案例。该团队的负责人是一位绅士。人们发现他的管理技巧是喜欢操控和玩弄权术。他建立了一个有害的工作环境，充分利用了团队成员的恐惧心理。谢天谢地，他最终被解雇了。我非常感谢团队成员的勇气和坚持，对于这位负责人的行为，他们不断大声反对。

糟糕的领导并不是唯一让团队恐惧的人。我曾经在一个问题频发的团队工作，团队的领导是我所认识的最和善的人之一，可他也完全陷入了困境。因发展所需，他晋升为工厂经理。不知道是还没准备好，还是没有人给予合适的帮助指导，抑或两者都有，团队成员每次都觉得他的管理是在贬低他们。就比方说，他在两个不同的时间将同一件工作分配给两个人，希望他们能通力合作。但他并没有把这一点讲清楚。这两个团队成员都认为他想让他俩一决胜负，于是为得到领导认可斗得不可开交。团队领导的本意是创造一个合作机会，但这种做法让团队成员认为他动机不纯。可依我对他本人、团队以及同事的走访调研，他的意图是好的，但效果不佳。团队成员无法理解他的行为，开始变得缩手缩脚，并且出于恐惧，还觉得这个领导是来压榨他们的。讽刺的是，团队成员对他的不信任以及团队的运作失灵其实源于他的善良。通往恐惧的道路，就像通往培养团队精神的道路，由好意铺就。

我来到团队现场后发现，团队内部的恐惧和不信任是如此强烈，以致团队成员缄口不言。我发现很有必要把除团队领导外的成员分成几个小组，以便他们可以鼓起勇气讲话。在我与每个小组合作的过程中，我要求小组长私下查看我整理的数据。最后，我与各组小组长一对一交流。我和每位小组长分享了我在研讨会之前以及当天上午与各小组的谈话中发现的问题。每个人都吓了一跳，既尴尬又着急，也都想让事情朝着正确的方向发展。最终，我们取消了这个团队研讨会。后来，我们向团队成员解释了这一点，同时感谢他们的勇敢和耐心。我解释说，正是因为他们诚实并且愿意鼓起勇气发言，我们的合作才能朝着正确的方向发展。剩下的时间，我和这位团队领导以及人事与组织部门探讨我们如何提供给他发展所需要的支持，也正是在那时，我们才有机会讨论团队可能采取的下一步行动。

现在我们再次回到这一点：打破僵局需要做出勇敢的选择和行动。而回到自身，遇到困难时，或者在可能充满冲突的情况下，你对自己是否信任？是满怀信念，还是战战兢兢？你能发现你的局限性吗？即使你担心你不能发现自己的局限性，但请记住，当你向另一个人表现出勇气和信任时，他很可能会以同样程度的勇气和信任对待你。

克里斯托弗·艾弗里与他人合著了一本关于团队构建和团队工作的书，书名为《团队工作是一项个人技能》[①]。他表示，成功的合作关系有一个关键，即在所有的关系中，你要对关系的顺利推进和健康发展负全责。当然，你其实不是这样的。但是，如果你带着个人责任感与他们进行困难重重且可能让人充满恐惧的谈话，事情就会顺利开展。关系也会有所发展，从而变得不那么僵硬。更多的时候，你的同事会满足你的要求，做出与你的勇气和责任相匹配的事情。这可能看起来有悖常理，但培养你对他人的信任感其实源于你有勇气信任自己。

我们回到这个问题的本质。团队中充满了以成就为导向的个人。他们渴望把事情做好。如果你致力于培养合作精神，与各方进行谈话，那么你将编织出一张错综复杂的合作关系网。无论是与整个团队共同完成项目，还是在工作组中工作，你们的意图和生产力都将取决于你们是否愿意勇敢地对待彼此。如果你们没有勇气，那么关系将停滞不前，工作将受到影响。有了勇气，成就不可限量。没有什么比这更有可能取悦并吸引一个追求成就的团队成员。

在下一章，我们将从意向性和团队内部工作关系的质量转向纪律性。激活工作方式是解决纪律性问题的两项实践中的第一项，关乎包括开会和决策在内的整个团队的运作方式。

[①] Christopher Avery with Meri Aaron Walker and Erin O'Toole Murphy, *Teamwork Is an Individual Skill: Getting Your Work Done When Sharing Responsibility* (Berrett-Koehler, 2001)

总　结

意向性在培养合作精神的实践中得到了体现。

培养合作精神建立在前面两项实践——激发目标和明确意图所创造的明确性之上。

培养合作精神涉及领导者和团队之间以及团队成员之间的契约，以及以此建立合作行为的问责制。

在合作协议生效后，团队成员就会探索他们的个性和偏好会如何影响他们的关系以及他们一起从事的工作。

当信任减弱时，团队成员要想办法鼓励对方开展必要的谈话，以保证合作充满生机，持续进行。

第十一章 纪律性与激活工作方式

在2000年底加入玛氏时，我被分配的首份工作是和一个销售团队合作。团队领导告诉我："我们只需要改进我们的工作方式。"首先，什么是"工作方式"？我从未在以前的任何经历中听过这个术语。事实证明，工作方式不仅仅是指团队中常见的规范或基本原则。工作方式就是我以前所称的"团队流程"，包含开会、决策、沟通等。工作方式是让团队继续工作的传动齿轮。

在我与那位团队领导的简短交谈中，她使用的"唯一需要"一词让我印象深刻。她说："这很简单。我们唯一需要做的就是明确工作方式，然后我们的大部分问题（无论问题可能是什么）就会消失。"我作为顾问的感觉是，我认为团队需要进行一些诊断。当时，玛氏对团队没有特定方法，我不知道它可能在用的是诸多方法中的哪一种。我不确定该如何继续，就去询问了几个新同事。他们建议我继续往下做，从而帮助这位团队领导满足她提出的要求。他们觉得团队没有进一步诊断的必要。他们觉得我需要发展一些工作上的关系，而这里将是一个好的开始。那时是差不多16年前。我不记得我和该团队的合作发生了什么。我唯一记忆犹新的是"工作方式"这个术语，以及这样的文化如何将其视为问题团队的主要解决方案。整个玛氏的同事都用这个表达。这就是这几个词最终成为这项实践的名字的原因。在这项实践的名称中，"工作方式"这个词的加入让玛氏同事立即感到熟悉。然而，我们把它应用在框架中的方式与大多数玛氏同事已经习惯的方式不同。我稍后会具体讨论其中的区别。区别蕴含在"激活"这个词中，并且和这项实践如何与其他实践相联系有关。

在本章中，我将针对团队的两种工作方式（开会和决策）进行讨论。我本来可以选择在本章涵盖更多的内容。然而，这两种工作方式明显最受益于框架及其思想。我将在以后介绍其他的工作方式。

开会和决策在此前都有被详细研究和记录过。关于这两个词，你能下载到万亿字节，甚至可能是千兆字节（我喜欢这个词）的信息。这也是为什么我不会给你任何关于如何开会或决策的方法。正如玛氏的许多团队所了解的那样，定义明确的工作方式本身并不会带来更高的合作绩效。如果团队成员不知道为什么他们的工作很重要，也不知道他们为什么要开会，会议的过程就不会有帮助。相反，我把本章的重点放在如何使用激活工作方式的实践使开会和决策变得更有效上。我也会讲解开会和决策所需要的行动。首先，这里值得回顾一下这项实践的基本要素：它是什么，它不是什么，以及它应该如何运行。

基础知识

与培养合作精神相比有什么异同

培养合作精神解释了团队成员要如何一起工作。那么，培养合作精神与激活工作方式有什么差异？这是玛氏常见的一个问题。简短的回答是：一个关于任务和团队中的关系，而另一个关于过程和团队节奏。

培养合作精神强调了责任合作，它关注的是团队内的个人以及他们约定与同事分享的具体任务。培养合作精神需要协调以下几项：

- 工作。
- 人。
- 关系。

激活工作方式侧重于整个团队发展并认同的流程和日常。

雷达屏幕提供了另一种区分两者的方法。培养合作精神关注于关系和合作行为，它受雷达屏幕中三个因素的影响，也影响这三个因素。相比之下，激活工作方式只针对雷达屏幕的中心。

激活工作方式旨在帮助团队通过商定好的程序和协议建立合作工作的流程和节奏。其目标是建立一套常规和一个健康的团队运作节奏，它们能够支持你的激励目标和共享工作并与之相协调。换句话说，你的工作方式是以与框架中的其他实践相一致的方式创建的。这项实践的输出包括以下内容：

- 确定团队会议的频率。
- 可重复使用的会议模板。
- 一套已经达成共识的决策方式。
- 用于帮助制定并评估决策的模板。

拥有统一且流畅的工作程序可以释放团队的智慧和创造力，让团队迎接非常规的挑战，这些挑战通常最令人兴奋，也使得团队合作变得有价值。

它是怎么实现的

在随后的几年，我注意到早期的销售团队经常自我诊断，认为自己的工作方式存在问题。大多数团队都错了。当收到工作方式的请求时，我很想给团队发送一个现成的基本规则清单（团队可以从中做出选择），然后事情就此结束。下面的清单是从一个引导师朋友给我的更长的基本规则清单中挑选而来的。我曾经向团队提供过这份清单。

- 认真对待工作，不要把自己看得太重。
- 分享空气（时间）。
- 挑战思维而不是人。
- 不怕冒险，分享梦想。
- 坦率地说出想法和主意。
- 让谈话尽可能地真实。
- 尊重他人的观点。
- 不要相互指责。
- 工作的事情只在工作的地方说。

这份清单也许有些老套，但还不错，对吧？正如我在前一章所说的，我们的框架不是那些可能有用的一般概念或行为的通用清单。这样的清单即使有帮助，也不会持续很久。当收到工作方式的请求时，我没有发送我的现成清单，而是提出了几个问题。比如，我可以这样开始：

我： 在每个人的个人贡献之外，你们的团队是否都同意团队的目标和合作的原因？

这个人可能会说：

他们：你们是说我是否有愿景或使命声明吗？当然。我们几年前就已经定好了。

我：这和我的意思不太一样，但是也可以。你们能否马上就告诉我你们的愿景或使命是什么？你是如何使用它来促进有效合作的？

这时候，我会得到一个茫然的凝视。然后，我往后退一些，谈论我们对团队目标的特别定义，以及为什么定义团队的共享工作很重要。这一切都是为了说明你没有澄清：

- 合作的原因。
- 哪些工作真的需要合作。
- 谁需要专门与谁进行合作。

那么，世界上任何规范或者规则对你都不起作用。不以明确性和意向性为基础的纪律性最终会崩溃。是的，你的团队可能确实需要工作方式。然而，很少有这样的情况：团队问题的根源在于缺乏工作方式。通过在有缺陷的合作基础上安排新的团队流程来落实工作方式，就像在一辆机械和电力系统不健全的旧车上涂上一层闪亮的新漆。事情从表面上看可能是牢靠的，但永远不会进展得像它应该的那样好。如果你真的想在合作方面做出改变，你就要从最基本的事情开始。

我给那些在开会、决策或者其他工作方式方面有困难的团队的第一条建议是：从前三项实践（激发目标、明确意图和培养合作精神）开始，将你的工作方式与你在其他实践中完成的工作协调起来，从而"激活"并实现你的工作方式。将团队的流程与你的合作目标和共享的工作联系起来，这就是我已经谈了很多的成就驱动法。那么，例行公事不仅仅是例行公事，还有了存在的意义。

顺便说一下，这对个人来说也是一样的。如果我们对自己正在做的事情有一个目标和意图，事情就会变得容易许多。例如，多年来我一直断断续续地练习冥想。对于一个喜欢保持忙碌状态的人来说，没有什么比坐着不动（保持20分钟或30分钟什么都不做）更难。当我刚开始的时候，仅仅是保持不动并且做我知道对我有好处的事情，我就感受到很多精神上的阻力。我还患有一种轻微但令人讨厌的神经系统疾病，即良性肌束震颤综合征——全身的小肌肉会不时地抽动。它有时候经常发作，有时候几个月都不发作。其他的时候，它简直让人无法忍受。事实证明，冥想是有帮助的。冥想虽然不能治愈它，但能减轻症状。同样重要的是，冥想能够减轻我对症状的情绪反应。所以，现在我有了更清晰的目标和意图，冥想就不成问题了。多亏了我的疾病，冥想对我来说已经变得非常容易。冥想会给我带来明确而直接的回报。我还没有完全习惯它。不过，我比以前好多了，因为这种习惯现在对我有明显的好处。

我在很多方面都是典型的玛氏同事，尤其是在要自己变得积极主动方面。玛氏到处都是珍惜公司行动导向文化的人。像我一样，他们对日常惯例没有太多的耐心，而且我敢说，他们对纪律性也是如此。如果你想让一个玛氏同事接受一个日常惯例或流程，那么它最好和他们的工作明确相关。"为什么"和"什么"必须非常清楚，这些就是我们在激活工作方式中的目标。

纪律性——形成新的团队习惯

合作要想得到发展，就必须让参与的个人感到相关和重要。当合作实现时，它将直接联系到我已经谈论了很多的个人对成就的需求。会议和其他团队流程也是如此。如果团队成员觉得自己与团队工作没有密切的联系，也感受不到自己的重要性，那么你很难调动大家的积极性和保持大家的参与度。

通过注意前两个必要条件（明确性和意向性）以及与它们相关的实践，你将解决相关性和重要性这两个问题。现在，你要将该工作的结果（也就是"为什么""什么""谁"）应用到你团队的工作方式中。正如与我合作的团队成员对我说的："这个所谓的团队工作方式实际上是关于如何形成新习惯的，不是吗？"没有比这更好的说法。正如我在第六章第一次谈到意向性时所讨论的，养成新习惯很难。问问那些曾经试图改变饮食习惯、开始新的日常锻炼或者想要定期冥想的人，成功是难以捉摸的。接纳新习惯已经足够具有挑战性。更难的是，新习惯不会占据你之前未使用的思维或时间。新习惯总是在排挤或取代其他一些存在、做事方法和使用时间的方式。比如我正在养成的习惯，每天早上五点半起床做一些简单的瑜伽，然后冥想。我躺在舒适的被子下，抚摸我的猫的习惯一直在阻碍我。我碰巧很喜欢这个习惯，我的姜黄色的小猫卡森也是。即使我抽搐的足部肌肉在激励着我，要放弃这种行为或嗜好，代之以几个瑜伽的拜日式动作和30分钟的冥想，这也绝非易事。

让事情变得更复杂的是，打破群体习惯比打破个体习惯更难。我们要处理的是几个不同个体的集体行为，每个人都有自己的一套不同的价值观、信仰、兴趣和自律程度。打破习惯包括先忘记过去的做法，然后重新学习。对我们中的一些人来说，学习很容易，甚至很有趣，但忘记过去很麻烦。而且，一个团体越成功——尤其是这个成功是基于个人努力和成就的，就越难打破习惯。

"如果它没坏，你就不要修理它。"这可能是你会听到的话。但这不是在修复损坏的东西，而是为了让合作更上一层楼，不满足于"足够好"，去追求伟大。

幸运的是，就像开会和决策一样，关于改变习惯的话题已经有很多文章写过。从杂货店收银台边上的杂志到商业书籍、播客和博士论文，你会发现关于这个话题的各种观点。虽然我读到的大部分内容都是关于个人的，但同样的智慧和技巧也适用于群体。关于形成新的、更好的团队习惯的训练，这里有一个我和团队分享的简短建议。

了解你的目标。拥有清晰而鼓舞人心的目标，清楚地理解合作如何把你的目标变为现实。注入了目标感和意义感的新习惯更有可能被接受。

从你拥有的开始。检查你的团队今天在做的事情。思考那些事情是否支撑你的目标和意图。有了清晰的目标和共享的工作后，用批判的眼光看待团队现在的每一个日常惯例和流程，并质疑它们。根据需要进行调整。

从小处着手。一旦确定了一个当前对你有效和无效的工作方式的清单，你就从一个习惯开始，忘记并取代它。把你的清单放在手边，当你取得进展后，你就可以进行下一个挑战。

保持简单。你想要开始的新流程和新习惯应该尽可能简单。即使不去尝试执行复杂的新流程，我们也有很多事情需要思考。

做循序渐进的计划。不要期望在一周甚至一个月内改变你的团队的习惯。要约束自己，保持耐心。

愿意尝试。不是所有你尝试的都会成功。正如我要讲的一个关于我的团队的故事所将要说明的那样，请记住，即使尝试失败了，你也能从中学到东西。

奖励自己的成功。不要急着开始清单上的下一个习惯。用些时间认识到你的努力已经有了回报，即使是在小的方面。

把培养新习惯变成习惯。培养新习惯是一种可以学习的技能。鉴于当今工作世界的变化速度，在团队变化方面变得敏捷可能是团队的终极竞争力。我们将在下一章讨论团队学习时进一步探讨这个问题。

应用实践，第一部分：重要的会议

乔恩·佩茨写了一本很好的书，即《无聊的会议很糟糕》，这是一本值得一读的书。①无聊的会议确实很糟糕。当你组建一个团队时，你想让每个人都参与进来并感兴趣，从而都有所付出也有所收获。做到这一点的方法是，让你的会议关于真正的工作，有着切实的成果，并且与团队的共同目标和共享的工作相一致。

再次回忆我在第二章描述的团队会议。13个人在一个黑暗的房间里，其中只有3个人在交谈，其他人都在看手机或电脑。这次会议真的很糟糕，它浪费了大多数人的时间和公司的资源。正如我已经说过的那样，会议的成本很高。如果你打算在会议上投入时间和精力，你就要确保它能像好的合作一样在三个层面上创造价值：个人参与者感知到价值，团队及其动力得到提升，以及企业得到益处。首先，13个人对大多数会议来说都太多了，我们很难见到成效。然后，如果13个人中有10个人是没有参与或者被其他事情占用的，那么我可以保证你的会议正在侵蚀它的价值。当团队会议议程聚焦于你们都商定好的工作时，这样的会议是最好的。这些工作来自雷达屏幕的中心。

玛氏内部咨询团队的雷达屏幕中心只有几样东西（见图11–1）。一个是为玛氏建立变革管理和组织发展能力的项目。另一个不太明显，

---

① Jon Petz, *Boring Meetings Suck: Get More Out of Your Meetings, or Get Out of More Meetings*（Wiley，2011）.

我们称之为"温室"。温室的想法来自我们的团队目标，我们宣称我们是"健康的温室"。正如我们所定义的那样，温室包括共同思考，解决我们作为内部企业顾问角色的一部分棘手问题。我们中的一个人举旗相唤，我们就组成了"温室"。我们把所有的创造力都集中在某一个人正在纠结的特定主题上。

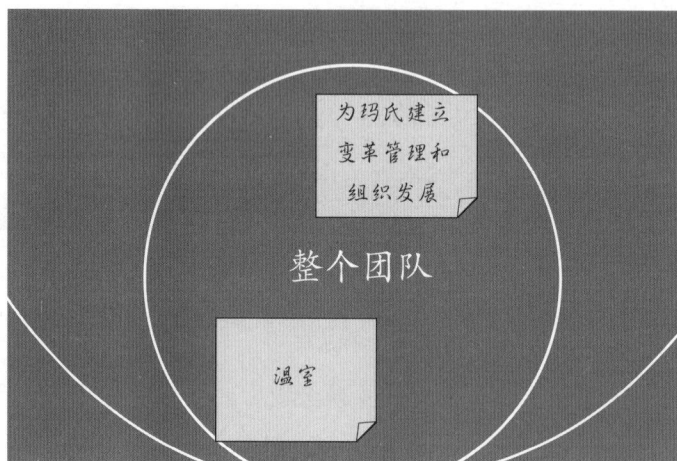

图11-1　玛氏内部咨询团队的雷达屏幕

我们着眼于这两个方面（项目和团队角色），旨在形成团队会议的核心。这至少是我们想要形成的新习惯。最近的一次会议说明了为什么即使我们已经很清楚，形成新习惯也很困难。

我们的团队成员分布在大西洋两岸的好几个地方。我们一直在会议中使用视频软件。这就是所谓的"协同科技"。这是一个非常棒的工具，它使保持联系比电话会议更容易、更丰富。它做不到的是防止我们陷入面对面会议中已经养成的老一套没有成效的习惯。我们的会议通常都安排得很好。我们每隔几个月见一次面，因此我们的常设议程涉及讨论我们每个人正在做的事情。在会议开始之前，每个人都总结了自己一直在做的事情。这些内容发布在我们公司网络上的一个共享文档中，只有我们自己可以看到。原本的想法是在开会之前，我们应该回顾一下各自的工作。我们要在视频会议中利用我们宝贵的时间来解决同事对我们工作的疑问。在会前工作的基础上，我们不用朗读总结，不用重复大家已经知道的内容。我们总共有三个小时的会议时间。我们将三分之一的时间用于项目的问答，将剩下的时间用于整个团队的工作，即雷达屏幕中心的两个工作。我们是怎么做的呢？我们表现得好像从未做过会前总结一样，在会议中与同事谈我们的总结，用逸事和额外的细节装点之前写好的内容。这是令人头脑发木的做法，除非你是那个在说话的人。还没有感觉到什么，我们就已经没有时间了。我们都很尊重对方。我们彼此喜欢。我们的关系太好了，没有人愿意大声说出我们都看到的事情。时间就这样不断流逝。最终有人提出了这个问题，我们回到了会议议程上。尽管剩下的留给会议议程其余部分的时间已经不多了，其中还包括我们的雷达屏幕工作。

我们的会议失败了，因为我们看不到团队的目标和意图。一个大问题是我们的雷达屏幕没有反映现实。只有少数人正在从事雷达屏幕中心的组织发展和变革项目。尽管我们都真诚地希望做出贡献，但让我们所有人都参与进来并不高效。我们意识到，我们唯一应该分享的工作是温室的工作。然而那一天，即使是那个工作，我们也不知为何没能做好。我们的行为和工作方式与我们对合作做出的承诺不一致。我们一致商定的合作目标感觉是正确的。我们必须修改我们的雷达屏幕，将变革管理和组织发展项目移到雷达屏幕的中间环，将其交给我们的一个小组来处理。这样雷达屏幕中心剩下的就只有温室。然后，我们改变了会议工作方式，以适应这些变化。我们修改了会议的标准议程，以确保每一次团队聚会，不论是虚拟的还是其他的，都围绕着我们所说的对我们整体来说最重要的事情展开。我们仍然会叙旧，但我们的大部分时间将用于我们共享的工作。

与团队合作目标和共享工作相关的会议流程更容易实施。它们会让你的团队更加投入，让你更有效率。同时，会议是一个复杂的人类互动的集合。

开会还是不开会

这里有一个简单的经验法则：只有当你的团队或团队中的每个成员都跟参会有利害关系时，你才需要召开团队会议。如果会议没有让每个被邀请的人都觉得会议为他们创造了价值，那就跳过会议，寻找另一条途径来完成你需要完成的事情。

团队中的大多数合作都是由两三个人组成的小组完成的。剩下的大部分工作都由个人来处理。这两类工作构成了雷达屏幕的两个圆环，它们共同代表了通常不需要召开团队会议的工作。工作组在需要的时候开会，以推进其共同的工作。不过，我不认为这些是会议。我认为它们属于工作讨论，甚至工作讨论也不总是必要的。对于小团体来说，很多合作的发生都不需要开会。团队成员可以通过异步工作来做到这一点。我们所有人在白天或夜晚的任何时候都可以看到那份文档。我的同事达米安可能会在英国时间周三早上九点补充他的意见。对于我来说，那是美国东海岸的凌晨四点。当我抽出时间将我的总结添加到文档中时，已经是两天后美国东部时间下午四点，即英国时间周五晚上九点。每个人都以一种对个人有效的时间和方式为团队尽了自己的一份力量。当然，我们没有像预期的那样使用那份网络共享文档。尽管如此，对于一个成员在不同时区或轮班工作的团队来说，这是一个很好的选择。

只有当会议、团队共同目标和雷达屏幕中心的工作一致时，团队才可以开会。这确保了会议上发生的事情对每个与会者都很重要。如果这些工作不符合标准，你就找开会之外的其他方法。这就是你确保当你们聚在一起时，团队成员觉得会议是值得的，并且你会从每个人那里得到最好的收获和办法。你将为他们提供一种体验，满足他们的个人需求，从而实现你对整个团队的期望。

雷达屏幕之外的会议

请不要忘记，我们在这里讨论的是团队层面的工作方式。工作组将在培养合作精神中商定工作方式。在一些团队中，所有的项目工作都发生在外围的两个圆环上——我们的雷达屏幕中心没有真正的项目或计划。顺便说一下，这些团队仍然是"真正的团队"。我的团队在我们的雷达屏幕中心有一个"角色"，但没有项目。我们仍然每两个月开一次会。为什么？首先，我们有自己的温室要做。即使没有事做，我也建议开会。虽然雷达屏幕告诉我们哪些具体项目或计划可能需要召开全体团队会议，但它并没有告诉我们还有什么对保持我们的业务很重要。

有五个理由值得面对面或线上开会讨论：

* 共同创造计划、建议和解决方案。
* 做出涉及整个团队的决策。
* 为团队成员和我们所做的工作进行庆祝。
* 在整个团队中有意（而不是随意）地加深关系。
* 团队学习——在关于维持和更新的章节中有更多的介绍。

前两个理由与雷达屏幕的中心有关。如果有工作，那么你们最终会作为一个团队共同创造和决策。例如，我们的团队已经同意，从现在开始，我们的定期会议将主要是关于共同创造解决方案（温室孕育）的。在预定会议的前几周，我们将打开共享文档，了解一下什么需要温室孕育。我们会以线上的形式达成共识，以确定哪个方案最有价值。然后，我们将把它纳入我们的议程。

另外三个开会的理由如果经过深思熟虑，就会为每个与会者、整个团队以及公司带来好处。庆祝成功对于在团队中积累和维持能量来说很重要。顺便说一下，你不需要通过开会来做到这一点。邮件或者社交媒体都可以做到。在你所有的会议中增加一个议程项目，侧重于对进展顺利的事情进行肯定，这会激发学习和能量。这不是团队感觉，而是正确的团队精神。我在上一章讲到建立关系。当它以明确性和意向性来完成，并且与团队的工作相联系时，这时每个团队成员都会重视。高尔夫郊游和社区志愿服务是值得的，但在加强合作方面远不如前者有效。

第五个开会的正当理由是一起学习。在一个关注自身和团队运作的团队里，团队学习可以作为一个整体发生，甚至可以在会议期间发生。不论是进行一个完整的团队项目的事后回顾，还是在会议后花几分钟来检查你的团队动力情况，你都是在进行集体学习。留出时间专门解决团队学习和团队发展是至关重要的。我会在下一章讲到更多关于团队学习的内容。现在，先确保团队学习成为团队工作方式的一部分。团队学习至少应该在你的日历上一年出现几次。在玛氏，我们的研究表明，团队最大的不足在于意识到自己的动力情况，并且有意识地做这方面的工作。这就是为什么我们有一个实践——维持和更新——侧重于纪律性。

团队可能只有五个正当的理由来开会。实际上，开会可以有各种各样的理由，但这些理由都不太有效，不太可能为个人、团队和企业创造价值。这就是会议类图书的标题包含"糟糕"和"死亡"之类词的原因。例如，仅仅因为你们有一段时间没见面就开会是一个蹩脚的开会理由。社交有用，也有意思。要不要玩一局充满活力的反人类牌？然后，一起喝几杯，叙叙旧，重新联系。这些都很好。但是，你不要召开主要是为了社交的会议，除非你想做的不是促进合作。记住，熟悉感虽然可以促进合作，但通常不会让合作变得更好。如果你们聚在一起的目的不涉及你信任的雷达屏幕中心的工作，也不符合你的目标，那就换个方式相聚。

我最讨厌的还有另一个非常浪费时间的开会原因。一些关于会议的好书提到过这一点，这里值得再次强调。永远，永远，哪怕过去一百万年也不要用会议来分享信息。永远不要。就算这些信息与你的目标和共享工作有关也不行。原因如下：人确实是公司最有价值的资产，即使许多这样说的人不是这样做的。每个人都是珍贵的。一个充满珍贵的人的房间应该得到相应的对待。在一屋子聪明的成年人面前说话，用哪怕最有创造力和看似相关的演示文稿来麻痹他们，都是对他们能力的侮辱，也是对时间的浪费。相反，你可以在开会前将内容以电子邮件、小册子或视频的形式发送给大家。在玛氏，我们称之为"前期工作"。你可以让大家读或看，并且仔细思考。他们可以回答几个相关的问题，并在会议开始前提交他们的想法，然后利用大家在一起的宝贵时间讨论、探索、检查和提问。你们在一起的时候，只做那些能为每个人和整个团队创造价值的事情。你可以遵循我在上面提到过的五个原因，在开会时计划下一年、庆祝项目里程碑以及共同应对近期的困难挑战（我们的温室角色）。你可以回顾目标，将你的议程锚定在雷达屏幕的中心，确保它与真实的业务需求相联系，这样的会议将是有价值和有吸引力的。

开会的频率

只有在团队目标和共享工作需要开会时，大家才能以一个完整团队的形式开会。在涉及整个团队的复杂、快速发展的项目中，你可能希望每周都见面，也许每天都签到。我见过几个处理紧急问题的项目团队这样运作。在本书的前面，我谈到了一个财务团队。该团队意识到其核心目标是培养人才，以确保未来财务职能的健康发展。根据这一点，该团队停止了每28天一次的会议。这个时间安排基于分享公司的运营情况。团队成员商定每两个月开一次会。这是他们谈论人才的正确频率。他们每隔一个月就给自己整整两天的时间做雷达屏幕其他部分的工作。开会的频率听起来可能不多，但他们很激动。他们可以给自己留出足够时间，因为他们理解他们的合作目标和共同意图。在附录D中，我提供了关于如何考虑会议频率和会议时长的额外建议。

总而言之，如果你的目标和共享工作需要更少的会议，你就做你必须做的事情。正如我上面建议的，你不需要开会。越来越多的企业社交媒体平台正在帮助团队保持联系。你可以计划一些不包括工作的社交活动。同样，你不要幻想通过一起玩乐创造一个更有效的团队。你当然会因此提升你团队的氛围，这对团队效能有间接的短期影响。然而，团队出游并不能代替实践的实施。

会议部分概括

- 根据你的目标和雷达屏幕举行会议。
- 开会的目的是做真正的工作，不要因为自己方便就开会。
- 只有当你有决策要做，需要共同创造一些东西，一起庆祝一些事情，寻求加深关系，以及想要或者需要共同学习的时候才开会。
- 计划并留出时间来进行团队学习，你可以把团队学习放入常规会议议程，也可以专门留出时间做团队动力方面的工作。

应用实践，第二部分：决策

像会议一样，关于决策这个话题，很多聪明和有成就的人进行过详细的研究和记录。我的关注点仅限于高绩效合作实践和理论如何影响决策以及支撑决策的行为和态度。

关键是，让你的决策与团队的激励目标和你的雷达屏幕一致。你的工作在雷达屏幕上的位置就是决策权所在的指南。你的雷达屏幕中心的几个项目——整个团队都要负责任的项目，需要在团队层面就如何做出决策达成一致。如果你跟随雷达屏幕的引导，那么所有其他的决策都属于团队或个人。记住，激活工作方式只与整个团队拥有的流程相关。我将在本节讨论的是如何最有效地做出决策。我给你一点提示：它并不会一直都是共同决策。

决策的方式

我不喜欢共识。更准确地说，我不喜欢很多人误用共识的方式。我很自豪地说，"共识很烂"奖是大约16年前由我的组织发展研究生团队成员专为我设立的。在那个项目的民主精神中，我们一直在努力达成共同的决策。这把我逼到疯狂。然而，尽管我对此感到沮丧，共识还是占据一定位置的。雷达屏幕中心的一些决策可能最终会成为共同决策。我们也需要花时间考虑一些其他你可能已经知道的决策方法。

当涉及团队作为整体进行决策时，我见过四种方法。这些方法都被决策大师详细讨论过，也许用了不同的名称，所以我在这里就不多讲。我的目的是明确不同决策方式间的区别，这样你就可以做出明智的选择。

共识：大多数人都同意某种方法，并且获得少数人许可；尽管有所保留，但他们还是同意支持这项决定。这与全体一致不同。

纯粹投票：获得最多选票的方法获胜。类似于共识，但不同之处在于，作为少数人的"失败者"通常不在结果上投入太多。

全体一致：纯粹投票的一个版本，但是所有团队成员必须都同意才能向前推进。共识常常与全体一致混淆。

基于权威：团队同意团队中的一个成员——专家或团队领导——将根据小组中每个人的意见做出最终决定。

当业务团队作为一个整体工作时，基于权威的效果最好，其次是共识。我一会儿再谈为什么。纯粹投票是可行的，但只有在被考虑的主题是次要的情况下。例如，一个团体可能选择纯粹投票来决定他们的夏季户外活动是玩彩弹还是参加绳索课程。如果利害关系更大，活动需要少数人的支持才能取得进展，共识就更有效。纯粹投票更混乱一些，但更有可能确保你得到决策所需的支持。全体一致最好留给小团体，在那里达成一致具有现实的可能性。正如我提到的，全体一致经常与共识混淆。下一节将详细介绍这一点。基于权威的决策在任何层级（大多数传统公司）都是有效的。层级可以基于组织结构，老板拥有决策权。基于权威也可以基于知识或经验，允许拥有最多信息或背景的人做出决定。这样做是有效的。如果做得好的话，你还可以通过寻求意见、指导和建议来让团队以有意义的方式参与进来。

那么，我最讨厌的共识呢？如果你让玛氏同事对玛氏的决策进行评论，那么你可能会听到玛氏是一种"共识文化"。我不会这样说。玛氏文化是一种让很多人参与决策的文化。最棒的是，我们在决策中获得了大量的信息，这通常会带来高质量的结果。这种参与倾向的不利之处在于，决策可能进展缓慢。由于我们的平等主义文化，如果我们觉得自己的观点在决策过程中没有得到充分体现，许多人就会觉得我们有权放慢甚至停止决策过程。我自己也一直为此感到内疚。不久前，我们的团队在招聘。我的经理要求所有人参与创建职位描述。然后，他着手面试候选人。他让团队成员和一些潜在的内部客户参与了面试，但没有把我包括在内。这使我很生气。为什么不包括我？我毕竟是一个经验丰富的组织发展专家，有很强的面试背景。此外，这些新员工将是我的同事。碰巧的是，他找到并雇用了两位优秀的新同事。不过，在填补我们团队最后一个空缺的时候，我对他之前的招聘流程表示了不满。我努力争取下次能参与进来，我做到了。我感觉我证明了自己。但我必须承认，这次招聘花费了更长的时间，而且我并不能说结果更好。

我经常看到人们做决策，然后取消，再重新做决策，因为有些没有参与的人认为自己应该参与到决策里。当一个玛氏同事嘲笑我们的共识文化时，他所指的通常就是这一点。我们称之为"再次起诉"。我在其他公司也见过。实际上，我在IBM听说过"人人可以说'不'，没人可以说'是'"。在一个高度矩阵型机构，决策可以很复杂。

我们来处理另一件让共识充满问题的事情。这是"共识—全体一致"的问题。这是对共识最大的误解之一，也是我获得"共识很烂"奖的原因。

"共识—全体一致"

当一个团队声称它在寻求共识，但事实上在坚持全体一致时，我们要小心。该团队正在通往"共识—全体一致"的道路上，这是一个每个人都同意一切的虚幻之地。这是一种可爱的、团队化的、被误导的决策方式。它的发生有几个原因。有时候，一个团队领导或一个直言不讳的团队成员过于担心剥夺少数人的权利。"这个项目在我们雷达屏幕的中心。每个人都必须参与进来。"如果他们在寻求共识，那么他们会承认分歧，并邀请忠诚的反对者接受最终决策，同时尊重他们的观点。取而代之的是，额外的努力花在哄骗和说服顽固的团队成员改变主意上。这些劝说耗光了时间。这也可能导致大多数本来同意的人觉得他们的权威没有得到尊重。在最糟糕的情况下，任何有关正在形成的共识的分歧都被视为不忠或对团队精神的威胁。回想一下我之前对由个人驱动的团队功能失调的描述。这是一种古老的"你是不是团队中的一员"的诡计。在这种情况下，某些团队成员试图让持不同意见的人"内疚"，从而加入他们不支持的大多数人的行列。反对者将他们的反对意见转入地下，最终以消极攻击的方式破坏决策。

不管背后的原因是什么，随着时间的推移，为"共识—全体一致"努力会消除差异和争论，而这正是一群高成就的人倾向于参与的。

另外，真正的共识和基于权威的决策有效地保持了团队中声音的多样性。同时，这两种方法依赖于一种期望，即每个成员在某个时候都需要"为团队而战"。我们可能不得不中止一个根深蒂固的信念或观点，这样团队才能前进。这让我们回到纪律性上。团队成员需要培养一套潜在的团队纪律，让这种对团队的敬重生根发芽。

团队决策的核心

如果你的雷达屏幕中心有工作，那么你一定会以某种方式参与整个团队的决策。我已经发现了四个对团队的健康决策至关重要的纪律或行为（见图11-2）。

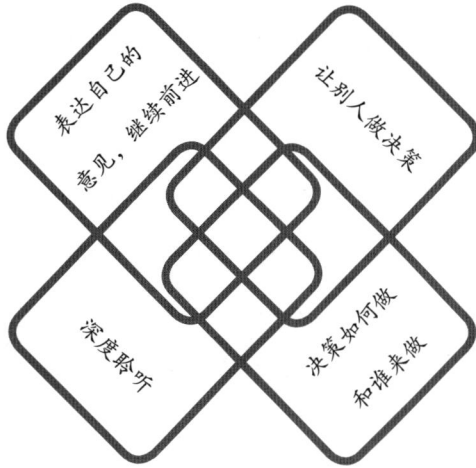

图11-2　决策行为

- 让别人做决策的纪律，这是授权的一种形式。
- 在做决策之前决定如何做和谁来做的纪律。
- 深度倾听的纪律。
- 放下然后继续前进的纪律。

让别人做决策的纪律

团队中的大多数决策不会涉及整个团队，这是常识。雷达屏幕中的大部分工作位于外围两个圆环。因此，团队中的每个人都必须允许其他人有自主权。否则，合作就会停滞不前，框架的价值就不能体现。

在前面的章节，我描述了我在DDI的工作。授权是DDI的一个重要主题，也是DDI的重要组成部分。授权包括将工作和决策委托给最亲近的人。这个术语已经不再受人喜爱，在某种程度上，我有些高兴。就算在DDI工作的时候，我也从来没喜欢过这个词。授权的意思是，某个上级出于内心的善良把权力授予等级较低的人。我曾经在私下告诉人们，现在需要做的是让管理层停止在工作场所剥夺人们的权利。我们都带着与生俱来的天赋和权力走进公司大门。但我们经常被期许进入公司前能制约自己的权力。我们需要的不是被赋予更多的权力，而是重新获得应有的权力。

高绩效合作框架需要（重新）授权。如果你的团队想通过实践获得效率，那么这一点是至关重要的。不在雷达屏幕中心的项目不需要整个团队做决策。当工作组正在进行一个项目的时候，工作组有权做出与其项目相关的决策。同样，在不需要合作的地方，个人有权独立做出决策。这并不是说工作组和个人不应该在决策过程中寻求同事或其他利益相关者的建议。他们当然应该这样做。然而，那些没有参与任何委托决策的人正在面对真正的挑战。在玛氏文化中，我们历来被默认设定为要达成共识，要为自己的决策开脱需要一定的意志力。然而，我们并不是唯一一家与重新授权作斗争的公司，这也不是什么新鲜事。至少从20世纪50年代以来，在恰当的层级上进行决策是最有效的想法就已经存在。通过明确哪些工作属于谁，雷达屏幕有助于将决策放在最合理的地方。然而，有时候，由于公司及其文化的不同，决策仍然会流向很多利益相关者。这造成了巨大的决策僵局。如果高层需要为一切做决策，那么什么也做不成。如果每个决策都交给领导者来做，或者必须交由整个团队来做，那么停滞是肯定的。使用高绩效合作框架的团队成员必须有勇气让决策尽可能地接近工作。

决策如何做和谁来做的纪律

在做决策之前，如何做和谁来做是高绩效团队培养的一个习惯。实际上，这对团队的顺利运作比对最终决策本身更重要。如何做和谁来做的纪律涉及如下问题：

- 我们用什么决策流程？基于权威、共识，还是其他？

- 如果基于权威，那么谁拥有决策力？
- 如果这是一个共识，那么谁拥有最后拍板的权力？

雷达屏幕在这个方面也有帮助。从事雷达屏幕中心项目的整个团队会把这些问题应用到共享工作中。

面对这样的决策，我们需要有超前思维。成就驱动型的人往往不愿意多花时间。一个团队会这样假设，在明确意图环节确定了工作和领导工作的人就已经足够了。关于做决策的"如何"和"谁"应该能自动运行，但通常它们不会自动运行。另一个错误是假设共识是默认的。这是一个关于共识的令人恼火的常见误解。团队成员必须就将要共享的每项工作进行"如何做和谁来做"的谈话。事实上，这项纪律是决策意图的核心。

我们说的是雷达屏幕中心的工作，但是同样的指导也适用于位于雷达屏幕中间环的工作。在培养合作精神的过程中，有效的工作组在做决策的需求出现之前，就将决定如何最好地做决策和由谁来做决策的纪律强加给自己。

深度倾听的纪律

倾听是技巧，也是艺术。有些人在这个方面有天赋，但大多数人没有天赋。倾听是可以学习的，并且所有完全致力于主动式合作的团队都必须实践它。无论在哪个层级，在整个团队或者工作组中，深度倾听都是必要的。这是一个很复杂的话题。

记住这一点：合理的团队决策更多的是基于准确和彻底的理解，而不是基于一致。深度倾听是通往有效决策的真正理解之路。

我所说的深度倾听是什么意思？与你的经理聊一下，他们可能会说自己已经学过积极倾听。许多人都受过这方面的训练。我也接受过这方面的训练，而且我还教过他人如何积极倾听。积极倾听是一个很好的起点，但这对大多数人来说还不够。正如大多数人所理解的那样，积极倾听重在技巧，而且把重点集中在倾听的人身上。我们学会了一些行为，比如复述和肯定——"我明白了""所以你说的是……"和我最喜欢的"告诉我更多"。我们也学习了正确的肢体语言——身体前倾和保持身体放松。然后，我们手里拿着辅助工具来提醒自己，我们要使用这些技巧一段时间。这些技巧给了我们一种控制自己说话欲望的方法。它们有点像一个紧张得不知道手往哪里放的公众演讲者的演讲台。他紧抓住演讲台，直到演讲结束。然而，我们经常感到用口号和有意识的身体姿势掩盖我们的自然冲动很虚假。主动倾听对一些人来说很有用，那些人经常使用这个技巧，使其变得自然。然而，主动倾听基于对倾听者的语言和行为的预设。相比之下，深度倾听侧重于交谈对方身上发生的事。我几年前听到一个终极的问题：他们感觉被听到了吗？

这是一个简单的问题。然而，对行动和成就的偏好再次阻碍了我们。还记得我的经理和他要和我分享的项目的故事吗？他只在问题和要做的工作方面听取我的报告。他没有倾听我对职业发展更深层次的兴趣。他不再倾听，直接就开始解释和行动。同样的事情我已经做了成百上千次了。他和大多数人错过了唤醒我们好奇心的机会，也错过了用倾听来探索和学习的机会。我听过对一位即将退休的首席执行官的采访——那是几年前的事了，我已经想不起他的名字。他被问道，如果有机会重来一遍，有没有一件他会采取不同做法的事。他说："我会变得更加好奇。"他是一个做过无数决策的人。他知道所有问题的答案，或者说他是这么认为的。他已经做得非常好。然而，在职业生涯结束时，他还觉得自己错过了什么。因为他没有更加具有好奇心，没有问更多的问题。像勇气一样，好奇心是高绩效团队成员不可或缺的属性，这对深度倾听和感觉被倾听的人都很重要。当涉及群体决策时，你需要寻求理解。然后，你可以带着对前辈史蒂芬·柯维的歉意去寻求更多的理解。深入下去，好奇心也可以像勇气一样培养。如果团队成员充满好奇心，那么这样的团队很可能是一个会做出明智决策的团队。

我说过，决策更多是关于理解的，而不是一致。不过，决策还是要有某种程度的一致，不是吗？那种对成就的持续需求阻碍了这一点，就像我们合作花园里的一棵杂草。我对成就的强烈需求意味着我迫不及待地要忙碌起来。当你向我描述你的观点时，我的直觉是倾听我们的相同之处或我们的不同之处。如果我们的观点一致，我们就可以一起行动。如果我们的观点不一致，我就会想要解决我们的分歧，这样我们就可以开始工作了。不管怎样，继续下去的想法在驱动我，没有任何余地留给深度倾听。对一致的渴望和试图解决我们的分歧阻碍了好奇心，因此破坏了合理的决策和合作的效果。

我们从有分歧的问题开始。解决分歧并将其转化为共识的冲动驱使着两种行为。一是，我会尽力用雄辩的论据说服对方接受我的观点。二是，我会证明对方的观点是错误的，这样对方就会把自己的观点替换成我的观点。不管是哪种情况，都会激发我的好奇心，使我获取我需要的信息。我要么想办法赢过他，要么说服他是错的。不管怎样，我想得到的都是"一致"，并且在这样做的同时否定了反对者的观点。我在剥夺他的权利。我需要的不是他和我的观点一致。请记住，我们正在做的是达成共识或基于权威的决策，两者都不需要每个人都同意。我和团队需要的是让反对者感到他的观点得到了公平和彻底的倾听。他必须感觉到自己在谈话中有某种力量，实际上是和我在一起的某种力量。我们要表现出自己能体会到对方的感受，并对说话的内容保持好奇心，让说话的人感到自己有倾诉的权利。在做到这一点后，一些老派的积极倾听方法会大有帮助。SOLER原则已经有30多年的历史，从未过时。

S：坐端正或站端正。

O：保持开放的身体姿势。

L：身体稍微前倾。

E：保持眼神交流。

R：保持身体和精神上的放松。

你可以真诚地肯定对方的观点，欣赏他的视角，在实施决策后请他提供反馈。他可能永远不会同意，但如果你以好奇的心态接触他，他就有可能支持团队的决策。

我们很容易看出，不同意见会使决策变得复杂。当我们做决策的时候，倾听一致意见怎么会是一个问题呢？我的另一个顾虑是虚假的共识，这是团队需要注意的一个真实现象。当全团队决策遇到团队精神时，这种情况就会发生。除了其他原因，它还源于失败的深度倾听。

说到老派，你可能听说过阿比林悖论（Abilene Paradox）。已故的杰瑞·哈维写了一本书，书中讲述了一个真实的故事。这个故事被改编成一个关于共识出错的寓言，是组织发展研究中的经典，讲述了哈维博士的家庭故事。哈维的家人都同意从得克萨斯州科尔曼的家中前往53英里外的得克萨斯州的阿比林。这是一个炎热、慵懒的下午，一家人坐在门廊上拍苍蝇，享受一局多米诺骨牌游戏。岳父突然建议去阿比林旅行。母亲愉快地同意了。父亲（哈维博士）非常犹豫，但不想捣乱，所以同意了。他尽管同意了，还是表示这取决于岳母的意愿，"当然，如果她愿意，我就去"。不错的一步，对吧？他把事情推给岳母。岳母遵循着正在形成的共识，同意去。于是，他们出发了。这趟旅行往返都是又热又不舒服，没有人玩得开心。当四个小时后回到家时，他们发现没有人真的想去。岳父以为大家都很无聊，所以提出了这个建议。母亲同意去之后，他们都加入进来，没有一个人想成为家里扫兴的那个人。他们都在努力做他们以为的别人认为最好的事情，所以没有一个人说出真实想法。用团队的话来说，他们都在试图成为优秀的团队成员。没有人表现出好奇，尽管我确信有人感觉到了。他们的良好意愿，加上他们没有听从自己的直觉以及别人传递的微妙信息，最终让全家人失去了一个愉快而轻松的下午。

一致是如此舒适，能让我们感到团结和友好。当我们"为团队而战"时，我们甚至可能会暗自为自己感到自豪，因为我们没有对不断发展的共识表达出一种不安的感觉。我们是社会性动物，即使不真实，我们也倾向于达成一致。事实上，我认为我们深层的社会欲望经常会压倒追求成就的强大力量。当共识来得又快又容易时，暂停一下：培养一下好奇心；扮演魔鬼的拥护者；倾听你的直觉去挑战团队成员，让他们重新思考；大声说出来，然后带着好奇心去倾听。

到这个时候，你和你的团队将会建立起强烈的合作目标感。你们已经就什么需要合作达成了协议。你们将会商定好如何一起工作，以实现你们共同的目标和承诺，并利用这项工作和这些协议来解决你们的分歧。回到更大的"为什么"和你们一起建立的期望上，这些实践将有助于把差异转化为更丰富、更深入的谈话和关系。然后，你们可以朝着最好的方向前进。

放下然后继续前进的纪律

最终，团队决策需要承诺。具有讽刺意味的是，有时我们不得不主动放弃我们可能会单独承诺的一个想法，以帮助团队达成决策，这样我们就可以取得一个成果。正如我的冥想练习可能暗示的那样，我是禅宗的学生。我明白了这一点：禅宗佛教的实践以纪律为基础。一个冥想的和尚能够连续几天坐在一个没有暖气、没有家具的洞穴里。他依靠的是纪律，而不是魔法或新时代的陈词滥调。佛教认为我们所有痛苦的根源是执念：对物质的执念，对他人的执念，对我们自己是谁的故事的执念。也许这种观点对你有用，也许没有。无论如何，学会放下都是一项决策纪律。团队成员和团队的繁荣发展是可以学习的，也是必要的。我已经谈到了团队在决定谁来做决策时必须遵守的纪律。如果你认为一个决策应该由你来做，而团队成员或团队领导却不这么认为，那该怎么办？如果你不放下，你将如何继续前进？

学会放下并继续前进类似于另一种历久弥新的做法，即"求同存异"，但这需要更多的精神和情感。与你可以转身远离的人求同存异很容易。当对方是你约好要合作的人时，情况就很困难。你必须学会适应不适。当我们与我们约好要合作的人产生不同意见时，这令人担忧。对分歧的情绪会影响我们的合作，担心是可以理解的。你可能会采取一种善意但虚假的"求同存异"的立场。你可以试着表现得好像你从未反对过，好像你在向前看，这样你们就能相处。这是团队精神的一个错误。伟大的合作并不要求我们都相处融洽，也不要求我们都在一个持续美好的状态下运作。只有当我们学会放弃调和分歧时，诚实、坦率的分歧才有助于建立牢固的关系，你能学会适应这种不适吗？我知道这是陈词滥调。然而，结合耐心，这是有效的。也许有一天你会回到你们的分歧，也许你不会。请允许我再次变得禅意：学会放下，耐心地让事情按照它们的意愿发展，这是让团队合作成功的生活教训之一。天知道有多少长久的婚姻依赖于这种放下向前看的意愿。我知道这和爱无关，但它是有关承诺的。

当放下变得困难时，你可以回到实践中来。如果团队的目标感对我来说是有吸引力的，并且我觉得我被深深地倾听和尊重，那么放下继续前进会更容易。如果我的队友和我一起度过了美好的时光，厘清我们每个人在合作中的位置，放下就会变得更自然。最后，我总是可以依靠我天生的需求去忙碌，去实现一些事情，并让这些事情带我前进。即使有一种强烈的共同目标感，我可能仍然会挣扎。如果我在自己的观点上代入了情感，或者如果这些观点关乎自我，我就会尤其挣扎。有时候，我根本就无法回避。在这种时候，失落感和挫折感对团队成员的体验至关重要。如果事情总是如我所愿，这就不会是那种我更愿意成为其中一员的多样化和有趣的团队。当团队需要我放下继续前进时，它是在邀请我去感受作为团队一员的完整体验，同时也是作为人类的完整体验。事情也永远不应该只是关于我的。

共　识

我们已经深入研究了让团队决策成功的一些行为，包括共识。我很难接受共识，但不止我一个人是这样的。在我们这个矩阵化、越来越网络化的世界里，有人说共识是越来越多的"过度合作"的一个例子。在物质世界或虚拟世界中，无论我们走到哪里，我们都希望在我们争取共识的努力中加入其他人。但如果你问我的话，那么我会说共识和合作是不同的，不应该混为一谈。共识是关于寻求同意的，而合作是关于有成效地共同工作的。我们需要更多的主动式合作。我不确定共识是否也是如此。

在过度使用共识的文化中，人们对共识的需求来自不同的地方。有时候，正如我通过"共识—全体一致"所描述的，共识出于对他人观点和感受的尊重。这被视为一种授权："嘿，斯坦，我尊重你和你的想法，所以我想在这个决策上和你分享权力。"有时候，共识是自我驱动的，人们会强行做出决策："我了解情况，所以你必须听我的。"还有些时候，共识是由恐惧驱使的："如果我不提供指导和智慧，事情就会出错。"有时候，三者同时存在。不管过度使用共识的理由是什么，这些理由都是对有效合作的诅咒。雷达屏幕是帮助团队确定共识在哪里可能有意义的第一步。

谨慎使用共识。避免你自己去阿比林的最重要的一步是限制通过共识做出的决策的数量。基于权威的决策加上深度倾听，和共识一样有效。真正的共识很难达成，尤其是在问题复杂的情况下。这需要很多时间，甚至比彻底讨论基于权威的决策还要多。团队规模越大，达成共识所需的时间就越多。理解是共识的灵魂。理解是通过探究、辩论、谈话和深度倾听发展起来的。团队成员越多，我们听到、考虑和问询的声音和观点就越多，所以需要的时间就越多。此外，我们还有事后才达成共识的风险。当我们很快达成共识，而没有让每个人都畅所欲言并充分倾听时，会发生什么呢？结果是，我们最终去了阿比林。更糟糕的是共识疲劳。共识疲劳导致人们因为厌倦了所有的谈话和争论而同意一项决策。"难道我们就不能先继续这样下去，再开始工作？"这是我在读研究生时的经历。结果是，假设没有被探究，潜在的风险被掩盖，影响没有被充分考虑。所有这些都会回来伤害你。再说一次，谨慎使用共识。如果你的团队人数众多或者没有时间达成高质量的共识，那就找一个替代方案。

共识在什么时候有意义？当对最终决策的广泛而深入的承诺至关重要的时候。例如，记得和我合作的那个决定每两个月只开一次会的财务团队吗？这是一群细节导向的人，他们需要日复一日地感觉到自己能够掌控自己的业务。他们相信他们的内部客户有这样的期待。每四周开一次会似乎是了解事情的正确方式。当他们回顾团队目标和共享工作时，他们意识到他们需要的不是会议，而是信息。正如我之前建议的那样，利用会议来分享信息是个坏主意。我们有很多更有效的方法来做这件事。他们的目标主要是为他们的职能部门创建一个强大的人才渠道。尽管如此，对他们来说，放弃月度会议还是很难的。如果他们要改变和支持一种不同的工作方式，共识决策过程中的谈话、好奇心和深度倾听都是必要的。当权威不明确或没有明确的定义，而且每个人都知道的时候，共识也是有意义的。例如，在团队中，针对正在被决定的事情，如果一个新的领导不是相关领域的专家，共识就可以发挥作用。在知道团队成员更了解一项主题时，领导者可以授权团队成员做出集体决策。没有领导者的团队，比如小型实践团队，也可能发现共识是有用的，因为团队中的权威分散并且在团队成员之间共享。不管怎样，它们都适用同样的纪律。

不管你在特定情况下选择哪种决策，你都必须提前明确自己的决策过程。你需要了解每个决策在雷达屏幕中的位置。当没有直接参与一项工作的时候，你要愿意放弃自己的决策权。你要变得好奇，深度倾听，并愿意继续前进。

决策概要

你可以使用雷达屏幕来整理决策的相应位置。许多决策应该由个人和工作组做出。

对于那些雷达屏幕中心的项目，你可以与团队合作找出最好、最有效的决策方式。不是每个处于雷达屏幕中心的项目或计划都需要共识决策。

深度倾听和放下的技能对于团队中健康的决策纪律至关重要。

你可以同时倾听不同意见和一致意见，并在最终做出共识决策前仔细探究。

你需要谨慎使用共识，并且只在最有意义的地方使用。当共识不合适时，你可以使用基于权威的决策。

在结束前

"纪律就是记住你想要的东西。"这句话来自我经常去的瑜伽馆的墙上。激活工作方式的纪律是不断记得团队所宣称的对其重要的东西。当然，团队会发展。随着团队的发展，重要的东西会改变。下一章介绍的主题是团队学习，包括团队如何学习和适应不断变化的环境。

总　结

激活工作方式的实践包括使团队成员回想起他们想要达成的目标，并将这些意图构建到他们的标准操作或工作方式中。

这样做的目的是建立一种节奏和常规来支持团队的工作和抱负。

考虑到基本的团队运作，团队可以自由处理非标准的事件和问题，这些事件和问题使得团队合作变得有趣和有价值。

团队鼓舞人心的目标感，团队承诺分享的工作，以及团队成员就如何合作达成的协议，都显示出团队如何创造积极的习惯和常规，这也是本实践的核心。

通过回顾你的雷达屏幕开始这项实践，让它对你开会的内容和频率进行塑造。

你还可以使用雷达屏幕来指导团队，包括团队有权去做哪些决策，而哪些决策将由工作组或个人做出。

注意共识，谨慎使用共识。

纪律和工作方式可能刚开始看起来不吸引人，尤其是对努力工作、成就导向的人来说。保持简单的工作方法，并与其他实践保持一致。

第十二章　团队学习

到这里为止，我已经展示了必要条件与实践之间的清晰映射。其中，明确性与激发目标和明确意图很好地结合在一起，而意向性可以直接与培养合作精神配对，纪律性则可以准确地匹配激活工作方式中的团队流程部分。本章和后面的两章打破了这种模式。这三章的内容都与团队学习有关，既从团队的纪律性角度学习，也从服务于团队明确性的角度学习。在本章，我从对具体实践的讨论出发，探讨团队学习的概念及其重要性。在接下来的两章，我将解释剩下的以学习为中心的实践，包括维持和更新以及阐明背景。

你可能想知道为什么团队学习没有被列为必要条件。团队学习当然是大多数玛氏团队共同的需求。事实上，在我们的研究中，没有任何一个团队在学习方面表现突出。大多数人不擅长学习。无论对于玛氏团队或任何其他团队来说，学习在让团队变得更加有效方面都至关重要。那么，为什么团队学习没有成为第四个必要条件呢？原因有几个。请记住，意向性是高绩效合作框架的核心。这是我们所缺乏的，同时也是加强合作最重要的东西。我们还发现，直接支撑意向性的另外两个必要条件（明确性和纪律性）也处于缺乏状态。明确性是意向性的必要前提。如果不清楚哪里需要合作，你就无法合作，更不用说有意去做了。纪律性是支撑意向性的重要因素。一旦你做出了承诺并建立了关系，你就需要用纪律性来让自己坚持。虽然团队学习很重要，但对于让玛氏团队更具有意向性来说，它的作用不如明确性和纪律性中的任何一个必要条件。还有一个原因：在合作方面，团队和个人都缺乏这三个必要条件。与此同时，玛氏团队成员作为个人，在用心学习时能学得很好。例如，玛氏同事的一个共同优点是擅长解决问题。解决问题的一个基本内容是先把事情厘清，然后想清楚该怎么处理这些事情。"想清楚"的过程就是学习。玛氏同事绝对具有这项技能。然而，他们无法成功地在团队合作时使用这项技能。在我看来，将一个人的学习能力应用于合作是一个纪律性和意向性的问题。出于这些原因，团队学习不是我们的必要条件。然而，团队学习能支撑必要条件，并且足够重要到有两项实践聚焦于它。

团队学习和高绩效合作框架

接下来，我将探讨的两项实践都与团队学习有关。

第一个是维持和更新，它是向内看的。它的重心在于团队对自身及其运作方式的了解。这项实践与纪律性相关，因为它会引起人们持续性的和习惯性的对团队正在做的所有事情的关注。鉴于维持和更新可能会影响其他实践，我们把它放在我们图形的中心。

阐明背景看上去是朝外的。这是团队和其运行所在的变化世界之间的关键纽带。顾名思义，它的内容与为团队创造明确性有关，尤其是在变化的时代。阐明背景会涉及组织战略、组织结构和领导力变化等问题。就像维持和更新一样，阐明背景可以对其他实践有所影响。当团队周围的世界发生变化时，它必须要做出反应以保持相关性。这就是为什么阐明背景位于图形的外部边缘，并环绕着其他实践。阐明背景是不那么常规的或习惯性的做法，也就是说它不属于纪律性的范畴，它只有在要求重新确定明确性时才被使用。这就是我们称之为"特殊实践"的原因。

无边界学习

不管与之相联系的实践是什么，团队内部的学习都是跨越边界的。无论一个团队去了解的是它自己还是它的运行环境，这种了解和学习都有可能影响其他实践。如果团队在经过反思之后意识到激发目标与它必须做的工作相互不匹配，那么目标和工作两者之一必须要改变。如果一个团队发现它的关键客户群所需要的重要东西是其没有考虑到的，团队就不得不重新去审视实践中的几项内容。这个团队可能会从探究激发目标开始。团队成员可能会这样问自己："鉴于这种变化，我们的合作是为什么服务的？"激发目标也许会保持不变，也可能会改变。然后，他们会重新考虑明确意图："我们应该在哪些工作上进行合作，才能把我们最近修订过的目标变成现实？"接着，他们就会考虑培养合作精神和其他方面。

团队学习对于团队跨越边界的影响很难用我们的框架图中的圆圈和线条来描述。我们采用箭头来表示相互联系和影响。即便如此，这些图示对于我所期望的来说都过于静态。学习使事情变得混乱，但这是一种好的混乱。学习迫使我们走出舒适区，走向成长。两项以学习为中心的实践都坚持要求我们打破框架图中的所有线条，为保持团队内部的合作服务。

尽管学习具有颠覆性，但不管与什么实践或必要条件相联系，学习作为一种行为和心理现象都有着一致的特征。我们来看看一般情况下团队内部的学习。

团队学习的需求：回到基础

在开始与玛氏团队合作时，我是玛氏大学的一员，玛氏大学是玛氏全球学习和发展职能部门。我当时的经理邀请了一位顾问来给我们的北美玛氏大学团队介绍他开发的一项诊断调查。我已经不记得调查的具体重点是什么。我的经理显然认为这项调查可能对我们公司有用。他还认为，以团体的身份去了解这项调查对我们来说会是一项很好的团队建设活动。那位顾问同意无偿对我们团队进行调查，并且在做完调查后给我们做情况说明。他是一位彬彬有礼的绅士，居住在夏威夷，基本上已经退休。他从夏威夷经过很远的距离来到新泽西州和我们见面——他在这里有一个成年的儿子或女儿，所以我觉得他花的时间有双重价值。我不太能回忆起我们和这位夏威夷朋友关于情况说明的谈话。但有一件事让我记忆犹新，就好像它发生在昨天一样。在我们生动的谈话中，有人注意到他向后靠在椅子上（看起来正在沉思），就问他在想什么。他告诉我们："我只和你们待了几个小时，但我不得不说，玛氏文化可能是我见过的最缺少深度思考的文化。"我们请他多说一点。他解释说，根据他在我们团队以及在玛氏接触过的其他几个团队的经历，我们并没有太多耐心去停下来深入思考。

我们倾向于获取一条信息，简单地问一下为什么它很重要，然后就很快地根据这条信息采取行动。我们在进入行动模式之前没有问询，很少思考，并且只有最低层次的规划。他看到的是我前面谈到过的玛氏的实用主义和我们深度的行动导向的结合。在几个小时的会议中，他已经发现了最重要的信息。我在后来更深入的研究中也发现了这个信息。

研究发现

我一直在给团队使用一个有20个项目的调查问卷，这种缺乏反思的现象在该问卷数据中尤为明显，为我的研究提供了资料。为了方便回忆，下面列出该调查中排名最靠后的5个项目，从排名最低的项目开始。

#20 团队定期留出时间来评估团队绩效，并回应团队发展需求。

#19 团队成员善于处理分歧和异议，并能以及时和直接的方式进行处理。

#18 团队有一个大家充分理解的识别和决策的流程。

#17 团队评估其在重要举措上的表现，以获取经验教训。

#16 团队内部的工作环境很开放，通常没有未解决的紧张关系。

每个出现在这5个项目中的主题，都在玛氏提到过。第19项和第16项是关于处理框架在培养合作精神中所涵盖的冲突的。第18项是关于决策的，我们在激活工作方式一章中讨论过它。剩下的两个项目揭示了团队学习方面的一些情况，但结果并不乐观。关于解决团队动力和团队发展需求的方式，调查结果最差，它排在第20位。关于花时间去评估项目或积极性，它排在第17位——这个排名也不理想。这位来自夏威夷的顾问发现了一些重要的事情。当我们开发框架的时候，我们的数据清晰地表明框架必须要解决团队学习问题。

以学习为成就

为了让以个人身份被激励的团队成员进行合作，我们的框架把合作变成了一件需要实现的事情。同样的思路也适用于团队学习。我们不再认为学习是我们工作中偶尔有用的副产品，我们也不再为了学习而学习，而是将团队学习视为需要实现的目标。

在培养合作精神中，一个团队就团队成员的合作形式签订契约，这样他们就可以相互问责。然后，他们将这些承诺纳入他们的绩效管理计划，使其成为要实现的目标。我们计划在学习方面也这样做。为学习签约的实践包括做出承诺，将学习作为每个项目和合作的一部分。事后回顾和事中反思成为一种习惯。我在后面会更详细地讨论。后来，学习的承诺被包含在每个团队成员的年度绩效目标中。"你今年从合作中学到了什么"成为一个常见的提问，就像"你今年取得了什么成就"。成就动机是一种强大的力量。如果没有这种转变来将学习转化为可辨认的成就，学习就会像合作一样，继续作为一个漂亮的待办事项，或者是一个偶然的成果。

以学习为成就，就像以合作为成就，依赖于问责制。之前的某一天，我和玛氏的一位高级领导谈话，她以擅长团队领导而闻名。她的团队成员喜欢为她工作，她不断地获得杰出的业务成果。她告诉我，对于她领导的团队来说，学习是一件没有商量余地的事。每次会议结束，大家都要回顾什么有效，以及什么可以做得更好。每一次与团队成员一对一谈话时，她都要与团队成员讨论他们正在学习的内容，以及他们可能会在哪里遇到问题。不是每个向她汇报的人都能一开始就理解。然而，大多数人最终还是能领会。那些不喜欢这样做的人最后会自己选择离开。她和我说："在开始的时候，要把持续学习的纪律维持下去，你要扮演一个大智若愚的领导者。"换句话说，要想让队伍习惯把学习当作绩效期望，你就要站稳立场，强硬一段时间。我们知道团队能做到。团队只是不习惯去做，也不适应在这方面追究责任。

团队学习怎么定义，怎么达到

我的职业生涯中有相当大的部分是关于成人学习的。当我在DDI从事培训行业时，我花了很多时间研究成人学习。据我所知（你可能也了解一点），成人的学习方式与儿童不同。这在很大程度上是由于成人为了学习新东西而不得不忘却。如果说忘却对于成人很困难，那么它对于成人团队来说更困难。

工作中的团队不仅要学会如何进行有效的合作，还要学会如何进行合作学习，甚至学会如何忘却。以典型的玛氏风格运作的团队已经开始依赖大量的被动式合作，将互助视为团队合作的主要表现。它们必须有意识地去学习主动式合作，以及如何促进和培养更多的合作。而且，它们必须克服不断做事的习惯，去阅读，以获取更多学习空间。

团队学习的内容包括团队一起寻求和获得见解，然后依据见解做计划来适应或改进。团队学习既向内聚焦，也向外看，它包括检查团队的工作方式、合作效率以及团队工作的环境。团队学习包括三个方面：

- 与任务相关的学习——关注团队一起做的工作。
- 团队动力学习——关注团队互动和合作的方式。
- 战略学习——关注团队周围发生的并影响团队的事情。

维持和更新涵盖了前两个更向内看的领域。阐明背景主要关注从团队往外看的领域。我会在这两项实践的专门章节中对它们逐一进行讨论。

团队学习无论是向内还是向外，无论是解决团队任务还是团队动力，都包括五个行动，即PIRPA。

- 暂停（pause）。
- 问询（inquire）。
- 反思（reflect）。

- 计划（plan）。
- 行动（act）。

PIRPA是一个很差的缩写。所以，我们称之为团队学习的五个行动并不出奇。与其说它们是处方，不如说是描述。它们源于我对成功团队的行为的观察。

例如，我在第十章谈到一个跨职能的国际供应链团队，该团队在大约八个月前开始使用高绩效合作框架。团队成员没有看到他们预期的合作成果。尽管他们对共同的工作有强烈的目标感和清晰的认识，但他们并不觉得自己像一个团队。突出的一点是，他们的会议没能吸引他们。这支由专业人士组成的团队缺乏团结合作的迫切需求。每个人在自己的职能或业务范围内都有一份重要工作，需要做的事情有很多。他们各自的业务就像储存谷物的筒仓一样吸引着他们，这份吸引力仍然超过他们对团结合作的认知价值。团队领导向我咨询。我们商量好，下一次面对面的团队会议先暂停一下，大家抽出至少一天时间进行一些团队动力学习。我们利用该团队已经完成的高绩效合作工作设计了一个简单的调查。这项调查要求他们根据自己实现目标的情况以及雷达屏幕中心工作上的合作程度来给自己打分。为了让调查更贴近他们，我们使用了玛氏五级绩效管理语言：优秀、超出预期、符合预期、低于预期、不满意。这个时候，我让团队领导和团队成员自行调查。我约好在他们做完调查后和他们联系，并在他们的下一次会议上用一些时间来问询和反思调查结果。

结果就是，他们在实现目标的一个方面（创造简洁）给自己评价为"低于预期"，在雷达屏幕中心的两个项目上给自己评价介于"低于预期"和"不满意"之间。有了调查结果之后，该团队自行促成了一场讨论，探讨他们为什么会这样评价自己。请注意，他们在这之前已经深思熟虑地创建了他们的目标声明。他们已经选定了雷达屏幕中心的工作，他们承诺将围绕这项工作共同努力。不过，他们没有共同努力。他们在他们认为最需要合作的领域表现不佳。"为什么，"他们想，"我们共同的参与度不是更高了吗？"这背后还有其他问题：

- 我们的目标正确吗？
- 我们共享的工作是正确的工作吗？
- 如果我们的目标和共享的工作是正确的，那么为什么我们的成就动力和推动合作没有起作用？

话说回来，这三个问题不就是这个框架应该解决的吗？

他们花了一个上午的时间对调查结果进行问询。那天下午，我通过视频会议加入了他们，帮助他们理解。结果是，这些问题的根源出自一个相对简单的问题。

一年前，他们花时间开发了他们的"激发目标"，并约定了他们的雷达屏幕。在这些工作完成后，他们没有进行太多的讨论就同意保留他们当时使用的会议时间和议程。那时，他们是一个地理上分散的团队，有一些人在美国东北部，另一些人在英国。他们的会议节奏就是他们这类团队的典型节奏。所有的会议以两次面对面的会议为锚点。这两次面对面会议间隔六个月，通常在六月和十二月举行。一次在美国，另一次在英国。在这两次会议之间，他们每月轮换半天的视频会议和90分钟的电话会议。这么回想起来，这样的节奏可能还不错。他们没有提到的是这些不同会议的目标和议程。他们就只是一成不变地继续开会。他们会谈论生意情况，各自工厂的运作情况，以及供应链可能会出现问题的地方。

我们可以将团队学习的五个行动应用到这个场景中。以"刚刚开始"的名义，这个团队只使用了行动一、四和五，因为这几项与他们的会议有关。他们停下来去创造他们的目标和雷达屏幕。然后，在涉及他们的会议方面，他们制订计划并采取行动。他们没有做的是花时间问询和反思这些会议的内容和节奏，没有确认它们是否与团队目标和共享工作一致。难怪他们没有在他们的目标和他们想要共享的计划方面取得更多的进展。他们没有特意去安排会议，所以这些会议无法反映目标和计划。

他们最终修正了会议，让会议符合团队其他的合作承诺。关键的地方不在于他们最后做成了什么，而在于他们是如何做到的。当他们面对会议问题时，他们做了以前没有做过的事情，并完整应用了所有的五个行动。

- 他们把"做的事"放在一边，专门暂停下来，一起进行团队动力的学习。
- 他们集体问询了一些他们为自己提出的问题。
- 他们一起反思并确定了从问询中获得的见解。
- 他们应用了这些见解，并计划对他们的合作方式做些改变。
- 根据自己的计划，他们立即采取了行动。
- 他们做出了必要的改变，并安排在几个月后做一次跟进，来检查他们的进展。

把框架当作向导

在跌跌撞撞地开始之后，这个团队做了更多典型团队不做的事情，还因为使用了高绩效合作框架的实践而受益。高绩效合作框架的实践为团队的问询提供了路线图，并让团队学习过程更有重点、更加清晰。为了便于比较，假设团队使用"四阶段模型"而不是我们的行动导向框架来评估自己。团队成员只知道对他们所处阶段的描述。他们会把自己的问题理解为处于第二阶段的某个地方，但没有办法去解决它们。或者，他们在暂停团队学习时的目标是提高所谓的团队精神，而他们在这样做的时候没有使用我们的框架，结果会怎么样呢？他们可能会一起参加定向越野比赛或者打保龄球，度过一段愉快的时光。他们的会议情况很有可能不会有所改善。如果没有框架，那么他们不可能制订出以行动为导向的计划。我一直在谈论的团队已经完成了其基于高绩效合作框架的学习练习，带着对目标的全新认识重返工作岗位，并且把事情做好的概率也有所提高。这里没有任何团队心理学行话或者虚假的团队精神。

框架：能与不能

最有效的团队会寻求理解自己的有效性及其背后的驱动力，这样团队成员就能够解决有问题的地方，并且优化他们的合作。基于我们的研究，我们的框架涉及六个明显影响合作效果的实践或要素。

影响合作效率的要素显然并不止六个，但我们的框架能做到的地方都做得很好。框架没有试图去做的是直接解决那些关于团队运作的要素，这些要素由其他组织系统和组织流程处理会更好。最值得注意的是，框架不直接处理团队成员和团队领导的能力问题。团队中的人无疑对团队的运作方式有着重要的影响。正如我所说的，如果团队不存在真正的功能障碍，团队领导和团队成员的问题就是团队失调的最常见原因。虽然团队成员能够识别出团队表现出来的问题，但他们并不是解决这些问题的最佳人选，至少在传统组织中不是。在玛氏，我们主要通过人才管理和人才培养流程来处理这两个团队效能的影响因素。因此，人才和团队成员能力不属于框架的公开部分。还记得我讲过的一个故事吗？有个行事失当的团队领导，他的同事坚持要他和他的直接下属一起做一个团队发展研讨会。他们希望他痛苦的团队会指出他糟糕的行为，希望他会吸取教训，让问题得到解决。他们不顾我的指导，雇用了一名团队顾问，并开了一次研讨会。研讨会搞砸了，结束得既突然又糟糕。人事与组织部门不得不介入，该部门具有人员绩效和发展方面的专业知识。最后，该团队求助于专门处理绩效不佳的既定流程，但为时已晚。

我并不是建议你去忽视人在影响团队学习和团队效能方面的作用。有时候，团队确实需要停下来去思考一下成员组成，以及成员的技能和能力，并适当地做出改变。事实上，在使用我们的框架时，这种情况经常发生。例如，当团队成员在培养合作精神中签约时，他们需要谈论每个人的角色，以及他们能做到和不能做到的事情。等我们讲到维持和更新的部分，你会看到有时候团队需要去盘点成员的能力。我提出的建议是，努力避免去处理那些看似是团队的而实际上是个人的问题。你的公司和我们的公司一样，可能已经有政策来解决这些问题。

商业策略是团队的另一个强大影响因素。我在第十四章会指出，商业策略的变化是一个需要学习的东西。然而，框架并不会试图去开发或修正商业策略。在玛氏，我们有流程和人员来帮助我们的高级团队去思考和发展策略。

无论如何，你都不应该把人员和公司业务排除在团队学习的谈话之外。我们将讨论两个以学习为中心的实践。这两个实践有关团队的诊断和感知，这些诊断和感知会促使团队进行学习并采取行动。这些学习和行动的一部分可能在团队内部进行，可能会涉及团队成员的问题。我们从中学到的一些东西可能与商业策略有关。重点是，我们的框架不会声称要解决那些表现不佳的团队成员的个人问题，也不会寻求指导业务或为财务决策提供信息。任何团队模型或框架都不应该这样做。我们把这些关键的事情留给已经就位的人和流程去做，我建议你也一样。

将团队学习作为团队精神

我们最后再谈一次团队精神。我承认团队精神是一个真实的现象。我质疑的是许多关于团队精神的常见观念以及团队为追求团队精神所做的事情——保龄球、定向越野比赛、哈卡舞等。大多数人所认为的建立团队精神是创造一种氛围，一种与团队成员身份相关的积极感觉，而这些东西只会产生愉快却短暂的关联感。这些感觉很美妙，但不会持久，也不能促成变化。

还有另一种更有价值、更持久的团队精神。采纳高绩效合作框架的团队首先通过团队成员的激励目标和他们所分担的工作的明确性，来创造一种几乎有形的团队认同感。然后，在共同目标和工作的指引下，他们培养出一个不断学习和成长的环境。加在一起，这些事情产生了一个可持续的集体能量场，我称之为"真正的团队精神"。以这种方式工作的团队会培养出一种能量，当团队成员在一起的时候，这种能量就被激发。它能滋养所有人，能在他们分开工作的时候把他们聚集在一起。如果你经历过这种氛围，你就明白我在说什么。我曾作为演员在演过的剧中感受过真正的团队精神，我们在每次的排练里都学到了新的东西。当我在图库公司协调我们原本认定为功能失调的制作团队时，我感受过这种氛围。我们有过争斗，也流过汗水，但是我们一起努力让彼此变得更好。真正的团队精神的根本要素是你从周围的人身上感受到的一种感觉，他们是那些一直在激发你最好的一面而且自身的智慧和能量都让你钦佩的人。这些人之所以吸引你，是因为他们激发了你的能量、智力甚至生命力。这是非常值得培养的团队精神。真正的团队精神不需要励志海报、彩弹游戏或信任背摔之类的团队活动，它需要的是关注团队学习。

团队精神和团队氛围

研究三项动机的大卫·麦克莱兰也研究了他所称的"组织氛围"。他尤其对团队领导给团队氛围造成的影响感兴趣。麦克莱兰的方法经过了充分的研究，可以通过商业调查进行测量。我宁愿让事情简单一点。氛围可以被简单而准确地定义为"在团队中工作的感觉"。

氛围经常与文化混淆，所以我把它们分开来谈。文化描述的是随着时间发展建立起来的规范、价值观和态度。这些东西渗透在整个组织中，并以微妙的方式塑造人的行为。文化更倾向于长久存在。玛氏无可非议地为其独特的企业文化感到自豪。当我开发框架时，我不想去挑战玛氏文化。由于文化持续存在，我想的是与它共舞，用它盛行的驱动力和个人成就的能量来工作。相比之下，氛围是一种短期的局部现象，它反映了一个群体内部的情况。一种文化中可能存在许多不同氛围。例如，我们的玛氏大学团队在新泽西的蒙特奥利弗，位于ATBC（美国财政和福利中心）的对面。在开放式办公区里，我们两个小组可以完全看见彼此。当你穿过门口到达我们的公共区域时，玛氏大学团队在你的左边，ATBC团队在你的右边。大家都是玛氏人，每天早上一起打卡，并且都致力于实践玛氏五大原则。我们都是玛氏文化的积极参与者。然而，这两个团队的氛围差异之大是你从未见过的。比较一下大家各自的工作空间，结果就显而易见。在右边，专注的玛氏同事处理重要的事情，比如我们的养老金和福利。这边有一种恰当的秩序感、控制感和沉着感。该团队遵守了玛氏的"整洁办公桌"政策。人们谈话的声音都压低了，就像身处在庄严的老银行的大厅里一样。向左看，在玛氏大学团队区域，你会看到并感受到创造力和活力，更多的是以违反而不是实践的方式来践行"整洁办公桌"的政策。似乎每一个水平面上都覆盖着训练用品的纸箱，有些还在组装，有些在等待装运。在这些箱子旁边散落着各种各样的纪念品和照片，一些是同事的家庭照，但也有许多玛氏大学的同学照。到处都有过去课程的纪念品：一只橡皮鸭，或者一顶装饰奇特的帽子。在这些随意堆放的物品中，你可以看到玛氏大学的同事在四处走，拿着手机，热烈地交谈着。两个团队的能量截然不同。大家在同一家公司工作，有着共同的企业文化，却有各自不同的气氛。在讨论氛围时，我谈论的就是这种更笼统的"团队的感觉"。随着团队注入更强大的、基于学习的团队精神，团队氛围会反映出由此创造的能量。更好的消息是，尽管企业文化很难改变，但氛围可以相对容易和快速地改变。一个团队要改变它的氛围只需要三到六个月。在一月份，一群人还在艰难地工作，感受着沉重的和消耗能量的氛围。等到了六月份，事情可能会变得完全不同。以团队的形式去学习，能产生真正的团队精神和一个更健康、更积极的团队氛围。

敬业度

许多公司会衡量和报告员工的敬业度。敬业度大致被定义为员工对公司的情感联系和承诺。敬业度是一种个人的体验，但公司通常在团队中对它进行衡量。研究表明，与敬业度较低的团队相比，敬业度较高的团队在各种指标上都产生了更好的结果——更高的销售额、更少的损失等。然而，尚不清楚更高的敬业度是否会促进更多的合作，也不清楚相比更高的敬业度，团队产出有多少可以归因于更好的合作。然而，在玛氏，我们看到了一种联系。我们还没有正式研究过它，但是对于使用高绩效合作来提高效能的团队来说，团队成员的敬业度得分有所增加。所以，我们在两个框架之间建立一种联系，起到联系作用的是氛围。

我们使用的盖洛普敬业度调查侧重于团队层面的敬业度。麦克莱兰同样将氛围作为团队层面的现象进行研究和报道。此外，盖洛普敬业度调查和麦克莱兰氛围模型都承认团队领导在影响和塑造他们所衡量的事物方面的重要性。在自己的敬业度和所处的环境方面，团队成员的确有着不可否认的作用。然而，基于对敬业度和氛围的研究，我们发现管理者对这两个方面有更大的影响。

虽然氛围和敬业度相互平行，但敬业度和高绩效合作之间的关系存在着对比。虽然盖洛普敬业度调查在团队层面进行，但它并没有明显地涉及团队合作。敬业度调查会询问团队成员对12个项目的看法。调查会提到主管，会涉及关系（特别是同事和朋友的关系），也会提到公司及其愿景。但调查只是在个人层面提到了成长、进步和发展，其中没有使用"团队"和"团体"两个词。相比之下，高绩效合作只和团队作为整体时的工作方式相关。在这些方面，这两个框架是互补关系。

不过，它们确实有一个共同点：敬业度得分较高的团队报告说他们有更积极的团队氛围，也就是说，该团队的成员感觉很好。同样，积极应用高绩效合作的团队也报告了更高的敬业度和更好的团队氛围。我们认为，这两种不同的方法可以创造更好的团队氛围的原因（可能有更多原因）是，它们都依靠团队学习。

敬业度数据被输入所谓的"影响力计划"（Impact Planning）过程。盖洛普敬业度调查指出，一些团队会认真对待"影响力计划"，它们共同审查数据，创建一个计划，然后实施。这些团队更有可能提高敬业度得分。在玛氏，制订和贯彻影响力计划的团队更敬业的可能性是其他团队的18倍。通过维持和更新以及阐明背景这两项实践，高绩效合作使团队遵循一个类似的专注于合作的流程。我们看到的是，团队自发地将两个学习过程结合在一起。它们将高绩效合作作为"影响力计划"的核心要素，并在其高绩效合作的学习中应用敬业度调查的数据。事实上，我们现在建议团队同时使用这两个框架，并把"影响力计划"作为团队的一次维持和更新研讨会。我们完全有理由相信，这对团队学习、团队氛围和真正的团队精神的影响是积极的。

下一章会讲解维持和更新的高绩效合作实践。该实践让团队实施定期自我检查以及为了提高而进行评估和改进的学习纪律，以确保团队成员持续成长。

总　结

不管一个团队如何成功地运用了高绩效合作框架，不管团队成员的目标有多明确或者他们对自己的工作有多用心，如果一直故步自封，他们就会倒退。

要想让学习之风在以成就为导向的文化中繁荣兴盛，我们就必须让它成为一种可以衡量和达到的东西。

有三种团队学习：任务学习、团队动力学习以及战略学习。维持和更新涉及前两个方面，阐明背景涉及第三个方面。

同样的五个学习行动（暂停、问询、反思、计划及行动）也适用于三种类型的团队学习。

在问询和反思团队本身及其工作时，高绩效合作框架可以为团队提供指导。

团队学习是团队适应性、团队成员敬业度以及积极的团队氛围的核心要素。

第十三章　纪律性与维持和更新

万变不离其宗

"万变不离其宗"，这个老生常谈的道理放在工作团队中不太适用。鉴于团队内部或外部发生的变化，团队必须做出适当的反应和改变，否则就有损失有效性和相关性的风险。团队改变需要团队学习。

在这个框架里，团队学习原本只包含一项实践，现在则有两项实践。这与玛氏同事的特质有关。玛氏同事一般学习很快，至少在某些方面天生就会学习。我们热爱良好的商业讨论，比如什么是有效的，哪里有困难，以及我们能做什么来应对这些困难等。然而，我们较少反省或者挖掘事物背后的原因。团队要想蓬勃发展就要把两项实践都做好，必须同时考虑外部环境和内在运行。我们认识到团队需要能致力于每种学习的实践，以免团队忽视内省的多样性。维持和更新聚焦于团队的工作方式，也是本章的重点。

维持和更新的实践

维持和更新专注于团队认识到自己是合作实体。这项实践可能会给团队带来不适，因为有时团队成员要被迫面对自己的缺点。该实践不一定必须完成。进行维持和更新的方式如下：暂停、问询和反思。像我在前一章描述的供应链团队一样，你要回头审视自己在框架中做的工作，回顾你的目标、合作承诺和工作方式，然后问自己：

- 什么是有效的？
- 我们必须要改变什么才能让事情更好？

我们来回答这两个问题，一起反思并且找出我们需要做什么不同的事情。我们做一个计划，行动起来，然后过几个月回来检查自己，就是这么简单。

简单最好，有时简单就是正解。我们可以就此打住。然而，我的目标是促使你能够把这个框架的每部分都应用到各种各样的团队和组织中。为了做到这一点，我将分享一些隐藏在这个看似简洁的实践背后的内容。

为什么要维持和更新

在应用高绩效合作框架后，团队合作会发生变化。你会期望这种变化保持下去。而且，你不仅想要重复这种成功，还想要变得更加成功。你和你的团队想用框架来维持你们正在创建的好东西。你也想弄清楚如何依照要求来更新自己。这就是这一实践名字的由来。

与这一实践相关的高级问题是："现在做什么和下一步做什么？"其目的在于，提醒团队成员探究他们当下的合作状态，并思考下一步想要做什么或者想要成长为什么样的人。

两种学习

当一个应用高绩效合作框架的团队审视自己时，有两种潜在的学习来源要考虑：正在进行的工作和团队动力。这两种对内聚焦的探究组成了维持和更新的核心。现在再来看我在玛氏调查中使用的问卷。问卷要求团队成员对这两种不同的学习和其他一些事项进行打分。我向他们就以下两项陈述的同意程度进行提问：

- 团队评估其在重要举措上的表现，以获取经验教训。
- 团队定期花时间评估团队整体的表现，并研究团队发展需求。

第1项与任务学习有关，第2项与团队动态学习有关。任务学习在20项里排第17名。团队动力学习在20项里排第20名。我们先了解任务学习。

任务学习

任务学习恰到好处地连接雷达屏幕和团队认为需要合作的特定工作。任务学习的一种常见形式是起源于军队的事后回顾。事后回顾可以把前一章关于学习的五种行动用一种优雅且简单的方式实现。事后回顾包括先审视最近完成的一个项目或者计划，然后问询"什么有效，为什么？"和"什么无效，为什么？"。这两个问题是团队反思、计划和后续改进的基础。

事后回顾可以是一个直接的团队讨论，也可以是一个详尽的体验。事后回顾的持续时间可以是一个小时，也可以是数天。我在玛氏的高光时刻是与一个团队一起用由"图形引导"促进的事后回顾方法学习。

在我投身于与团队合作的两年前，即2005年6月，我还是一个团队的成员。这个团队的任务是把我们的北美业务重组成三个战略业务部门。这个复杂的项目有好几个阶段，影响了当时的"每食富"公司的每一位带薪同事（这是在公司广泛使用玛氏这个名称之前）。我们的项目团队是一个比较多元化的团队。团队中包括了项目管理专家、同事关系专家、人才评估专家、财务组成员以及两位外聘组织发展顾问。组织发展顾问中的一位是团队领导，另一位是我，我负责人员变动管理。项目里涉及面最广的一个阶段是将数百名玛氏生产线管理人员安置到新设计的组织里。其目的并不是减少成本和人力，而是要从分为三个类别（一是巧克力糖果，二是宠物食品和宠物护理，三是人类食品的一个庞大而臃肿的业务里创建三个小的、更集中的灵活业务。

临近项目安置期结束，我们通过一些访谈进行了一个员工满意度调查，以研究项目进展情况。我们从那些未达自己预期的人那里听到了预料中的和可以理解的评论。但总的来说，评论是正面的。各级经理都赞扬我们严谨、有效率和有同情心。我们做了很多很好的事。我们想要确切地知道哪些事做得好，这样就可以把经验应用在项目剩余的部分，还可以和玛氏的其他人分享。我们组织了一次事后回顾。为了让活动过程尽可能有吸引力，我们雇用了一位有经验的图形引导师来帮助梳理和记录讨论过程。我们用了一整天的时间来回答一系列问题："什么有效？什么还可以更好？为什么？"我们的图形引导师在主持活动的同时把关键信息和主题记录在大张的纸上。从她的角度来说，这是一个壮举。

这件事发生在十多年前，但是我从中吸取的教训一直伴随着我。例如，我们通过让职能专家作为团队变革的专门成员，而不是只在需要时与他们一起工作，来为成功做好准备。这对正在进行的学习、路线的修正以及人际关系的建立有极大的帮助。我们在办公室内拥有一个专用的空间。在那里，我们可以较隐蔽地开展工作，依然属于更大的团体社区。这一选择实现了我们所要求的高度保密，并支撑我们建立起强大的团队互动方式。对于建立和管理团队来说，这是一个吸引人且有效的方式。

尽管我们的事后回顾过程在图片的辅助说明下非常详尽，但我们所做的只是运用五个行动总结经验、吸取教训。附录E中有更多关于事后回顾流程的信息。

你不必等到一个阶段结束或者项目完成再吸取教训。团队也可以使用事中反思。事中反思与事后回顾相似，二者不同之处在于事中反思适用于仍在进行的工作。你可以用相同的问题来推动你的问询："什么是有效的？什么是无效的？为什么？"从事中反思中吸取的教训马上可以用到正在进行的项目，你可以立刻感受到学习的影响。

团队动力学习

任务学习的含义相当直白。我们做了什么？进展如何？这些是好的项目经理能够带领团队成员思考的事情。团队动力学习是难点所在。这通常是心理学家、顾问的领域。

随着时间的推移，团队会形成互动的模式、习惯和行为。这些都表现在他们一起做的每件事情中。这就是团队动力的含义。许多因素会影响一个团队的动力：目标的明确性，团队中技能和能力的组合，团队成员对所遵循的策略的理解，团队成员个性的组合，以及参与程度，等等。这些影响因素中的许多都不属于高绩效合作框架。有些方面，像个人技能和能力，可以通过其他渠道（比如人力资源）解决。问题是，在影响团队动力的诸多因素中，哪些是最重要的，我们可以做些什么？这个问题没有一个单独的正解。然而，高绩效合作框架涵盖了许多促成合作的要点。重要的是，它能使你和你的团队进行调查和学习。你不需要一个顾问或者组织心理学家来问正确的问题并做出回答。高绩效合作框架可以作为你的指南。你可以回想一下本节前面的内容和两个问题：什么是有效的？我们必须要改变什么才能让事情更好？

用必要条件来拓展问询

在进行高绩效合作实践时，你可以很容易地回顾你的团队如何履行你所做的承诺。许多玛氏团队都采纳了这种方法。事实上，你可以在附录E中发现一个围绕各种实践构建的诊断问卷，但该问卷有局限性。各种实践是相互依存的，它们有时以微妙的方式相互重叠和相互作用。如果你将它们当作彼此独立的个体来判断，它们就不能反映团队合作的复杂现实。你可以使用三个必要条件作为诊断指南，以加强团队动力方面的问询。

这些必要条件从我的研究中产生，它们是对玛氏团队当前情况的总结性诊断。简而言之，由于对哪里需要合作没有清晰的认识，我们缺乏有意识的合作。团队的运作（包括学习）缺乏纪律，则加剧了这种情况。这些问题过去在玛氏团队中很普遍。因此，通过问询你的团队在明确性、意向性和纪律性方面的表现来对团队进行诊断，是有意义的。我鼓励你遵循下面的简单流程：

- 步骤一：合作的总体评估。
- 步骤二：明确性评估。
- 步骤三：纪律性评估。
- 步骤四：意向性详细评估。

在这些步骤中，你可以使用团队学习的五种行动，按照我的顺序操作。从团队层面的合作评估开始是最有成效的。在了解事情的进展情况后，你就对必要条件（明确性、纪律性和意向性）进行问询。你从步骤二、三、四的详尽检查中了解到的东西，通常能解释你所看到的整体情况。

我们使用前一章的五种动作来做更详细的讨论。我们将把它们应用到步骤一中。

暂停是为团队的自我诊断创造空间和时间。你不能把这个工作塞在会议快结束的时候。如果你已经完成了整个框架包含的工作，那么你至少需要半天到一天来做这项工作。

问询事情的总体进展，问问自己，"按照高绩效合作的定义，团队的合作进展如何"。你是否在做所有被研究的团队都声称它们想做的事情——更频繁、更有效地合作？是还是否，或者也许。我经常建议团队参考合作水平图，来问自己参与的每种类型的合作占多少百分比。例如，你可能会告诉我："我们的时间有60%是合作水平，30%是被动式合作水平，10%是主动式合作水平。"

反思你正在做的工作里的合作水平。你要问的简单问题是："这对我们有用吗？"可能在合作中花费60%的时间对你的任务是合适的，你的大部分工作可能在雷达屏幕的外围圆环。如果是这样的话，你可以就此停止。如果不是这样的，或者你觉得没有尽可能有效地利用合作，这就值得进行更深层次的探究。

计划好你想如何进行更深入的探究。你要寻找有关合作水平的信息。你要对各种层次的明确性、意向性和纪律性做进一步的探究。你可以在我刚才描述的问询环节中进行。你也可以稍后再跟进，同时搜集一些额外的信息。

按你的计划行动，要么在房间里进行进一步的探索性谈话，要么为后续更深入的调查做准备。

注意步骤

探究必要条件的顺序很重要。在总体评估之后，明确性排第一位。研究告诉我们，明确性能够带来更多主动式合作。接下来是纪律性。我们定义的纪律性只有在团队厘清了团队成员合作的"为什么"和"什么"之后才相关。在对这两个必要条件进行检验后，你就可以对意向性进行探究，并评估其他两个必要条件对团队合作的影响。

我把必要条件看作一系列镜片，就像验光师检查你的视力时使用的镜片一样。视力检查和对合作效果的探究一样，都从总体评估开始。他们会和你谈你的视力——是否越来越差，是否保持不变，是否有其他症状？他们可能对你的眼睛拍几张照片。这样你的医生就可以清楚地了解情况，并且知道是否有需要留意的地方。这是一个很好的开始，但不足以确定合适的眼镜。所以，他们会再深入挖掘。他们会让你一次只睁一只眼睛并透过一系列精细分级的矫正镜片去看。他们会把镜片挨个翻起，要求你把每个镜片和前一个做比较。"这个更好，还是另一个？""这个怎么样？更好，更差，还是一样？"所有镜片的替换都有特定的顺序。你和验光师也会进行很多谈话。当你将必要条件作为诊断工具与团队一起工作时，情况也是如此。你需要采纳建议的必要条件顺序，不断问询和反思，直到你明白需要什么。

我在前面章节中讨论过的供应链团队就使用了必要条件，尽管它自己不知道。经理注意到她的团队会议没有像计划的那么顺利。尽管接受了邀请，人们还是会选择退出。当他们最终出现的时候，他们还没有完成自己在之前会议上所承诺的工作。我们通过调查来弄清为什么会发生这种情况。这项调查连同她对团队会议的观察，成为她的第一步高级诊断。接下来，团队领导和团队成员聚在一起问询和反思，回顾他们的数据，并运用必要条件。他们从明确性开始，一起讨论了对共同目标和共享工作的明确程度。他们拓展了讨论范围，从最宽泛的意义上考虑明确性。他们超越了激发目标和明确意图的"什么"和"为什么"。团队领导和团队成员讨论了他们是否清楚他们应该与谁合作，以及他们有多清楚自己在培养合作精神时所做的承诺，甚至问询他们对会议和保持连接方面的工作方式有多清楚。他们对明确性的调查延伸到了所有实践中，而不管各项实践与哪个必要条件相对应。这就是我喜欢这种方法的原因，它促进了更广泛的探索。

该团队在第一轮问询后得出结论，罪魁祸首不是明确性。事实上，他们再次肯定了他们的共同目标和共享工作。问题在于，他们如何将明确性应用于框架内的其他实践。他们接下来使用了纪律性。因为他们是在会议方面看到的问题，所以他们特别注意这个方面。

他们很快就意识到几个月前做了一个错误的假设。他们那时一致认为现有的会议流程和时机大致正确。所以，他们决定让自己保持一切不变。但是，这并没有起作用。特别是他们的长时间会议没有集中于雷达屏幕中心的工作。这导致他们的会议不仅缺乏吸引力，也不能激发团队集体成就的动机。换句话说，他们的会议纪律性没有考虑到他们花时间发展出的共同目标和共享工作的明确性。这就是人们取消会议或者没有完成工作就参会的原因。

他们发现的问题根基于实践之间的关系以及他们将实践联系在一起的方式。通过将必要条件应用于自我诊断，他们能够将实践作为一个相互联系的整体去探究。然后，他们可以梳理出需要做更多工作的特殊实践。这些人都是聪明人。如果他们对每项实践单独进行问询，那么他们最终可能把问题联系起来。不过，我不确定每个团队都能做到这一点，所以我更喜欢"必要条件"方法。用实践还是必要条件来开启你的"维持和更新"问询是一个风格和偏好的问题。做对你和你的团队有用的事，永远记住团队合作的本质和这个框架。

维持和更新的挑战

团队会出现问题，这是我有工作的原因。然而，大多数与我合作的团队即使有问题也能把事情做好。我没怎么见过真正功能失调的团队。许多人定义的团队功能失调，实际只是个人功能失调。这些个人功能失调没有得到解决，从而扰乱了团队。如果我们利用现有的公司政策和流程处理个人问题，所谓的团队问题就会消失。我已经看到过很多次这种情况。

然而，功能失调的团队也存在。我和其中一些团队合作过。根据我的经验，功能失调最常见的原因是明确性低。如果视力不好，那么你早晚会撞到树。功能失调的团队可能有很多事情不清楚：团队的方向，团队存在的原因，团队在满足什么商业需求，或者团队的构建方式。这些问题可能有答案，但是答案不在这些团队那里或者已经被忘记了。所以，这些团队痛苦地混日子，重复做一直在做的事情，最终遇到障碍。你可以这么想，因为团队看不见问题，所以它们无法适应。

考虑团队功能失调的一种有效方式是，团队无法持续吸收适当的信息并进行调整。团队没有进行学习。这与持续的团队学习会带来良好的团队氛围和真正的团队精神的观点形成了对比。持续的学习失败会导致大量的情感创伤和糟糕的团队氛围。

有些团队卡在困境里，必须通过学习来摆脱困境。团队，尤其是陷入困境的团队，为了学习必须面对艰难的事情。这意味着团队将花时间去面对错误和失败。我谈到的供应链团队起初拒绝了其经理在团队中应用维持和更新的直觉。"嘿，我们不过是取消了一两个会议。我们都忙着做自己的事情，忙着维持生计。一切都会没事的。"团队最初不准备承认任何问题或风险。这种态度如果持续一段时间，就会导致团队功能失调。

我的生活是一个持续不断的错误。

我是一个深沉的人，我第一次见到这句话是在妻子给我的每日禅思日历上。这句话出自13世纪的禅宗诗人和哲学家道元。我喜欢这句话。想象这句话以绝对平静的语气说出，不带评判，只是陈述简单的事实，散发着一种令我着迷的反直觉的智慧。智慧可以看作把从一生的错误中积累起来的知识放入一定背景下。事实上，很多人就靠这个生存。成功的管理者和领导者经常通过博客和文章提供建议，承认他们从失败中学到很多。然而，只有当事业达到顶峰后，他们才能在失败中吸取教训。我不会因此怪罪他们。我的工作也是这样的。但是，对于处于职业生涯早期的管理者和拥有高成就动力的员工来说，接受失败更加困难。对于他们来说，失败与失去类似。他们不喜欢失去，而且害怕失去生活中的很多东西。成功人士用他们的成功记录自己，无论像我这样的"专家"告诉他们什么，他们都避免失败。避免失败是团队成员必须学会放下的一种习惯。

要想让框架起作用，失败就必须存在，而且失败必须变得有生产力。我们必须通过寻找和挖掘失败来获得宝贵教训。斯坦利·麦克里斯特尔将军是那种致力于向他人提供智慧的领导者。他有一段时间在阿富汗领导盟军。麦克里斯特尔将军写了几本书，并做了一两次TED演讲。你可能看过他的TED演讲，他在演讲中谈到失败是老师。麦克里斯特尔早期的一位指挥官给了他一条伴随一生的建议：学会失败而不成为失败。这条建议对于以成就为导向的团队成员来说是很艰难的，尽管它很有道理。对我们来说，我们所做的事代表我们自己。越过终点线和向前迈进对我们的身份至关重要。但是，假如我们把失败描述为另一种成就呢？

把合作变成要实现的事情是一回事。合作可以帮助我们完成工作。学习也可以被理解为一种成就。两者都不是概念上的巨大飞跃。你能让合作失败感觉像是一种成就吗？回忆我刚说的成功人士喜欢做的记录。计算一个人的失败乍看起来并不合理："看啊，我去年失败了七次。"然而，记录一个人吸取的教训可能很有效。记录一个负面的结果如何转化为正面的、有价值的洞察，不仅对经历过它的人，而且对其他人，都是一个真正的胜利。正如我的前雇主IBM的创始人托马斯·沃森说的："如果你想增加成功的概率，你就增加失败的概率。"

我们可以在这一点上向设计界学习。设计思维是一种广泛使用的产品开发方法，它因失败而蓬勃发展。设计思维主张从消费者方面开始工作，反过来做产品开发。你先做一些调查，从中发展出一些假设，然后快速创建原型，把你的原型交到用户手中，看看会发生什么。注意那些看起来有效的东西，更要注意那些无效的东西。准则就是"快速失败，经常失败"。无效的东西能起到宝贵的作用，它能告诉你什么时候停止或者建造什么，这样你就能专注于看起来有效的东西。成功很重要，但要想成功需要大量的失败。

尽管失败很有用，但可以理解的是，大多数组织对失败的兴趣有限，员工会有顾虑。我听说过一些例外，比如谷歌内部的一个叫"X"的小组。这个小组致力于所谓的"登月之行"，致力于做出惊人的事情。这个小组是自动驾驶汽车的发源地，也是谷歌眼镜起步并最终消失的地方。这个小组总是失败，并把失败当作学习来庆祝。在大部分大公司，如果你不能交付一个好的项目，你就有被解雇的风险。我所谈的是另一种失败。记住：这个框架的重点是团队内部的合作。我们的目标是让玛氏同事了解自己以及他们作为合作伙伴和团队成员的有效性。对于大多数人来说，合作并不是自然产生的。这是我们必须不断练习的一种技能。每当我们的合作伙伴改变时，合作都发生变化，合作是一个变动的目标。在我们的合作方式里，失败是常见的，它为我们共同的合作旅程提供了很多学习机会。我们不妨充分利用它。最终，不能容忍失败的组织可能无法了解大多数合作失败的原因。这些会发生在我们直接的合作环境中，也就是我们的团队中。不管怎样，我们都会振作起来努力完成工作。更重要的是，我们的业务将会因为我们一路拥抱失败并从中吸取了教训而变得更好。

这不是问题，而是一个机会

当人们坚持认为不存在问题，只有机会时，我很生气。我当然能理解。如果我们把注意力集中在问题上，那么我们最终可能会停在这里。

另外，我们如果专注于机会，就不太可能责备别人，更有可能保持积极的态度和团队精神。然而，尽管我相信这些，并致力于学习和创造基于学习的团队精神，但我不会接受这样的口号：

这不是失败，而是学习的机会！

这种声明使我们变得幼稚，无视了我们在事情不顺利时的真实感受。失败可能会很糟糕。不过，我们不是小镇足球比赛里的孩子，如果得不到奖杯就会感到受伤（即使我们获得最后一名）。有些事情是失败了，有些事情是带有失败味道的部分成功，还有些事情是纯粹的胜利。我们对所有这些的感觉都是真实的，这实际上有助于我们学习。

从成功中学习很重要。对于很多人来说，这很难。这不是因为我们不喜欢谈论成功。大多数人都享受在做有回报的事情时的认可。我们中的一些人确实会回避公开的认可，并且因为性格而转移积极的反馈。更常见的问题是，学习甚至从成功中学习需要时间和努力。我们不想花时间暂停、问询和反思，尤其是如果我们做得对的话。我们这些成就驱动型的人只想进入下一件事。这种感觉很好，它推动我们前进。虽然从成功中学习可能不容易，但它更容易召集成就驱动型的人谈论他们的成就，而不是让他们聚在一起谈论他们的失败。因此，我把失败当作学习的途径。

团队反馈和团队学习

团队由真实的、有血有肉的、易犯错的个体组成，他们中的大多数人在日复一日地努力做正确的事情。他们通常会做对，但有时不会。从某种意义上说，我们极佳的成功以及个人的缺点要从它们如何影响团队效能的角度来看待。这就需要反馈。在玛氏，我们相信团队反馈的力量，相信对所有有效和无效的人和事进行公开讨论的力量，即使无贡献的人是我。这对许多人来说是可怕的："慢着，大家要在整个团队面前讨论我的表现？我只是每年和我的经理私下讨论一次。"公开讨论没有听起来那么可怕。此外，它的好处如此之大，轻易就超过想象中的风险。

团队反馈是高绩效合作实践的必然延伸。我们已经宣布了一个共同目标，一个我们都说过将支持的目标。我们已经确定了我们将一起做的具体工作，并公开承诺我们将如何完成这些工作。接下来，我们将时不时地一起讨论我们在共同目标和承诺方面做得如何。对于每个团队成员来说，了解他们如何影响整个团队至关重要。团队反馈就是完成这件事的方法。这个方法可以团队成员最有效地了解他们的合作，以及理解他们可能让团队失望的地方并解决这些问题。

这个过程虽然简单，但有条理。基于我在第二章描述的"困境"反馈过程，其中有一个重要的区别：它受团队在进行高绩效合作实践中达成的协议和承诺约束。在第二章描述的过程中，任何可能被解释为影响团队运作的事情都是反馈的素材。我曾经目睹一位财务总监向他的营销同事反馈他对服装的选择。这是一个极端的例子，但是缺少边界线定确实会产生一种感觉，即只要能找到理由，任何人都可以对其他人说任何事。在高绩效合作框架中，反馈的界限是明确的，这有助于流程持续集中在重要的方面。

这使我想起我第一次促进团队反馈的过程，我和一个团队刚刚进行完激发目标、明确意图和培养合作精神。我们那时在中国，在离北京不远的一所乡村学校开会。这所学校被改造成了一个企业会议场所。这是一个可爱的乡村景点，能看得见长城，非常适合团队建设。我和一个大约六人的领导团队一起工作。我们花了一天的时间专注于他们的团队目标，并进行了与雷达屏幕有关的工作。各种争论，尤其是关于哪些工作可以分配的争论，已经激烈到近乎天昏地暗。最终，这些争论被证明是有成效的。第二天早上，我们进行了行为契约谈话，这是培养合作精神的一部分。那天下午专门用来讨论团队反馈。我从未以高绩效合作为背景召开过团队反馈会议。考虑到前一天谈话的激烈程度，我担心大家可能会变得比平时更紧张、更不舒服。就在那时，我想到提醒团队这个反馈过程是关于什么的可能有帮助。"你们已经宣布了目标，并明确同意哪些工作需要你们合作。然后，你们承诺支持你们的目标和工作。现在是时候谈谈你们每个人相对于自己的目标和承诺做得如何了。"这不是一个可以自由参加的反馈活动。对于每个人来说，这是搜集有关团队所承诺的数据的机会。活动取得了成功。截至那个时候，这是我参加的团队反馈会议里最有成效的一次。在离开为期两天的研讨会时，我感到兴奋因为高绩效合作通过有效的方式强调明确性和意向性来帮助团队成员，让他们致力于对他们来说最重要的事情。

过程是这样的：团队成员坐在围成一圈的椅子上，中间没有桌子。每个人轮流分享他们觉得自己做得好的方面的想法，分享他们如何履行自己的承诺和完成团队的目标。然后，他们提出一些关于他们如何改变做法来做得更好的想法。最后，他们邀请同事发表意见和反馈。对于这个活动，有能做好的办法，也有搞得一团糟的办法。在附录E中，我列出了一些详细步骤。以下是一些让团队反馈成功的建议：

- 团队反馈的重点是每个人如何为团队效能做出贡献。它不是关于团队成员在单个项目上做得如何的。这些谈话最好在经理和个人之间进行。

- 不要等到团队反馈讨论时再给反馈。如果你在当下有对团队成员的反馈，请尽快分享。

- 全年进行团队反馈讨论来确保反馈及时，这样团队就有机会提高流程效率。

- 如果已知一个团队成员有风险，请小心行事。如果一个人正在执行一个绩效改进计划，并且受公司行动管制，那么让这个过程顺其自然是很重要的。团队反馈不是你想用来解决这些问题的地方。如果有必要，你就延迟进行团队反馈。

- 确保人们同时从成功和失败中学习。团队的能量将取决于每个人的理解和感觉，他们所做的事是有价值的，并且他们会变得更好。要做到这一点，最简单的方法是确保你的反馈过程能引发两种类型的反馈。

- 缓慢而温和地开始。你的第一次团队反馈会议可能会让一些人感到不舒服。不要觉得有必要让每个人在你的第一次会议都发表直言不讳的、触动灵魂的见解。给人们几次会议的时间来适应这个过程。随着时间的推移，期待并鼓励高水平的、勇敢的和坦率的谈话。

　　我最常被问到的问题是如何确保反馈过程中的心理安全。我的回应是什么呢？即使会议开始时很温和，你也不能确保心理安全。我从澳大利亚的朋友那里学到一句格言：学习区里没有舒适，舒适区里没有学习。反馈与学习有关。尤其是刚开始的时候，反馈会让人很不舒服。我并不是建议团队忽视尊重和常识性规则。与此同时，如果你要等待每个人对这个过程都"准备好"，会议就不会发生。反馈只是一种技能，就像肌肉一样，只有经过锻炼才会变得更强壮。最好的开始方式是什么？找一个看起来合理的简易过程，然后鼓起勇气开始。记住这是一种纪律，坚持下去，直到它成为一种习惯。

制订团队发展计划

失败的部分痛苦在于它不可预测。我们原本指望成功的事情最终都失败了。如果我们考虑周到，那么我们将从失败中吸取教训，继续前进。我们甚至可以像谷歌X小组一样庆祝我们的失误。然而，高绩效的个人和团队不会坐等失败。如果我们把团队学习当作一件需要实现的事情，我们就有理由为实现成就做计划，甚至设定相关的目标。对于大多数人来说，这不是一个陌生的概念。团队的学习或发展计划与个人可能为自己制订的个人发展计划类似。它们都是关于你们作为整体想要学习什么以及你们打算如何去学习的。你可以使用前面提到的五个行动作为制订团队发展计划的路线图。我前面描述的供应链团队和我在这里谈论的团队之间的唯一区别是范围。它们都专注于为什么会议不起作用。它们暂停、反思，并专门对某个问题进行问询。一个团队也可以毫不费力地停下来思考自己在什么方面需要更广泛地学习。必要条件和实践是如何经受住检验的？我们要做些什么？

从数据开始

每个团队都需要一个发展计划。没有两个团队是一模一样的，所以计划也各不相同。一个好的团队发展计划的关键是数据。我们可以从现在的运行情况中了解到什么？它是如何影响团队整体和工作成果的？对于一个新组建的团队来说，其关键数据是全新的。团队成员首先需要弄清楚团队被创造出来的理由。他们的团队发展计划可能很简单：

从6月1日开始，我们将以阐明背景为起点，完成高绩效合作框架。截至12月31日，我们会完成所有的实践，并从下一年的1月1日开始，在高绩效合作原则的基础上持续运行。

如果它们是还未开始使用高绩效合作的已建立的团队，那么它们用一个简单的方法来搜集自己的数据即可。我们最喜欢的工具是，一个简单的包含四个类别的诊断表（见表13-1）。我们让团队成员思考事情的进展情况，然后让他们填写这个表，其内容建立在经典的"开始-停止-继续"模型之上。

表13-1　诊断表

保留	增强	删除	添加

团队要把便笺贴在每一栏里。每个便笺都包含关于团队可能需要保留什么和增强什么的不同想法。例如，你可能会在"保留"栏中看到以下想法：

- 保留我们每月一次的会议。
- 请在我们陷入困境时继续指导我们。
- 保留我们的WhatsApp（手机通信软件）团队，它非常有助于我们保持联系。

你会发现团队成员会提出许多相似或重叠的想法。这种重叠本身就是有用的数据，能让你了解团队的一致程度。当一个主题同时出现在

"保留"栏和"删除"栏时，事情就会变得有趣和棘手。

像这样相互矛盾的观点经常出现。团队内部的这种差异是常见的、健康的。它们是思想和风格多样性的一种表现。当你的数据反映出这种差异时，你就采纳我在本章前面提到的五种学习行动。你可以花时间去探索差异，找出它们背后的东西，看看有哪些价值观、假设和感受。记住，这些只是数据。你没有必要解决这些分歧，知道它们的存在就足够了。如果数据和谈话表明合作没有达到最佳，那么对于还没有开始的团队来说，从激发目标开始实践的效果更好。

一直在进行高绩效合作的团队可以使用三个必要条件及五个学习行动来生成数据。此外，附录E中包含一项高绩效合作调查。这对那些已经在使用高绩效合作的人来说是一个好工具。最后，我们在玛氏使用敬业度调查的数据来帮助团队了解其氛围以及员工一起工作的表现。

正如我所说的，高绩效合作不是万灵药。对于那些在团队动力方面有困难的团队来说，如果它们存在根深蒂固的冲突和糟糕的表现，那么你可能要考虑去寻求帮助。你需要聘请人力资源专家或外部团队顾问，前提是他们理解驱动合作的因素。无论如何，你都不要根据直觉制订团队发展计划。你需要避免团队中的江湖骗子主动要求用外部的训练和模仿来改变你团队的经验和生产力。你需要坚持用你的数据，包括团队特定的敬业度数据，并从那里开始工作。

例 子

团队发展计划可以包括各种不同的诊断和行动，这些完全取决于团队。我用必要条件为一个使用高绩效合作框架的团队举了一些高级诊断和相关行动的例子。

诊断	可能采取的行动
明确性	
团队的目标看起来既不相关也不恰当。	重新审视、挑战并在必要时改善团队的目标。
我们没有做成什么事情，因为我们有太多事情需要合作。	回顾团队的雷达屏幕，尤其是雷达屏幕中心的部分。质疑雷达屏幕中心的所有工作：团队能否从整体合作中获益？更小的团队或个人是否会做得更好？
一些错误的人在做事。	重新审视并修改你的合作雷达屏幕，回顾谁与谁在什么方面一起工作。
意向性	
我们的行为并没有尽可能地支持我们的合作。	回顾你同意的合作行为，识别出哪些行为最需要关注。与所有人就如何恢复这些行为达成协议。
人们不同的风格和偏好似乎在某些项目中造成了问题。	确定哪些工作组受到了影响，让其审视自己的个人风格和偏好，重新建立联系。你也可以使用性格测试工具，并将结果放入工作组的合作讨论中。

纪律性

决策正在陷入困境，在我们作为一个团队来合作的工作上尤其如此。	雷达屏幕中心的每项工作都有一个清晰的决策协议，它是共识决策还是一个基于权威的决策？
工作组中的决策权并不清晰。	重审工作组的签约过程（培养合作精神），确保工作组同意并实施针对各自任务的决策协议。
我们在重复项目中的错误。	进行事后回顾或事中回顾（维持和更新）。
我们从内部客户获得负面反馈。	制订一个侧重于搜集内部客户反馈的维持和更新流程。

诊断并不复杂。许多困扰团队的问题都来自未解决的简单问题。我们需要回到学习的五个行动上，慢下来，变得好奇，问一些好问题，并一起回答。然后，我们可以制订一个简单且可实现的计划，其他事情会水到渠成。

为持续进一步做计划是团队保持健康和高效的一种方式。我们还需要对周围世界的变化做出反应。

总　结

在我们给团队使用的调查问卷中，学习是得分最低的一项。

维持和更新的目标是让团队专注于针对其自身和其运作情况的有效的学习。团队学习使你其余的高绩效合作工作发挥作用。

维持和更新侧重于两种类型的学习：任务学习和团队动力学习。

尽管高绩效合作框架可以作为你的问询路线图，但必要条件可以更好地解释实践之间的关系。

团队如果想充分利用团队学习，就必须学会拥抱失败和吸取教训。

团队反馈是高绩效合作框架的自然延伸，也是维持和更新中的一个重要纪律。没有比团队成员本身更好的关于团队工作情况的数据来源。

使用你搜集的数据为团队制订一个团队发展计划并遵循该计划。团队发展计划是一套经过商定的关于你期望团队成员如何一起学习的行动。

从小处着手，基于数据并保持简单，逐渐建立起团队学习纪律。当这样做的时候，你会发现这项实践所挖掘的能量在我们讨论过的实践中最为强大。

第十四章　阐明背景——一项特殊的实践

是什么让这项实践如此"特殊"

麦克斯·德普雷在他的著作《领导的艺术》中提到，"领导者的首要职责就是定义现实"。[①]团队也有同样的职责，而阐明背景就是团队履行职责的办法。

我们在前文讨论过的其他五项实践是往内看的，它们集中在团队本身。

- 激发目标让团队理解合作如何在所有个人努力上增加价值。
- 明确意图的重点在于确定哪些工作需要合作以及哪些工作不需要合作。
- 培养合作精神建立在前两项实践的基础上，并提出一个问题："如果我们的合作尽可能按自己的意愿进行，那么我们应该怎样与团队中的其他人相处？"

---

① Max DePree，*Leadership Is an Art*（Crown Business，2004）.

- 激活工作方式让团队思考其做事方式如何实现其共同目标。
- 维持和更新让团队反思合作努力的效果。

阐明背景在团队之外，由一个包围其他五项实践的圆圈来表示。

每个商业团队都存在于一个更广阔的现实环境中，即一个像俄罗斯套娃一样的企业生态系统。一个团队存在于像销售或研发这样的职能部门中，而职能部门存在于一个更大的组织中，组织则可能存在于一个控股公司或集团中，而控股公司或集团又属于一个社区、国家。对于处在核心的团队来说，并非所有这些层面都重要。尽管如此，每个团队都必须确保理解其工作所处的各种相关环境。这让团队能够较好地适应这些环境，从而能够保持团队和各层级之间的相关性，并不断地为利益相关者增加价值。简单地说，团队必须了解它所处的现实环境，并与之保持联系。

阐明背景是团队效能工作的开始。毕竟，如果你的团队和现实背景不相关，那么世界上任何的团队学习都没有意义。制定团队目标和创造你的雷达屏幕都会浪费时间。如果这种团队学习是如此重要，那么我为什么选择在本书结尾来讨论这项实践？这里有两个原因：应用范围和频率。

我们大部分的团队框架是实用且有策略的，它关系到一个团队每天可以做的能优化其合作的事情。这个关于学习和理解团队运作环境的实践更具有策略性。阐明背景是至关重要的，它可以导致全局性的决策和变动，从而改变团队存在的理由，进而改变其目标、共享的工作和工作方式。这不是一件小事，它只有在团队环境发生根本性或严重性变化时才被提出来。相比之下，我建议团队在每次会议上对照团队目标进行自我检查。团队的雷达屏幕应该每季度更新一次。随着项目和任务的进展，合作协议需要定期重审。只有发生重大变化时，团队才需要阐明背景。

了解背景

阐明背景是一件重要的事，但并不难理解或执行。我们在维持和更新中采纳的五个行动也适用于阐明背景。

暂停： 阐明背景因为涉及太多内容，所以具有相关性。团队可能需要进行广泛和深入的问询。团队确保分配充足的时间来研究、问询和反思。

问询： 虽然阐明背景的工作产生的是事件或变化，但重要的是探究事件或变化的含义和影响。花时间研究情况，然后提出一些尖锐的问题来引发人们思考和辩论。

反思： 深入挖掘你抛出的问题，寻找问题之间的联系和主题。在思考任何特定话题时，你都要不断反复地问"为什么"。尽管最终你可能会回归到简单的答案上，但不要止步于此。

计划： 解决所有"然后怎样"的问题。这个团队将如何对待它发现的东西？怎么行动？什么时候行动？

行动： 实践你的洞见和计划。

几年前，我为一位人事与组织部门的地区副总裁和他的高级领导团队举办了一次阐明背景研讨会。在那个时候，他们有一些组织上的变化。这位副总裁要去担任其他职位，其他人会接替他的位置。背景在发生变化。在这位副总裁的任期内，北美的人事与组织部门挣脱了长达几年的混乱局面，并完成了一些重要的事情。在我所知道的领导里面，他不是最受欢迎的那个，但他有原则、意志坚强，并且公正。他的成功是不容争辩的。他将人事与组织部门转型为更有可信度且以业务为中心的职能部门。当他邀请我与他的人事与组织部门领导团队共事，并一起反思他加入部门以来的两年半时间时，我感到很荣幸。当时的目标是，评估发生的变化，并在他们准备开启新阶段之际总结重要的经验。这有点像事后回顾，但不局限于单一的流程或项目。

那个时候，我已经开始相信图形引导，因为它的力量能够引发更深入、更有活力的团队谈话。我向副总裁建议雇用一个图形引导师，并获得了他的同意。我签约了与我合作过的引导师。她对我们的公司和文化非常了解。2007年秋天的一个下午，我们召集了副总裁的团队，并邀请其未来的领导加入，这样她就能从所学的东西中受益。我们的图形引导师做了一个12英尺长、4英尺高的时间轴。在我们讲解完流程之后，他们开始讲述故事。在团队讲述故事时，我们的图形引导师用角色、图标、词语和短语填充时间轴，描绘了两年半时间发生的主要事件和项目。一个连贯且令人惊奇的故事从回忆和图画中显现出来。在可见的时间轴中，有一段大约6个月的时间从五颜六色的时间轴中脱颖而出。我们用了人形的剪纸来代表离开或加入业务的人。红色代表离开者，绿色代表新来者。我们在每个纸人上都写了一个名字，然后将其放在时间轴上。我刚刚提到的代表这六个月的时间轴上充满了红色的纸人。在那6个月中，许多长期供职的人事与组织部门的人离开了玛氏。其中，大部分人主动选择另谋高就。碰巧的是，副总裁的大部分成就都是在这个动荡的时期后达成的。

那段艰难的人员流动时期是副总裁上任后前18个月的最后阶段。部门的人慢慢熟悉了副总裁，而她也清楚了她要做什么才能成功。对于部门来说，这段时间并不愉快。然而，在那段时间之后，部门达成的事情和人们对此的感受发生了巨大改变。情况在向好的方向发展。事实证明，他们变得更好了。因为一些做不出贡献或在某种程度上阻碍发展的同事已经离开了。教训很清晰。人才很重要。如果你明确自己想要完成的，并在人事问题上大胆行动，那么一切都会迎刃而解。这对副总裁来说并不新鲜。对于那些为朋友和同事的离开而悲伤的团队成员来说，这是一个真正的"顿悟时刻"。他们的开悟没有痛苦，只是对智慧的接受。在某些情况下，阐明背景会使人获得洞见，从而指出亟待改变的清晰的事物，以及需要采取的行动。这个例子中的情况并非如此。相反，这个绝佳的例子说明了阐明背景如何为团队和个人提供更多的经验，从而更好地理解转型。

要考虑的背景

不是所有的事件或变化都需要团队阐明背景。例如，当一个新的团队成员加入时，团队需要适当地支持和接纳这个人。这可能需要重新分配雷达屏幕上的工作，并重新达成培养合作精神的协议，仅此而已。然而，如果一个团队在短时间内更换了多个团队成员，这就是阐明背景的时机，因为很多关系都会受到影响。在雷达屏幕上呈现的工作中，相当大比例的新名字将作为合作者被列出。更根本的是，团队以激发目标为目的的个人属性意味着团队的目标声明需要被重新考虑。目标声明要想适合一个全新的团队，就很有可能被重新考虑。

类似地，如果一个团队的某个经营目标发生变化，你就需要调整雷达屏幕以及与该目标相关的协议。但是，你不会触发阐明背景。另外，如果三足战略的一个关键支撑点发生变化，因而导致策略的核心发生变化，那是另一回事。这样的变化将改变企业对团队工作的期望。因此，任何反对这一修订战略的团队都希望阐明背景。

当阐明背景时，范围是最关键的，结果通常是重新审视和制定团队的很多高绩效合作协议。出于这个原因，我们应该谨慎一点。

我们已经确定了四种通常需要这一实践的变化：战略变化、组织变化、领导变化和团队内部变化。

战略变化——理论上说，每个组织都对其运行或竞争的环境做出响应。组织必须适应商业环境的进化。组织中的人和团队也必须随着组织去学习和适应。团队的合作努力总是要为更大的生意服务。当组织战略发生变化时，团队需要回归到其基础的高绩效合作中。团队成员需要重新考虑所有从激发目标到维持和更新的基本实践。他们在调查时可能会问自己这样的问题：

- 这一变化对我们作为一个团队的意义是什么？
- 我们的目标仍然具有相关性吗？有什么需要改变的吗？
- 我们要合作完成的工作可能会发生怎样的变化？

在第八章，我谈到了我在公司冰激凌业务中的工作。该业务生产和销售标志性品牌，比如德芙巧克力和士力架冰激凌。几年来，我们一直称这个业务为冰激凌和饱腹零食，简称ICSS。该业务管理着冰激凌品牌和其他一些规模较小的但有发展前景的非冰激凌产品。该业务拥有可口的零食产品冠宝，还拥有马拉松系列产品——一种巧克力的能量棒或营养棒。这似乎是一种组织上的强制契合，原因有很多。这三个非冰激凌品牌与我们的冰激凌业务至少有一个共同点：它们在整体产品组合中被视为具有战略意义，但在各自的产品类别中并不是主要产品。这种共性表明三种产品可能受益于相似的策略，因此可以作为一个组合进行管理。

ICSS领导团队在这个假设的基础上运作了大约四年。但是，这个假设似乎从来没有成功过，业务增长很难实现。于是，ICSS总经理提议对ICSS所属的整个北美业务的总裁和领导团队进行战略转移。冰激凌组合中除了德芙冰激凌棒，还包含许多最著名的巧克力品牌，比如士力架、特趣和M&Ms。随着整个冰激凌组合萎靡不振，其中的旗舰品牌也深受影响。因此，ICSS提议回归独立的冰激凌业务。这个改变将允许团队专注于这一高度专用的类别，包括分拆冰激凌业务，并将其他非冰激凌品牌和资产转移到玛氏巧克力北美框架中的其他地方进行管理。这项提议获得采纳。该战略的实施带来了大量的工作。除了冰激凌业务，我们整个北美巧克力企业都受到了影响。为了适应这一变化，组织设计、报告框架、预算计划等都必须重新考虑和修改。随着所有核心的组织工作的完成，新的冰激凌领导团队ICLT不得不阐明背景，让自己适应一个全新的只与冰激凌有关的策略以及它引发的众多变化。

ICLT不得不重新审视其目标和整个高绩效合作框架，以说明这些变化。你可能还记得，当ICLT还是冰激凌和饱腹零食领导团队时，它把自己的目标定作"委托人和品牌的管家"。这种管理思想是完全恰当的。ICLT带领着一批多样化的小品牌，培养着一批有前途的未来领导者。然而，现在它只关注冷冻甜点和零食，并认真致力于业务增长，这种管理思想虽然很重要，但还不够。在与外部顾问合作的同时，它的角色变成现在的"创造明确性、提高才能和促成高质量的决策"。我在几个月之后和该团队讨论了这个目标，我想要了解更多。这个内容在感觉上过于时髦。毫不意外，这对该团队来说更具有意义。至少在目前，清晰是必要的，对于那些习惯了以前事物的人来说尤其如此。除此之外，人才也很重要，但是做人才的管家是不够的。该团队打算"增强"其所领导的人的才能，以便这个业务能够尽快实现增长。最后，由于该团队获得了作为单一类别业务的自由，果断和快速行动是必不可少的。该团队拥有强大的品牌和出色的产品，与世界上最强大的冰激凌制造商（联合利华和通用磨坊公司）竞争。每家商店里的冷冻空间有限，资源较少的竞争者要获得商店里的份额总是很难的。现在，对于我们的冰激凌业务来说，凭借其更专注的能力和新生的获胜意愿，果断和速度可能是争夺市场份额的决定性因素。

这次合作重点的转移导致团队目标和整个雷达屏幕都必须重新考虑，它驱动的所有合作协议都需要更新。该团队在冰激凌业务战略上做出了改变，意味着它需要设计出一种新的合作方式，公司也需要做出改变以反映和利用该团队所做的转变。这些在阐明背景中有所涉及。

组织变化——在某个地方，甚至仅仅是在你老板的大脑中，你的团队是以组织结构图中的一堆方框和线条的形式存在的。我们可以把组织结构图用团队的利益相关者的图形展现。你和你的团队有内部客户和内部供应商，你和他们有某种合作关系。当组织中的变化影响到这个利益相关者网络，进而影响到团队的关系时，组织就需要阐明背景。正如前一节所述，正在经历组织结构变化的团队需要重新审视目标和共享的工作。此外，团队还会考虑以下问题：

- 为了体现我们周围发生的变化，我们将如何以不同的方式一起工作？

- 我们是否有受到影响的客户团队？它们现在想从我们这里得到的和以前有什么不同？

- 我们需要在工作方式上做出哪些改变？

ICSS曾经有两个不同的销售团队，现在只有一个以冰激凌为主的销售团队。市场副总裁过去一直领导着不同地方的零食和冰激凌营销团队，现在只领导了一个以冰激凌为主的销售团队。领导团队的几乎每个成员都是如此。他们现在领导着一个不同的业务，而且每个人都领导着一个经过变更的职能部门。

ICLT发起的组织变革虽然意义重大，但就其对团队的影响而言比较单一。只有一个团队成员发生了变动。在这种情况下，团队动力受到的破坏是最小的。一个关于团队如何应对组织变革的更好的例子来自我提过的一个人事与组织部门。当我们的一家小型宠物护理公司与北美的大型宠物护理公司合并时，较小的人事与组织部门团队的负责人被选中来领导合并后的部门。她的团队增加了新成员，并转移了一些职责。在某些方面，该团队是同一个团队，但在其他方面又不是。团队前身建立的合作协议不再有意义。例如，在重组之前，领导人才招聘的人事与组织部门团队成员一直与其支持财务职能的团队成员密切合作，以填补该部门的一些关键角色。然而，在重组过程中，人事与组织部门财务方面的领导换了职位，人才招聘的领导仍然需要帮忙填补那些财务职位。她和一位新任命的同事不得不坐下来做一点培养合作精神的工作以有效地做到这一点。他们必须做的工作清晰明了，财务副总裁和他的团队正指望着让人们做这些工作。新配对的人事与组织部门需要弄清楚如何在新组建的团队中合作。

大规模重组是复杂而痛苦的。至少在美国，企业重组对失业人员的打击是毁灭性的。我为玛氏所做的一切感到骄傲，玛氏尊重那些重组后失去工作的人的尊严和生活。据我所知，许多公司连玛氏的一半都做不到。重组后的一大失误是没有考虑被破坏的关系。对于每一个被解雇或选择离开的人来说，他们的工作关系网都受到了影响。那些被破坏的工作关系对生产力和商业后果的影响是非常大的。在损失资金的时候，一个企业可以通过裁员来节省数百万美元，而那些留下来工作的人要努力恢复以前的工作效率。这时，团队是能够产生有意义的转变的层级。阐明背景使得团队成员思考对他们合作的潜在干扰，并控制由组织变革导致的附带损害，否则这些损害将超出他们的控制范围。

有时候，人员流动会自然发生。人们要么继续前进，要么升职，要么离开工作岗位。不管离职的原因是什么，团队成员和团队关系的变化都需要阐明背景。我们来看两个能说明这种情况的例子。

领导变化——显而易见，领导者对他们领导的团队的影响比团队中的任何成员都大。一个弱领导者的个人问题可能会导致明显的团队功能失调。一个强领导者的努力可能会改善团队氛围。无论他们的影响如何，领导者都值得特别考虑。该框架如何专门考虑领导者角色的一个例子是致力于培养合作精神。我们在阐明背景中也这样做。

当新的领导者加入一个团队时，团队成员必须停下来反思自己和他们的合作。无论他们在高绩效合作实践方面的工作多么稳健，他们都将从此次问询中受益。新的领导者经常带来新的重点事物，甚至新的策略。他们对自己喜欢的工作方式和领导别人工作的方式有不同的偏好。当然，变化的程度取决于领导者。尽管一些领导者的风格和个性不同，但是他们在加入团队的时候追求最小的变化，而其他有些人以一种全新的相反方式加入团队中来，还有一些人介于两者之间。不管变化的程度如何，领导者和团队成员都应该停下来研究高层的变化意味着什么。与新的领导者一起工作的团队成员会问如下问题：

- 这个新的领导者是谁？什么能吸引他们？什么能让他们兴奋到晚上睡不着？
- 我们需要通过怎么做来让他们熟悉我们在团队动力方面已经做的工作？我们应该如何最好地让他们加入工作？
- 我们的目标和新的领导者认为的策略和任务有多契合？
- 雷达屏幕中心的工作与新的领导者的期望和意向有多一致？

在冰激凌战略改变的六个月后，该团队的领导者被提拔到玛氏另一个更大的岗位上。当我最近见到该团队的成员时，他们正在市场副总裁的临时领导下工作。过渡期的长短并不确定，几个月都有可能。你可能会想："这只是暂时的，没什么大不了的，他和团队成员都互相了解。"正如我所说的，领导力很重要。即使领导者来自他现在所必须领导的阶层，即使这种变化可能不会持续，一些事情也会改变。事实上，任何一个曾被提拔去领导自己之前的团队的人都知道，从同事到老板的转变特别困难。这个案例尤其不寻常，因为他被要求在不完全领导的情况下进行领导。任命他的人已经做出了指示，他要让船保持航向，但不能完全掌舵。他有责任带领公司业务在下半年保持强劲增长，但他在团队年终绩效评估中没有发言权。前后两个背景是相互矛盾的。

团队成员虽然知道他是玛氏同事，但不知道他是在互相矛盾的限制下运作的临时领导者。就我在最近和他们的合作中所感觉到的，团队成员对领导者角色设立的方式几乎没有耐心。团队成员花了大量时间重新确定临时领导者扮演的角色。他们讨论了他们认为临时领导应该做的决策，那些决策是一个全职的总经理都会做的。他们清楚地表示，期望临时领导要求他们对职责履行的情况负责，并且这位领导将对他们进行年终业绩管理审核。最后，他们希望这位领导把这些期望传达给他的老板，并得到老板的同意。这些话对团队至关重要。不管是临时的领导者还是其他的领导者，没有一个团队能够承受较低的领导透明度。所有花在阐明领导背景上的时间都是值得的。如果像麦克斯·德普雷所说的那样，"领导者的首要职责是定义现实情况"，那么阐明领导背景是至关重要的。这确保了整个团队及其领导者存在于同一个现实情况中。这是真的，即使在冰激凌团队也是这样。当一个永久的领导者就位时，他们会在几个月的时间里再次经历类似的过程。

这种背景的阐明发生在领导力等式的两边。正如我所描述的，团队成员必须有发言权，同时领导者的观点也同样重要。在进入新的工作之前，新的领导者也会想参与到相关的自我反思中去。他们可能会问自己这样的问题：

- 我在这份工作中具体想要什么？我会学到什么？我对什么感到担心？我对什么感到兴奋？

- 组织对我有什么期望？这个团队处于转型模式吗？这是一个高效运作的团队吗？我的老板希望我从这个角色中得到什么或赋予这个角色什么内涵？

- 我能为这个团队提供什么技能、知识和能力？我需要解决的技能、知识和能力方面的缺陷是什么？这个团体如何帮助我解决我的缺陷？

- 我需要领导多少改变？

- 这个团队对我有什么期望？

我没有参与冰激凌团队临时总经理自我反省的过程。我知道这个人既考虑周全又专注，如果没有仔细考虑过类似问题的答案，他就不会接受这个任命。被任命是一种荣誉，是一个挑战自我和为队友服务的机会。事实上，他的队友直接受益于他考虑自己的选择所花的时间。这使他能够以令人信服的态度和承诺参与我在前文描述的阐明背景谈话。当他带着对临时总经理职位的不同期望被团队送回到他的老板那里时，他的明确性和自我意识变得尤为重要。我认识他的老板，她很强硬，很聪明，做事公平。他有能力在面对他的老板时坚持立场的前提是，他确定了解自己的想法、内心、团队和事业。这就是阐明背景在这一方面所要提供的内容。

团队内部变化——冰激凌领导团队的临时领导并不是团队成员必须面对的唯一人事变动。在临时领导被任命后，他们还发现另外三个与之无关的变动要面对。团队来了一个相对较新的人事与组织部门总监，原来的财务总监即将休产假（职务暂时由她的一个团队成员代替），原来的销售总监很快就要离开团队到新的岗位。他们的业务已经稳定在了冰激凌业务上，但团队成员正在经历一场剧变。

像这样的变动经常会集中发生。在我们的日常生活中，我们只会说："所有这些事情似乎是同时发生的。"确实如此。在进化科学中，这被称为间断平衡。大自然母亲在进化上没有太大变化地向前大步慢跑了几个世纪。紧接着，一颗曼哈顿大小的小行星撞击了地球，进化过程发生了地震般的改变。在小规模上，如果不总是被注意的话，团队流程中的这种意外干扰十分平常。这就像我们在我描述的北美人事与组织部门研讨会期间创建时间轴时所获得的洞见。团队的情况已经稳定了一两年。然后，小心！人们总是突然同时加入和离开。直到回顾过去，阐明了背景，他们才知道这一系列事件产生了多大的影响。

当团队的组成突然发生普遍的变化时，不管原因如何，这都是阐明背景的时候。我们需要与新组建的团队一起使用高绩效合作框架，问询并思考当前的明确性水平。我们需要一起思考这些变化将如何影响团队中的意向性水平和相互关系的质量，尤为重要的是通过问以下问题来深入研究关系。

- 现在团队里有谁？
- 他们的技能和能力是什么？他们可能存在哪些缺陷，我如何帮助他们解决这些缺陷？
- 我现在的队友最需要我做什么？
- 我的技能、能力和偏好如何与他们相配合？
- 需要用什么来全面加强我们的关系？

如果像冰激凌领导团队和人事与组织部门一样，以前的关系很牢固，那么有些东西可能要抛弃。从前的一群人习惯性地相互信任，勇敢面对彼此。那些随着变化而留下的成员需要与他们的新队友发展新的、相似的关系。他们必须抛弃旧期望，接受新期望。

你需要考虑一下这些谈话的时机。事实上，临时总经理和我谈到在事态稳定之前需要推迟研讨会。他们没有等待以后去做阐明背景的工作是正确的做法。你可以等情况稳定下来再考虑其他的工作。情况可能会稳定，也可能不会，但至少不会马上稳定。我们永远不知道一段动荡何时结束，也不知道一段相对稳定的时期何时会到来。即使在变化中，暂停去学习也是一个好主意。一起学习可以激励团队，也有助于稳定团队并使其团结起来。反思和问询会带来平静的思考，让团队能够专注并拓展思维和视野。和团队学习的其他部分一样，适应团队成员的突然更替没有单一的方法，也没有良药可用。面对团队里的变化，你要记住几件事：

- 明确性是发展变化的，并且可以在现实中转变。你不能对团队中的所有变化都做出反应，所以首先要关注大的变化。
- 要感激变化对团队的有意合作和生产力的破坏性影响。
- 暂停一下，将团队学习的五个行动应用到你在进行的必要条件实践或高绩效合作实践中去。

至此，你已经读完我所有要告诉你的关于玛氏高绩效合作框架的内容。在下一章（本书最后一章），我会讲解如何让框架为你服务。

总　结

团队通过高绩效合作的工作所承诺和计划的内容必须与他们所做的业务相关。阐明背景是满足这一需求的实践。

阐明背景之所以被称为"特殊实践"，是因为它仅在发生重大变革时才被使用。

当团队的基本环境发生变化时，无论是商业战略、领导、组织结构还是团队成员发生变化，一个健康的团队都会停下来思考或重新考虑其合作价值观、承诺和计划。

同样的五个学习行动（暂停、问询、反思、计划和行动）可以应用于前文提到的任何类型的变化。

在阐明背景时，团队的目标、雷达屏幕、合作协议、工作方式和学习计划都应该被重新审视。你可能不需要更改它们。但是，你也有可能需要更改它们，这就是机会和重点。

第三部分

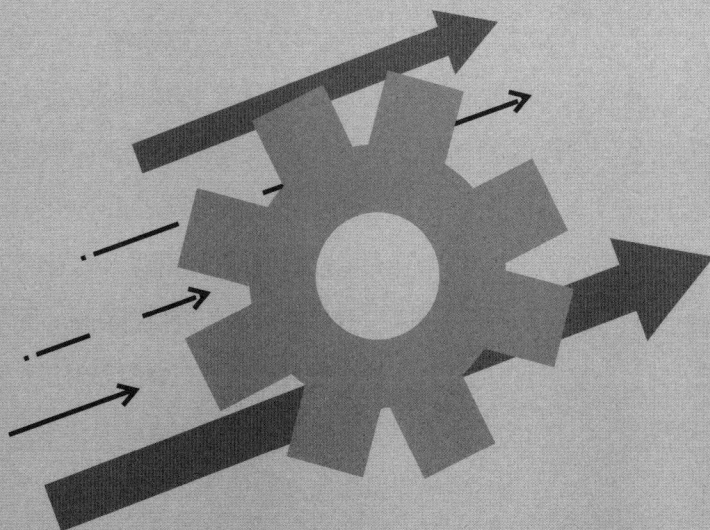

第十五章　高绩效合作框架的运用

你现在已经领略了高绩效合作框架的全貌。至少到目前为止，你已经了解了有关此框架的一切：知道它的背景、理论和历史，认识它的样貌，明白它的运作方式。可以这样说，你已知晓该框架的核心。为什么我要这样做，仅仅是把该框架放在那里等每个人去使用吗？在某种程度上，我之所以写本书，是因为我所能够讲述精彩的故事。这是我引以为豪的事，并且我觉得将来玛氏同事和领导会发现本书很有吸引力。然而，我写书的原因远不止于此。我想让该框架持久运作、不断发展并尽可能产生巨大影响。在前文，我讲述了玛氏如何领导一些机构发现可可基因组并将其公布于众，并不是每一家公司都会做出这样的决定，尤其是在关系到核心业务的稀有材料的时候。然而，玛氏做到了，我为此深感自豪。做出分享可可基因组这一决定的思考，部分源于玛氏同意我在本书所写的内容。这和我们的互惠原则有关：

互惠就是分享利益；可以分享的利益才会持久。

这就是本书诞生的原因。我们想让该框架持久运作并尽可能广泛地为我们服务。为了确保这一点，最佳的方法是分享利益。高绩效合作框架能对许多人产生影响，也能对全球大大小小的公司产生影响。因此，我们分享这个框架。

玛氏是一家大型公司，有多个业务单位和部门，它的企业文化始终如一。玛氏的每一个重要部门都有特色。玛氏全球的业务单位和管理者尝试了各种方法来使用适合他们的高绩效合作框架。本章是我们有关用多种方法应用高绩效合作框架的思考。

本书的内容可以用多种方式加以应用。离开玛氏这个环境，以下三点给了我极具意义的启发：

- 采纳。
- 修改。
- 模仿。

下面对每一项稍加论述：

采纳： 你可参考本书的内容并按照框架本来的样子进行运用。

修改： 如果你喜欢这个框架但是想做出改变，那么你可以将它进行修改以便更好地将它应用于你的组织或团队。

模仿： 你可以模仿我们的研发过程，而不是采纳或修改框架。你可以使用我们的研发方法来影响你的团队。

我将第四种方式称为变异，我并不推荐这种方式。变异意味着改变框架或者在框架上加上其他不相干的框架。换言之，变异扰乱了框架的本原。我们对这种方式也有相关经验，但效果不好。高绩效合作框架是作为整体来设计的，每项实践都以有意义的方式相联系，并不是说你不能仅使用这些实践中的一项或两项。当然，你也可以加入第七项实践。虽然你能在团队中学到一些东西，产生短期能量，但从长期来看，你往往看不到团队绩效的提升或团队环境的改善。如果你运用采纳或修改的方式，那么公司会以某种方式组合六项实践。

在学习三种方式之前，我们还有一些事需要思考。

高绩效合作框架适用你的组织或团队吗

我们的框架是在大型全球公司中开发出来的，而且为大型全球公司量身定制。然而，框架规则在所有西方风格的大大小小的组织中都有发挥作用的潜力，不管是在赢利方面还是在其他方面。由于西方的个人主义倾向和偏好，我有意区分西方风格。在那些发源于集体主义的公司，高绩效合作框架可能不起作用。但是，我曾经与亚洲国家的玛氏团队一起使用高绩效合作框架，这些亚洲国家更多地倾向于集体主义，比如中国、越南和泰国，结果是成功的。玛氏文化已与当地文化融合，使得高绩效合作框架产生作用。国家和区域文化确实有影响。其他因素，比如公司是全球公司还是地方公司，是利益驱动的还是任务驱动的，都显得不那么重要。高绩效合作框架的影响集中在支持合作行为上，对于许多不同的组织来说，高绩效合作框架仍然适用。

注意企业文化

如果你选择采纳或修改该框架，抑或发展你自己的理论，这在很大程度上取决于你的企业文化，以及你如何理解这个框架。到我正式运作高绩效合作框架时，我已在玛氏工作了10年之久。我虽然没有完全融入玛氏文化，但是基本上适应了玛氏文化。我和玛氏文化之间的距离足以让我观察和评论它，也足以使我这个内部人员真实地感受它。我们中的小部分人一起合作，试图将研究观点转变为你今天所看到的内容，他们花费了数月的时间来确保我们的产品有文化契合性。因为我们要接受迎面而来的个人成就的挑战，所以我们的框架必须健全且可靠。如果你正在考虑在你的组织采纳该框架或者该框架下的想法，那么请像我们一样认真地对待企业文化问题。

我们尝试尊重企业文化，并让它贯穿于我们的工作。同时，我们知道我们必须将企业文化往更高效的方向推进，而文化自身无法做到这一点。麦克莱兰动机理论是用来理解我们的成就导向文化的，我们对它的使用仅仅只是框架的一部分内容。实践的名称和排序也使人们认可我们的文化。从实践出发，我们要求商标是描述性的，而且是令人印象深刻的和不易忘记的，而不是柔和的和富有诗意的。我有一份电子数据表，里面是我们考虑用作实践名称的词语清单。我们从起草实践的名称开始，和玛氏团队以及管理者一起提炼这些词语，最终向你呈现了本书。框架中实践的排序也同样是思考的结果。我们意识到使用者会看到框架图，就像他们可能看到钟面，而且按顺时针方向从上往下看。十二点位置的实践尤为重要，因为那是假定的起点。起初，考虑到行动的方向，我将明确意图置于顶端，并预测团队成员想尽快得知工作内容。我的一些同事对我的分析提出了挑战。他们认为，如果我们着重钻研文化，团队就会从这里开始实践，并仅仅将精力集中于共享的工作而有忽视框架其余部分的可能。尤其是，我的同事担心以成就为导向的团队会匆匆略过那些对促成合作有价值的想法。所以，我们通过两种方式尝试了框架图。经过试错后，我们知道什么是我们必须做的。持不同意见者是对的，这就是我们需要挑战文化的一点。与我合作过的团队一旦清楚地明白其面前的任务，就会失去对激发目标和培养合作精神的耐心。如果激发目标可以在框架内发挥作用，那么它必须占据首位。

对于框架研发的每一步，我们都紧跟玛氏文化，摸索前进的道路，决定在哪里推翻它，在哪里参照它。最终，框架渗透到我们业务的各个方面，这说明我们这样做是明智的。高绩效合作框架在诞生的最初四年并没有获得组织高层的认可，也没有被称作提升企业内部绩效或者其他方面的"方法"。自从高绩效合作框架嵌入了我们的一个核心管理开发项目之后，它开始声名远扬。现在，它是玛氏团队的标配。如果我们在这个过程中没有紧跟我们的文化现实，这是不可能发生的。为了实现这些，我们的方法是花费时间和密集劳动的。然而，达到这种文化和谐或许有更高效的方法。文化虚无缥缈，很难明确定义，所以我也不确定。无论你采纳何种方法，你都需要花费时间、付出努力，并且需要关注你的企业文化。

如何评估适应度

我们来想象一下：你已感觉到高绩效合作框架会以某种方式对你起作用，你强烈地预感到你能使该框架立即运作，你脑海中甚至有了一个团队要去启动该框架。在你开始之前暂停，多做一些调查。高绩效合作框架的核心是认为个人成就往往决定人们如何对待自己的工作。但是，这种情况在你的公司可能不同。在你所处的文化中，成就动机的氛围可能不那么浓厚，或者成就动机的氛围更浓厚。或许，过于活跃的成就动机根本不是那么回事儿。因为对于高绩效合作框架的运作来说，单个的特征十分重要，请确定它在你的组织或团队里是否起作用。

如果你考虑在很大程度上采纳我们的框架，或者修改一些形式，那么你首先需要考虑的问题是：

- 相较于合作，你的企业文化更加倾向于支持个体的努力和成就吗？
- 这种文化压制或限制主动式合作的程度吗？

如果上述问题的答案全是"否"，那么你可能不适合照搬高绩效合作框架。如果你的组织不那么受高水平个人成就的强大力量影响，那么你可以考虑不同的方式。或许，你可以修改我们的框架或者模仿我们的研发过程。然而，这可能不如"现成的框架"有用。另外，在你的组织里，可能有其他因素阻碍合作的实现。阻碍因素或许是文化规范，或许是你的组织所做工作的性质。你可以通过一些实践调查来找出那个可能的因素。实践调查看起来是什么样子的呢？在本章关于模仿我们的研发过程的部分中，我提供了几点想法。一旦你那样做，你就可以创建一种适应你需求的方法。

上述两个问题的测试，或许并不足以检验高绩效合作框架是否适合你。另外一种测量你的文化如何与高绩效合作框架协调的方法是使用合作水平模型。

返回第三章，你可以再次阅读有关合作水平模型的内容，然后问一下自己，合作动态在你的组织中发挥了多少作用。如果"合作–协作–主动式合作"的循环是常见的，那么接下来你可以做些什么。你可以和一些你信任的同事检验一下你的预感，向他们解释该模型并看一下他们的反应。如果在这些探究之后，你感受到了共鸣，那么你或许可以按原样运作高绩效合作框架。如果测试结果表明，你的公司在一些方面有所不同，而在其他方面情况类似，那么你或许应该选择修改的方式。如果你的企业文化和玛氏文化大相径庭，那么你可以放弃高绩效合作框架或者模仿我们的研发过程，从而探究框架在哪些地方适合你的公司。

了解其他团队理论

很多团队模型和方法带有明显的心理学倾向，高绩效合作框架和它们不同。比如，我在向那些没有参与框架研发过程的人介绍框架时会问："该方法适用于'真正的团队'还是仅仅适用于小组？"一些团队专家会对此加以区分，即便是那些不了解团队内涵的人对这一事实也十分熟悉。我等着他们回答，因为我知道问题会发生。我继续问道："该方法和你们所选择的团队模型有哪些类似点？"这些问题都是基于我的研究和经验而准备的。如果你正准备将团队效能引入你的组织或团队，那么请了解一些资料，至少稍微了解一点。这样你就可以将我们的框架和其他模型进行比较。至少，你可以专门钻研一下塔克曼四阶段模型，从头至尾阅读《团队的智慧：创建高绩效组织》。[①]

你的公司可能有一到两种常用的团队模型，你要对这些团队模型详加了解。在我们公司，塔克曼四阶段模型为全球团队所熟知。我时常发现，我必须帮助他人理解我正在做的事情。比如，我曾告诉团队，高绩效合作框架最初的工作在于更多地关注塔克曼四阶段模型的第一阶段和第二阶段。我接着解释道，使用高绩效合作框架建立团队能够使我们更快进入第三阶段。然后，如果定期实践，那么当团队需要适应变化时，高绩效合作框架会为第四阶段和更高阶段做好准备。你所做的联系和比较取决于你的组织惯例。对主要的团队模型有所了解有助于你应对这些挑战。

忘掉大部分理论

我喜欢框架背后的理论。我对框架和理论结合的方式以及它的基础知识如何随着时间发扬光大而感到欣喜。在和我一起工作的人中，几乎没有人关心那些。他们不想听到大卫·麦克莱兰动机理论或者马斯洛需求层次理论。他们在意的只是框架能否起作用。我猜你工作地方的大多数人也是如此。

然而，也有一些例子说明，了解一些理论是有价值的。如果你想要

---

① Jon R. Katzenbach and Douglas K. Smith, *The Wisdom of Teams: Creating the High Performance Organization* (HarperCollins, 1993).

的是按照框架本来的样子将框架引入你的团队，那么你并不需要太多理论。你最好先熟悉本书的背景知识，了解一些其他团队模型，并将它们进行比较。另外，如果你打算直接将高绩效合作框架运用到更广阔的领域，那么你需要尽可能地熟悉理论。你需要准备好应对怀疑论者，他们会质疑你所做的事情。如果你打算修改框架或者模仿我们的研发方法，那么你也要尽可能地熟悉理论。你需要对团队理论有良好的基础。如果你没有良好的理论基础，你的产品就会看起来不可靠。不过，你可以在真正需要的时候了解理论。

寻找一些同伴

你的组织可能想做一些我们没有做的事情：发起正式的活动来引进并实施你的团队效能方法。在这种情况下，你可能会从沟通专家和变革管理专家那里获益匪浅。在做到这一点之前，你需要从小事做起，从良好的公司做起。你可以列出和你分享利益的同事。你可以创造一个能够实践并一起学习的社区。你也可以和一些有类似想法的人一起体验高绩效合作框架，然后互相分享经验和故事。你还可以在小规模的范围实践。你总结的经验会在更大型的活动中第一次运用。另外，只有当你的团队整体需要一些指导时，你再根据实际情况开发高绩效合作框架。

准备，设置……

在有这些想法后，你可以思考用这些信息来做什么了。下面，我将逐一阐释采纳、修改和模仿。

采纳：按照本书阐释的那样使用高绩效合作框架，不做改变，没有修改。

修改： 使用我们的研究和想法，但是修改主要观点的表述，以使框架更加适应你的业务或者文化。

模仿： 复制或使用我们的研发方法来发展一个合作框架，使得框架更适用你的公司和文化。

选择一：采纳现成的高绩效合作框架

假设你已按照我推荐的那样做完了所有调查和测试，正准备将高绩效合作框架投入使用，你可能只想将框架一次性使用。在这种情况下，你就去做吧！如果你只熟悉有限的几个听众，那么你又有什么可以失去的呢？你可能雄心勃勃，想在所有组织内发起一场运动。如果是这样的话，那么正如我所建议的，即便你对该框架及其发展潜力感到兴奋，你也不要一开始就发起大规模的运动。你需要从小事做起。你需要一个地方来实验和了解你的组织运作框架的情况。

每年，数百位玛氏的管理者都会完成领导力发展计划的第二阶段内容。该计划的第二阶段包含数天的高绩效合作框架训练。结束四天半的培训后，他们备感疲惫，但对于在工作中运用他们所学的东西感到激情满满。他们的下一步是修改我们的建议。

从你的团队开始

和一个你可以犯错并能从中学习的团队工作。最好是你自己的团队或者你熟悉的团队，团队成员愿意和你一起实验。如何开始是很重要的。我们现在来谈论这一点。

介绍框架背后的想法

你可以直奔主题，直接开始使用框架。玛氏的许多人如此行事。

这会有一定的作用。但是，这种方法无法完全展现框架的作用，而且有风险。

高绩效合作框架得益于参与者理解它是如何运作的，它的运作需要一些教育背景。直奔主题和花费时间理解之间的差异有点类似于使用一款新的智能电话和驾驶汽车之间的差别。

你把手机从盒子里拿出来，反复尝试，连接网络，在大多数情况下，这些问题你都能解决。其间的任何事故或者你所犯的任何错误都不会使任何人陷入危险。你可能会误拨放在口袋里的手机，也可能会拨通没有存储姓名的号码，这会令人沮丧，但并无大碍。

如果你是首次驾驶汽车，情况则会大为不同。从表面来看，一般的汽车（提醒你一下，不是指自动驾驶类的汽车）操作起来相当直接并依赖直觉。挂挡，脚踩油门启动，脚踩刹车停车，就像手机里的应用程序一样。事实上，在有些情况下，你可以告诉汽车做这些事，就像你对Siri（苹果智能语音助手）做的那样。另外，如果你正在学习开车，那么你可能看到许许多多的人这么操作，所以你已清楚地了解该如何开车。然而，我们仍需在学习开车上花费很多时间。真相是，我们必须理解这些汽车部件如何一起工作，更不用说还要掌握道路规则了。在拿到驾照之前，我们已投入大量的时间，还会花一些钱。这是为了我们自身的安全，更是为了其他司机和行人的安全。高绩效合作框架看起来和手机及其应用程序一样简单并依赖于直觉。确实，仅仅通过使用框架，你就能学到很多。然而，当你在团队中和其他人一起工作时，如果事情处理得不合理，其他人就可能感到受伤。当然，没有人会因此死亡，但是这对个人和关系造成的伤害是切实存在的。你要小心谨慎，担负起责任。

高绩效合作框架表面看来会产生意义。现在，该框架将人们友好地聚集起来，而且赋予管理者为团队做事的权力。他们急于构建更优秀的团队，管理者有时甚至不必费心去理解成就更优秀的团队可能意味着什么。高绩效合作框架被设计为参与式和沉浸式的体验。你想要其他人和你一起走这条路。框架有助于他们了解即将从事的事情。他们不需要理论和知识背景。但是，你确实需要花费时间为你的团队成员创建环境，帮助他们看到正在发生的事，这些事创造了他们目前的合作现实。你需要向他们展示框架会如何处理这个现实，这样他们才会用心参与其中，为他们自己创建新的模型。

我已经发现，当向一名新听众介绍框架时，将合作水平和必要条件结合起来是行之有效的方法。这一点来自几年前我和一些欧洲邮轮公司的高层领导相处的经验，他们对框架持怀疑态度。事实上，合作水平源于我和这群人的工作经验。

在英国，我们已率先将高绩效合作框架作为新的经理发展项目的一部分。框架迅速在欧洲流行起来。这些领导者已经听说过高绩效合作框架，但是他们并不明白为什么框架会轰动一时。他们要求我花一天半的时间和他们在一起，这样他们就能对框架有更深的理解，并转而支持那些正在使用框架的管理者。

刚开始，我询问这些聪慧的高层领导，让他们回想一下他们参加过的最糟糕的一次会议。我希望他们切身感受到没有重点和效果的合作是痛苦的。我告诉他们，我想知道所有细节：会议是如何开始的，你是什么时候知道自己陷入困境的，以及最糟糕的时刻出现在什么时候。这个具有魔力般的效果，产生了巨大的活力，叹息声、笑声不绝于耳。后来，我们严肃起来，谈论起这类浪费时间的团队工作消耗了潜在成本。我们讨论它是如何扼杀组织参与性和生产力的。我们也考虑到了每个参与其中的人的工资和福利，以及这样的会议是如何降低他们的个人效率的。很自然，所有这些都会过渡到谈论对更具目的性、更周到的会议和合作的需求上。正是基于这一点，我开始分享我的合作水平图示。前一天晚上，当我担心如何列举目的性明确的合作案例时，我已经列出了大纲。我起草了一个版本，并且谈到了合作在我们的开放办公室中是如何成为准则的。我描述了那些围绕咖啡机进行合作的瞬间如何促成被动式合作。我为玛氏同事喝彩。同时，关于合作需求，我想知道玛氏同事是否可以用一种方式思考得更超前，而不是将合作视为最后求助的措施。随着我描述合作发生的动态过程，他们脸上的表情和他们的反应准确地表达了他们的赞赏。他们明白了。为了引发目的性更明确的合作，我有两点要求：目标更加明确和更为始终如一且合适的纪律。换句话说，我谈及的内容是有关必要条件的，即便那时尚无"必要条件"这一名字。从那一刻起，我开始向他们介绍高绩效合作框架，谈论实践是如何解决目标明确的需求和纪律这一问题的，以及如何开启目的更为明确、过分活跃的合作。在我结束之前，我们激情澎湃、斗志昂扬。

基于我在玛氏的数据和观察研究，我开发了必要条件和合作水平。在我的职业生涯中，近百家公司向我咨询。我敢打赌，这两个看似简单的想法（必要条件和合作水平）适用于大多数公司。所以，你可以使用它们，询问你的听众是否熟悉它们，使你的团队接受为什么更为典型的主动式合作也有缺陷。这会使他们对目的明确的合作感到兴奋不已。

介绍实践

现在，你已经让听众沉浸其中，到了可以谈论高绩效合作框架实践以及它们如何在你创建的背景中运作的时候了。既然你已打好了基础，这一步就比较简单了。

首先，按照"隐含顺序"操作，从激发目标开始。一定要区分目标、使命和愿景等概念。

然后，谈及明确意图，强调运用雷达屏幕明确团队共享工作的重要性。将共享的工作和目标做比较，讨论为什么共享的工作相较于其他工作更能激发目的明确的合作。

当你进入培养合作精神阶段时，首先要对该实践了然于胸，最主要的是清楚了解如何确立合作——基于雷达屏幕模型来确定方法。既要谈论他们需要为此负责的合作，也要谈论加深关系和对共享的工作采取信任的观点。

激活工作方式同样也是原样运用团队的激发目标和雷达屏幕模型的过程。当团队成员清楚地联系在一起，并且按照合作协议运作的时候，他们以效率最高和效果最好的方式讨论会议的事和做出决策。其中的合作协议是在实践的早期制定的。

维持和更新会对你已讲述的背景产生重要意义。强调优秀的团队总是善于从失败和成功中学习，团队成员对学习严格自律。

阐明背景自然而然是全部过程的一部分。谈论团队应有的样子，始终关注团队参与其中的业务。承认有时巨大的变化会来临，团队尤其是智慧团队会及时应对并适应变化。

使用常识诊断

你已使你的听众进入正题，并向他们解释了方法。这里还有一个步骤，你不会对此感到惊讶：用诊断的眼光开始你的高绩效合作框架的工作。有许多方法可以做到这一点，我会谈论其中的一些方法，比如第十三章的内容：

- 必要条件评估。
- 保留、增强、删除、添加。

第一，我曾经谈及运用合作水平模型百分比的方式评估每个层次的合作，以确定团队所处的位置（详见第十三章）。诊断可以通过调查的方式来执行，而且不具名。第二，你可以与团队的每位成员进行面对面的谈话。第三，你可以在房间内对团队所有成员做实时的诊断性谈话。书中的每个附录都为你提供了可以用来做这些诊断性谈话的问题。附录E也提供了高绩效合作框架调查，你可以将其打印到纸上或者做成线上问卷。每种方式都有利有弊，你可以找到一种对自己有意义的诊断方法。

从最有意义的地方开始

一旦你开始诊断，那么请做下面两件事：一是使团队成员充分融入，二是在团队成员所在的地方会面。如果你做的是室内诊断，那么参与性是内含在程序中的，所以请对这一点加以留意。如果你采纳的是调查或者一对一访谈的方式，那么请分享你搜集到的信息或数据，并使它们产生意义。

因为你已经使他们沉浸于必要条件和实践中，所以你可以编制一些关于他们的调研问题，使大家一起思考数据背后的原因。例如：

数据向我们展现了什么：

- 作为一个团队，对于需要我们合作的工作，我们是如何清晰认识的？
- 我们合作的目的和存在的理由是否清晰？
- 我们的业务如何清晰？
- 我们工作的方式如何起作用？
- 作为一个团队，我们如何更好地适应和学习？

你可以使问题更加通用：

- 关于我们的合作，数据向我们展现了什么？

- 是什么在起作用？

- 什么地方能做得更好？

不管你的方法是什么，请使用你的数据和一些结构化的问题，以此来找到影响因素，并找出它们与在框架内作为一个团队工作的整个想法有着怎样的联系。

然后，基于对数据的分析，你需要决定从哪里开始运用框架。总的来说，如果你初次接触框架，那么你可以从激发目标开始。然而，我也见过许多不同情况。有些团队成员在理解合作目标上会遇到困难，并对此有异议。我不建议过于卖力地向他们解释或者说服他们。如果你有团队或者职能使命，你就从那里开始。如果你没有，那么你可以花时间创建一个团队或职能使命。大家一起为团队确定切实可行的任务或者团队需要实现的目标。目标的确立可能需要花费几个小时，一旦确立，你就可以重回激发目标阶段，并说道：

那么，既然我们已经清楚了使命，我有一个问题：我们作为一个整体，该如何合作，才能使我们的使命尽可能地实现并使我们最大限度地参与其中？

我曾经这样做也取得了良好的效果：

你们需要如何一起工作，你们会成为什么样的人，以服务于我们的使命？

在他们发言之前，你不要告诉他们你正引领他们进行有目的的谈话。

你可以从明确意图开始。然而，你可能会发现，定义雷达屏幕中心的工作很困难。

雷达屏幕中心的工作需要整个团队共同完成，在某种意义上没有合作目标作为指引，但不要因此止步。在开始做雷达屏幕练习时，一旦团队发现雷达屏幕中心工作的标准不够清晰，你就返回激发目标这一步。该方法对激活工作方式同样适用。也就是说，作为一个团队，如果团队成员不清楚他们应该集中注意力做什么，那么他们又怎么会知道会议的重点是什么呢？

培养合作精神也可以作为起点。再次强调，因为培养合作精神大部分是关于雷达屏幕的，这会引导你回到明确意图，进而激发目标。

关于激发目标的最后一点思考。一些团队没有所有人共享的工作，其雷达屏幕中心也没有任何任务，所以整个团队没有需要实现的合作目标。然后，你就可以选择了。你可能会同意高绩效合作框架不是为你而设立的。或者，你可以像许多团队所做的那样，问自己："我们可以或者我们应该集中精力做什么来优化我们的业绩？"一些团队选择一起学习，正像我的团队曾经做的那样，将团队当作个体成长的温室。其他人可能会认为团队的角色是保持人们的联系和参与。记住，对于我刚才提到的这两种目标，你的工作方式应该反映它们的本质。比如，你要做出一些和业务相关的团队决策。你没有必要频繁地召开会议，会议时间也没有必要总是很长。让你的鼓舞人心的目标来帮助你理解你是如何工作的。如果你还没有目标，那么你也不要勉强。你可以使用框架剩余的其他部分工作，过程可能会有点磕磕绊绊。如果你有目标，你就会发现这个目标。

那些精心建立了高绩效合作框架使用方法的团队总会找到自己的方

法。如果团队成员对框架有足够的理解，能够明白个体如何服务和相互支持，他们就会明白其意义。你可以为参与者提供背景和足够的信息，让他们了解情况，帮助他们觉得自己坐在驾驶座上，如此一来，团队成员的心就会聚集在一起。

扩展范围

如果你在你的团队做成功了，在其他团队也做成功了，你可能就准备好了将高绩效合作框架推广给公司中的更多人。在这一点上，你应该好好准备。你已经做了基本的文化评估，也已经引进了框架，并得到了其他人的认可。你甚至已经应用了实践，并从已有的经历中获得了经验。你明白自己在谈论什么，也知道自己在做什么。从这一点来看，这一切都是关于在组织内部安排合适的人来设计一种方法，并计划更广泛地采纳该框架的。你怎样操作完全取决于你是谁和你所在组织的独特性。正如你所了解的那样，在玛氏，我们从未这样做过。玛氏没有宏大的计划，没有进行正式的推广。在这个方面，我们是特例。我几乎很少看到大型组织中的事物会如此有效地迅速传播。谁知道呢？或者，你也会足够幸运。这可能会发生，也可能不会发生。你可以去做那些我建议的工作，试试看会发生什么。你可以建立自己的社群，发现组织内部的支持专员和沟通专家，制订计划并付诸实施。

选择二：修改框架

框架背后的思考和理论是完备、全面的。然而，我们将其组合在一起的方式可能不是很合适，可能不符合你所在组织的实情。如果是这种情况，那么你可以考虑自定义框架，同时保持框架核心理论的完整性。框架在四个方面可以考虑自定义：

- 视觉效果。
- 语言。
- 隐含顺序。
- 实践分块。

前两个方面为创造性提供了巨大的空间。对于后两个方面，你可以尝试的空间小一些，但是可能很有用。

视觉效果

事实上，我们的循环图最初是作为喷气式发动机的草稿，旨在对本书前几章提到的飞机抵抗重力飞行这一隐喻加以运用。那个形象的描述渐渐被人们遗忘，但是六项实践之间的循环关系依旧起作用。然而，这显然不是框架的唯一表示方法。更重要的是，我们需要找到一种方式来阐释实践间的动态关系。我们的箭头记号虽不完全准确，但很有用，能体现六项实践之间的关系。你不要忘了这一点。然而，除了这一带有局限性的方法外，还有许多方法可以描绘框架。你甚至可以找到一种方法把必要条件包括在内，这一点我们的循环图没有做到。

图15-1是我在框架出现的早期想到的一种方法。这是基于我那时的老板的一些想法，他当时试图向人事与组织部门的团队解释框架。该版本通过不同的方式使用了必要条件（你只能看到其中的两个必要条件）。同样地，在这一版本中，我将阐明背景嵌入了维持和更新中，所以你不会看到阐明背景。该版本的主要特点在于，它将培养合作精神置于中心位置，框架的其余部分影响和支持这一中心。

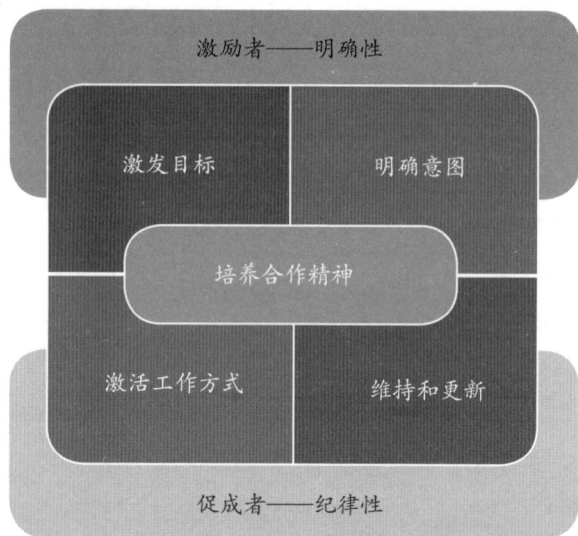

图15-1 框架早期版本1

你没有理由拒绝通过某种方式使用图中的方法。这当然不是你唯一的选择。我想到的另一个版本（我勾勒出了框架，但尚未以电子化的形式呈现）使用了自然意象。培养合作精神是一棵树的主干，根是激发目标和明确意图，树枝代表激活工作方式，雨云代表维持和更新。作为视觉概念，它从未成形，除非你有自己的想法。你可以使用图像，试试看你能想出什么。更好的方法是，找到一位图形设计专家，向他们解释概念，看看他们会做何感想。最后，不要忘记我在本书开篇提到的那些洞穴壁画。你选择的视觉呈现必须讲述一个有意义的故事，而且在你所拥有的文化内涵中，它一直强大有力。

语　言

我们在框架内使用的语言意义重大。语言是非常重要的，所以我们花费数月时间寻找恰当的词句。但是，我们选择的词句对于你和你的组织来说可能不适用。幸运的是，离你最近的电脑就是一座宝库。你可以在电子数据表里创建你自己的词汇，赋予必要条件和实践不同的名称，并和同事一起进行实验。你可以尝试一下。

　　下面，我列出了一些"通用"的实践名称，你可以用它们思考一些适用于你的组织的词句。

- 激发目标——确定合作目标。
- 明确意图——定义共同的工作。
- 培养合作精神——建立联系并加深信任。
- 激活工作方式——匹配团队程序。
- 维持和更新——学习并提高。
- 阐明背景——学习并适应。

　　你可能已经注意到了，每一个通用的实践都以动词开头。我们的文化倾向于行动过程，这些实践就以这种方式和我们的文化保持联系。由于整个框架是围绕成就和行动建立的，所以这些表示动作的词十分重要。然而，你可以剥离这些动词。事实上，我使用图15-1时推出了另一个版本，这个版本使用不同的词，而且没有以动词开头（见图15-2）。

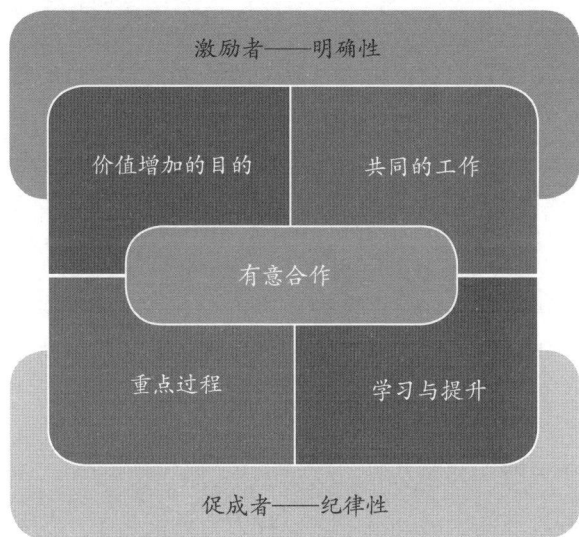

图15-2　框架早期版本2

对于我来说，这个版本的不适用之处在于，它非常泛化，并且它是以非常多的商业术语为基础的。它显得陈腐且没有明显的个性特点，虽然这对于你来说可能并非如此。无论哪种方式，你都要让你创造的东西看起来是专为你的组织而量身定制的，而不仅仅是对本书的复制。为了对文字的斟酌有帮助，你可以返回第七章。在第七章，我总结了所有实践，并单独分析了每项实践的实质。和我们画出的不同版本的图一样，你可以尝试探索对你的企业文化和员工有用的方法。

隐含顺序

我们建议已建成的团队从激发目标开始，围绕框架，按照顺时针方向工作。新组建的团队会发现，从阐明背景开始也很有助益，然后是激发目标，随后是同样的方式。这就是我所说的"隐含顺序"的含义。我之所以说"隐含"，是因为你可以从框架的任何一处开始。考虑到框架是如何建立的，我可以确保的是，许多起点都会把你引向激发目标。尽管如此，你也可以不按照我们的隐含顺序成功运用框架。

如果我们的隐含顺序对你和你的组织不起作用，那么你会怎么样？如果一个团队应该以激发目标为基础的想法和公司流行的规范相违背，那么你会怎么样？比如，我遇到过一位主管，他不是玛氏的员工，当我向他解释框架时，他问道："如果战略清晰，而且人们知道自己在团队中的角色，我们为什么要从目标开始呢？战略难道不是一切的开端吗？"如果一个由高度流程驱动的组织认为每个团队都应该从激活工作方式或类似的事情开始，那么你会怎样？我们有既能保留所有实践，又能创建适合其他组织偏好的程序的方法吗？

在撰写本文时，只有几个公司接触到我们的框架。我曾经常常推翻框架的部分内容。为了做到这一点，我为自己创建了一些基本规则，这样我的咨询内容就能保持一致。这些可以应用于如何为这个框架创建一个隐含顺序或其他顺序。

① 如果你不想从团队目标开始，那么可能的话，你可以从团队学习开始：维持和更新或者阐明背景。每一项都是很好的起点。你通常会发现，这些见解或者数据指向需要一个更清晰的团队目标。

② 如果你更喜欢从确定共享工作、明确意图开始，那么你需要建立与激发目标的坚实联系。需要清楚的是，共享的工作是"什么"必须由一些"为什么"来指导，"为什么"能阐明相对于个体工作的合作工作的价值。

③ 像许多团队那样，你可以选择从关系构建开始，这也是培养合作精神的一个方面。如果是这样，那么你可以回到培养合作精神的剩余部分（协议部分），然后完成团队目标和已经同意的共享工作（雷达屏幕）。你甚至可能会把培养合作精神分为两项独特的实践，一项实践旨在"了解你"，另一项实践旨在创建合作。

④ 如果你喜欢从工作方式开始，那么请确保每个人都知道，一旦明确了团队目标和共享工作，你就需要重新考虑和检查团队的工作方式，以确保工作方式与团队目标、共享工作相契合。

⑤ 如果对于你所在组织来说，从维持和更新或者阐明背景开始同样起作用，那么你可以返回第一点。

无论如何，你和你的团队或组织都会发现，拥有团队目标使得整个框架成为一体。没有激发目标版本的框架对你没办法起到曾经对我们所起的作用。你需要了解一下你的团队或组织所处的位置，并从那里对框架进行修改，修改时不要漏掉使框架起作用的重要因素。

实践分块

虽然我强烈要求使用所有实践，但是你可能觉得不是所有实践都适合你的团队或组织。你的公司可能比玛氏更加注重实用性，团队目标的整个想法看起来遥不可及。或者，在你的绩效管理体系内，在培养合作精神下创建协同工作看起来怪怪的（我听说过）。有些地方整体运用实践，而不是只运用其中一部分，这样才有意义。必要条件让这件事做起来容易很多。

我有一个用户，他反对激发目标，建议我们将激发目标和明确意图整合为一个超级实践，我们可以称之为"明确性"。只要你解决了"为什么"和"什么"的问题，这一组合就能够起作用。

你同样可以把纪律性结合起来，创建一种超级实践。这也包括在工作方式中嵌入团队学习实践。它们都是关于纪律性的，以及关于安排好日常事务的。它们可能是处理会议的日常工作或者服务于持续提升的。它们仍然是团队需要形成的重要习惯。

最终，基于你的组织和企业文化，你可以宣布第四个必要条件，即学习。然后，你可以将维持和更新以及阐明背景合并。毕竟，它们都是关于学习的。你没有分辨清楚指向内部的以团队为中心的反思和指向外部的业务联系之间的区别。然而，这也可以归因于你如何解释实践。

我也做过一些变化，但变化只是为了促使团队开始使用框架。我需要针对团队的关注点和偏好进行修改。在每一种情况下，我都会重新参考我在本书描述的框架的形式。如果你有理由相信这些变体中的任何一个都可能会对你的组织和企业文化产生作用，你就去尝试。不过，请记住：关于我们所建立的实践，不管你保留了什么或者你选择如何将它们组合在一起，我都鼓励你不要放弃六项实践中的任何一项。五项基本实践和第六项特殊实践是交互在一起的，任何一项实践被去掉都会减弱框架的功能。

选择三：模仿研发过程

现成的方法可能不适合你，修改的方法可能也不适合你，因为其背后的理论和思维并不适用。虽然你喜欢我们的处理方法，但高绩效团队框架的整个创建过程是基于我们的成员和文化的。

我有一个建议：从内到外运作。不要从作者、学者和顾问开始，他们可能会基于自己喜欢的工具或所做的研究带来偏见。随后，你可以使用这些工具或研究来质疑你的数据和假设，以丰富你的思考和改善你的产品。我很幸运，即便最初并不是为了这一目标，但是我恰巧拥有两年玛氏团队有价值的参考数据。如果我从小事开始，那么我希望开始时能拥有同样丰富的信息宝库。

这就是一家大型药物和消费物资公司所做的，这家大型公司是由千禧一代组成的。他们全部来自一个管理发展项目。他们被指派到一起工作，然后和高级经理分享对公司未来的看法。他们的研究显示合作是未来的重要方面。我曾受邀向他们讲述玛氏从合作中学到了什么。通过Skype（即时通信软件），我和他们一起度过了一个小时左右的时间，我向他们解释我们的研究和发现，以及这些会带来什么。然后，他们在全球公司内部开始了合作研究。

你研究的方法关系重大。如果你正考虑为你的公司创建一个高绩效团队框架，那么你要想办法从你的团队中汲取经验。你可以自己做这一工作或者找一些像我这样愿意从事这一工作的人来做，并尽你所能地搜集数据。不管谁做这一工作，样本大小都很重要。

我不太记得我的硕士统计课程内容，但是数字30始终印在我的脑子里。我想起教授的话，"你在分析中至少要使用30个样本"。自那以后，我将数字30视作良好的准则，事实却更为复杂。虽然我不是一名统计学家，但是我发现我的研究拥有30个团队刚刚好。这一数目便于管

307

理，最后我为玛氏团队绘就了精确的发展图景。20个团队可能已经足够了，40个团队的效果可能不会更好。我可以确定的是，5个或者10个团队肯定不够。当然，样本的大小和组织规模有关。你需要足够大的样本来恰当地代表公司的多样性。

- 功能的多样性。
- 不同的组织层级。
- 如果你的组织是全球性的，你要尽可能多地选取来自不同地区的团队。

在继续之前，我有一个关于层级的说明：在整个发展过程的早期，你可能会回忆起我曾和哈佛的教授分享我们的框架，那位哈佛教授也是一位关于团队的畅销书的作者。他对我的研究着了迷，但是令他惊讶的是，我的研究在所有组织层级是一致的。事实上，他是持怀疑态度的。"你是在告诉我，不管是工厂里的团队，还是总经理，他们所面临的阻碍和问题是一样的吗？"当我向他展示我正在研发的内容时，他的怀疑渐渐消解。在你工作的地方，你可能遇到类似的疑问，所以你要对此做好准备。

人们凭直觉认为高级团队是不同的，但这些高级团队其实是在一个层级上。它们处理全球战略的问题并做出重大决策，那些重大决策关乎数亿美元。这些高级团队的选择能够影响世界各国成千上万人的生活。相比之下，工厂的管理团队只处理一个地区的问题，它所做的决定仅仅影响当地和几百人。高级团队所能处理的事情规模之大是级别较低的团队力所不能的，会对团队结构和团队动力产生影响。一些人更能胜任那些更大规模的全球性工作，而另一些人更加适合较低层次的岗位。然而，我们的框架是不考虑规模和范围的。框架所要做的是弄清楚在哪里合作会创造价值，然后使团队成员更加专注于高效合作。高级团队、工厂团队、市场团队、人力资源团队以及非营利性团队从这种专注的合作中所收获的是一样的。如果你正在研发你的高绩效团队模型，那么你需要在心中记着水平差异。你可能会遇到一些问题：你的框架是为谁设计的？框架更容易在哪里起作用？你需要准备以一种可信的方式来回答这些问题。这是学术研究可能有帮助的地方。

我是从学术研究开始我的高绩效团队框架工作的，期刊论文、图书、学者访谈对我毫无帮助。虽然这些全部是优质的材料，但是将那些材料运用到玛氏内部并不起作用。最终，我仅仅将外部调查作为辅助手段，并将其作为信息源和启示来修正框架背后的原理。无论多么聪慧的教授、顾问写了多少堆积如山的图书、论文或博客，他们都不存在于你的公司。他们不清楚你的公司如今的合作是什么样子的，以及企业文化的什么地方需要完善。

结　论

玛氏高绩效合作框架已经成为玛氏同事实现卓越合作的方法。关于高绩效合作框架的工作开始于六年前，最初参与研究的大多数团队要么已经完成营业额，要么已经重组并以其他形式运作。这样的情况同样符合其他一些运用高绩效合作框架的团队，我在书中讲过它们的故事。变化是恒久存在的。然而，关于框架的反馈始终如一。框架不仅起作用，而且比其他团队建设方法更有效。我们发现框架易于理解和应用，它会产生更高效和高产的合作。我们继续探索高绩效合作框架的结果及其背后的思想。这种方法曾帮助我们在合作的一般范围内改进具体的行为准则，比如我们知道在制定决策方面能做得更好。高绩效合作框架已经解决了制定决策方面的问题，帮助团队将注意力集中在最适合的决策和制定这些决策的方法上。现在，我们对文化倾向有了更深入的认识。我们成功的动力以及我们的平等主义使我们不能像原本那样表现机敏，即使运用高绩效合作框架也不能。但十分清楚的是，在如何提升决策制定水平方面，三个必要条件将会起作用。我们同样思考如何引导团队使用高绩效合作框架。我们知道框架有用，明白领导者在框架内起着独特的作用。现在，我们问一个问题："一个领导者需要具备哪些能力和素养才能使框架发挥最大效用？"为了使框架发挥最大效用，我们从未停止向自己发出挑战。就像可可基因组的工作那样，我们正在邀请更多参与者加入这一探索。在这样的工作中，你可以大显身手。

选择权在你手中。我和玛氏的同事决定写本书是一个好主意。不仅如此，而且我们认为这么做是正确的。关于这一主题，我们学到了很多，而那些大大小小的组织却为此挣扎了数年。我们发现了提升团队效能的方法，而且团队可以理解运用这一框架，不需要顾问。通过运用框架，我们发现了使工作场所变得更好的方法。对于人们工作谋生涉及的各个方面，团队可能是最令人感到满意的。如果我们必须为了谋生而工作（这是大多数人无法选择的），那么我们在实现业绩的同时应该尽可能积极向上地工作。诚实地说，高绩效合作框架是一种可以令我们享受工作的工具。怀着同样的心情，我祝你一切顺利。

总　结

你可以原样运用框架，可以将框架修改得适合你的企业文化，或者你可以研发对你的组织有效的模型。

在决定采纳或者修改高绩效合作框架之前，请评估框架对你的组织和企业文化的潜在适应度。

如果你正考虑使用高绩效合作框架（或者框架得以建立的思想），那么你首先需要学习团队发展这一更广泛的学科，从而能够令人信服地将高绩效合作框架和其他方法做比较。

当需要向其他人推广和解释高绩效合作框架时，你需要将注意力放在实践的运用上。

如果你决定原样运用高绩效合作框架，那么你可以从你的团队或者熟悉的团队开始。你需要花时间介绍框架背后的概念，再学习框架的细节。

对特定的团队实施高绩效合作框架时，基于搜集到的团队数据，你可以从团队的某处着手进行有意义的实践。

如果你决定更完整地使用高绩效合作框架，那么你要让组织内部的小伙伴参与其中，让他们支持这项工作。

如果你偏向于修改框架，那么可供修改的四个领域为视觉效果、语言、隐含顺序以及实践分块。

如果你选择模仿我们的研发方法，从内而外地运用，那么你需要从组织内部的团队研究开始，然后接着研习对你有意义的文献和理论。

附录使用

除了明确意图和雷达屏幕练习，对于任何一项实践来说，都没有不可或缺的工具或方法。目前可能有20种发展团队目标的方法、100种团队内部加深关系的方法，还有更多评估团队健康的方法。每个附录都提供了一些我们在玛氏运用的工具或技巧。有一些工具或技巧是公版的，已经被我们修改并为我们所用。毫无疑问，每项实践都有很多潜在的有用方法可以实现。附录仅仅意味着一个起点。我建议你不要局限于我们分享的内容。一旦你理解了我们的框架原则，你就可以自由寻找或开发自己的工具和技巧。

谈话问题

在玛氏，我们相信问题的力量，问题可以开启深入的高产出的谈话。最初，当我们测试和改善高绩效合作框架时，谈话问题是我们为对框架感兴趣的团队提供的第一个工具。由于我们近期才开始测试并使用这个工具，我们无法向急于使用它的人提供太多内容。我们负责将高绩效合作框架嵌入经理发展计划中，最初的框架是被这样使用的。我们将创建几套专供实践的问题，这些问题简单且实用。在测试阶段，我们可以对团队使用这些问题，可以将同样的问题嵌入最终的培训项目。

谈话问题是唯一在六个附录中保持一致的内容。自从创建谈话问题的工具以来，我们就在研发其他技巧和工具。在我们的经理发展计划和咨询活动中，我们全程提供这些技巧和工具。即便如此，谈话问题仍十分有价值，可以以多种方式来使用。我发现谈话问题作为其他结构化实践的一部分很有帮助。比如，当我在一个团队中进行开发目标的程序时，我使用了一些激发目标的谈话问题。

- 你能够想象的我们团队所完成的最大胆的目标是什么？
- 作为一个团队，我们想留下什么遗产？

当我准备对一个团队做雷达屏幕练习时，我喜欢让团队成员思考目前他们的共享工作所处的状态。要做到这一点，我使用两个明确意图的谈话问题。

- 现在，我们团队哪里的合作能力不足？
- 我们团队能够利用的最大合作机会是什么？

作为一种非正式的诊断，如果一个团队不知道从哪里开始，那么谈话问题是很好的起点。如果你想让团队用广泛的开放式方法讨论高绩效，那么你可以从维持和更新中选取问题。

- 我们团队能够在哪些领域提升？
- 我们团队赖以生存的优势是什么？

如果你喜欢对特殊实践进行深入探索，那么你可以使用一些来自该实践的谈话问题。比如，你可能想了解团队成员如何基于他们达成的协议开展工作。你可以挑选一些培养合作精神的谈话问题。

- 我们如何使每个人更加负责？
- 如果我们团队缺少合作，这会造成什么后果？

你可以在团队中使用谈话问题，看看这些问题是否合适。你可以增添问题，修正问题，用这些问题进行实验。不管你决定采纳哪种工具或方法，聪明的问题都会对你和你的团队起作用。

附录A 激发目标

简 介

制定一个团队的鼓舞人心的目标声明更具艺术性，而不仅仅具有科学性。下面是三种开发团队目标的方法，这些方法都基于谈话。

简单问题驱动的团队目标谈话

1. 复制本附录末尾的问题清单，给每位团队成员提供一份复印件。

2. 把这些问题发给团队，要求每位团队成员选取一个自己认为引人注目的问题。为了确保讨论最为广泛和多样，请确保每位团队成员选取的是不同的问题。

3. 要求每位团队成员朗读他们的问题并和团队分享他们的答案。在他们读出自己的问题时，你在活动挂图上做好记录，要求所有团队成员都认真聆听答案。然后，针对这些问题，让每位团队成员贡献自己的想法和观点。继续谈话，并在活动挂图的问题旁边记下重要的想法。向团队成员发出挑战，使他们思考得更加深入。

4. 一直继续下去，直到每位团队成员都有机会分享他们的问题和答案，留出充足的谈话时间。

5. 参考你的活动挂图并提问："除了我们创造的成绩，我们作为一个团队存在的最强有力的因素是什么？"开始讨论，并以要点的形式在另一张活动挂图上做好总结。

6. 将团队分为两个或三个小组。要求每个小组制定出一个或两个目标声明，这些目标声明要基于第5步的要点。让小组向团队分享其目标声明。汇总所有小组的信息，直到你打好了团队目标声明的草稿。

7. 使用本附录中的BeCAUSE工具来检测你的目标草稿质量。根据需要对其进行细化。

8. 既然你已经有了团队目标声明，就把它搁置一旁。几个星期后，你可以带着崭新的眼光重新审视目标声明，看看所有人是否依然同意那份声明会对团队起作用。

制定目标声明的"什么、谁、如何"方法

背　景

目标声明制定的方法最初源于我认为的一份强有力的目标声明，这一声明来自全球宠物护理领导团队。我不能确定达到其目标声明的水平需要经过什么程序，我只知道那份声明有用。该声明简洁、清晰，在理想与实践上的平衡做得非常好。同样重要的是，目标声明对其开发团队有效。我决定从最终的目标声明回溯。我对它的结构进行了解读，并将其结构作为这个过程的指导。我在下面描述的过程来自我在人事与组织部门工作的经历，我在第八章提到过该部门。

目标声明的结构含有三个要素，这三个要素是对下面三个问题的回答：

- 我们的合作服务于什么?

- 我们会和谁一起工作?

- 我们应如何扮演那样的角色?

提炼团队鼓舞人心的目标因素的过程需按照"什么、谁、如何"的顺序。然而,最终的目标声明是按照其他的顺序排列的。我们使用全球宠物护理领导团队的目标声明作为例子。

- 他们的合作服务于**什么**目标?创造宠物护理产业的未来。

- 为了支撑这一抱负,他们同意采取集体行动,但是作为**谁**来采取行动?作为缔造者。

- 他们更进一步地同意他们应该**如何**扮演这一角色:奋勇向前。

他们最终的目标声明如下:

我们都是宠物护理团队未来的勇敢的缔造者。

需要的资源
- 愿景和或者公司的任务声明。任何描述大型组织的雄心和意图的文件。

- 记号笔。

- 三种不同颜色的便笺。

- 宽敞的墙壁或者几张活动挂图。

- 需要有人促进这一过程,即使此人来自团队内部。

- 时长为2—4小时。

这是一个反复的过程，需要人们愿意探索想法、深入倾听，并思考这些想法。前三部分需要你花费几小时的时间，你如果需要花费更长时间，就不要匆匆进行。你完成第一至第三部分之时也是第四部分开始之际。有些团队的这一过程需要花费几周才能完成，以此确保其给出了目标所需要的反馈和注意事项。

第一部分：我们的合作服务于什么

1.将三种不同颜色的便笺分发给每个人。为了便于指导，我们使用黄色、蓝色和粉色便笺。

2.要求每个人思考他们的合作服务于什么。

- 让他们参考团队愿景、使命或者其他相关的战略文件。
- 要求他们的思考超越一些浅显的事情（比如生产产品或者挣更多钱）。例如，他们可能要一起为了更好的未来奋斗，为了更多参与其中的企业奋斗，为了一个更健康的世界奋斗，为了互利互惠的业务奋斗，等等。
- 鼓励他们思考自己曾处于最佳状态的合作，以及这样的合作是如何支持商务或者功能上的战略意图的。

3.团队成员独自工作，无须言语，在每一张黄色的便笺上记下想法。对于该步骤，给他们大概7分钟时间。

4.让他们静静地将黄色便笺贴到墙上或者一张更大的纸上。

5.要求他们站在墙壁或者纸张前，重新审视便笺上的内容，然后增添他们想到的其他内容。

6.让小组寻找这些便笺上的类似内容。将墙上或纸上的相同或类似的想法归为一类。留意任何异常内容，并确定将其保留。留意那些看起来最吸引小组的想法。

7. 让他们返回各自的座位。

第二部分：我们会和谁一起工作，我们会扮演什么样的角色

8. 邀请团队成员思考他们在实现抱负的过程中可以扮演的角色。

- 他们想要成为企业家、缔造者、管理者、监护人、代表吗？可以是任何角色。
- 让他们在蓝色便笺上写下他们的想法——每张便笺写一个想法。

9. 让他们将所有蓝色便笺粘贴到一起，但不要挨着上一次讨论的黄色便笺。在这一阶段，大家不要相互交流。

10. 要求他们静静地审视所有蓝色便笺并添加他们想到的其他关于角色的想法。

11. 再一次要求他们将相同或类似的想法归为一类。留意哪些想法看起来引起了最多共鸣。

12. 要求他们返回各自的座位。

第三部分：我们将如何扮演我们的角色，用什么描述我们的最佳状态

13. 使用粉色便笺，要求他们写下他们能够想到的描述他们处于最佳状态时合作的形容词：勇敢的、鼓舞人心的、坚持不懈的、创新的、

发愤图强的。

14. 让他们将这些便笺贴到墙上或活动挂图的临近地方，但是要和前两个问题的便笺分开。

15. 让他们静静地思考这些想法，如果有新想法，他们就将想法添加上去。

16. 要求他们将类似想法归类。

17. 让他们站起来，准备下一个步骤。

第四部分：将所有信息组合到一起

归 类

18. 将小组分成三个更小的工作组，即便工作组仅仅包含两个人。

19. 给每个工作组分配一种颜色的便笺进行操作。第一个工作组将注意力集中于第一部分"我们服务于什么"，第二个工作组专注于第二部分"谁"，第三个工作组专注于第三部分"如何"。

20. 这样做的目的是对前面几个步骤所产生的想法进行进一步的探索和提炼。根据看到的主题，每个工作组为这些想法命名，同样需要讨论和思考一些无关主题的想法，以及这些想法如何与其中一个或多个想法相关。

21. 给他们10—15分钟时间完成前述步骤。

22. 紧接着让每个工作组选择两到三个想法来讨论，并且把这些想法推荐给团队的其他人。他们将专注于他们认为最引人注目和恰当的想法。

寻找共识

23. 将三个工作组重新组合为一个小组，将成员聚集到黄色便笺周围，并提问"我们服务于什么"。

24. 让研究这个问题的成员展示其在便笺上看到的想法。在分享观点时，让他们将讨论的观点列于第四处地方，将这一区域称作目标区域。鼓励他们与更多工作组进行讨论。如果经过讨论，有些观点丧失了吸引力或者意义，可以将这些观点从目标区域移回到它们最初的分组中。

25. 在探讨和辩论对他们最有意义的想法时，允许对便笺进行讨论，允许对便笺的位置进行移动。

26. 直到开始出现共识，让这一程序继续下去。理想情况下，在讨论结束前，会出现一个或两个黄色便笺留在目标区域的情况。留下的便笺越少越好，但是没有标准答案。

27. 对其他两组便笺进行同样的操作。随着讨论逐步展开，继续用最吸引人的观点填充目标区域。

28. 一旦充分讨论了三类情况，就让整个小组转移到目标区域，让成员思考达到目标的方法。

29. 邀请大家广泛讨论他们从搜集想法的过程中看到了什么，确保每个人尽可能多地理解每张便笺表达的含义。如果每个人都明白目标区域的所有内容……

30. 至少将这一过程暂停四个小时，最好搁置一夜。"暂停时间"对于让潜意识理解搜集到的想法十分重要。无论以什么方式，请理解目标区域里的想法。只有这样，他们才能在接下来的步骤中运用它们。

31. 鼓励他们在休息期间甚至在从事其他任务或工作时思考这一过程。

- 强调休息对这一过程的重要性。

- 在暂停至少四小时后，小组中的个人可以单独对一些声明草案进行修改和完善，当他们再次被召集在一起开会讨论草案时，他们会在会议上把自己对草案所做的工作提出来，但这并不重要。

起草并最终确定你的目标声明

32. 在适度的时间后，重新召集团队成员讨论。

33. 要求他们试着根据早期最终留在目标区域的便笺内容，起草一份临时目标声明。

注：对大一点的小组来说，在这一步骤中，可以将它分成两个或三个工作组，每个工作组都将起草一份声明。然后，将工作组召集到一起分享其起草的声明。每个工作组在呈现其想法时，寻找草稿中的共同因素来帮助你创建一份代表最广泛意见的草稿。

34. 不要试图让这份草稿在字句上做到完美。这份草稿仅仅需要代表最为吸引人的大多数人同意的观点。

35. 一旦你有了一份或两份草稿，就要求那两个或三个工作组的成员拿走草稿，起草一份最终要提议的目标声明。给他们一至四周时间来完成这一步骤。

注：你不必等到最终的目标声明出现时才开始做明确意图和雷达屏幕的工作。在这一点上，你起草的目标声明对于指导这项工作可能已够清晰。

36. 一旦起草小组有一个提议（请记住，给他们一至四周时间），就召集更大的团队。让起草小组分享其提议，并引导讨论。

- 使用BeCAUSE工具评估最终版本，并根据需要对其进行修改。

37. 在小组同意目标声明后，设定30—60天的搁置期，最后检查一次目标声明。用这段时间来测试这份目标声明能否经得起时间的考验。

38. 一旦团队确信这份目标声明是最终的，就将其作为团队章程的基础。

用于团队目标开发的冰山方法

一个团队的目标最好让所有团队成员甚至团队之外的人也要明白，团队是如何通过合作创造价值的。

这一方法是基于所有团队有潜力在两个层面创造价值的概念而建立起来的：水位线以上（AWL）和水位线以下（BWL）。水位线这一比喻来自冰山。水位线以上可见部分总是整个冰山的很小一部分。水位线以下的部分更庞大，更难看到，也更为强大。

当谈及目标声明时，水位线以上指的是团队存在的原因，类似于团队使命。它们回答了一个问题："团队必须从事的工作是什么？"这些可能包括发展战略、预算管理、人才管理，或者仅仅是完成分配给小组的任务。

水位线以下指的是团队必须共同花费时间的却更加无形、不那么容易看到的事，那些事会使目标更加振奋人心。相较于水位线以上的事，这类事包括所有与团队成员在感情层面有联系的事。这一方面可能专注于类似合作人福祉、环境和可持续性之类的事。

这一方法依赖于图片、影像和意象的使用。目的是使参与者脱离他们固有的想法而进入更为直觉和本能的思考方式。如果我们以词汇开始，那么我们的富有表现力的词汇会受限于最令我们感到舒服的词汇。通过使用图片，参与者可以想象和表达的可能性增多了。

所需材料：

- 活动挂图支架和纸张。

- 记号笔。
- 创新领导力中心的"视觉浏览"卡片，或者同类影像资源。
- 为谈话准备的房间（比如U形房间）。

步骤一：定义你的方法

- 分享目标的定义，其中包括关于团队如何创造以及增加价值的概念。
- 在活动挂图上画出冰山的轮廓并解释水位线以上和水位线以下的观点。
- 解释这就是你如何发展团队鼓舞人心的目标的方法。

步骤二：明确水位线以上的职责

对整个小组进行这一步骤。

- 解释你想要列出的团队必须一起承担的责任，并就此进行头脑风暴。
- 有时，你可以使用类比工作描述的方法帮助他们理解你的意思："如果我们雇用一个团队从事特定的工作，那么这一工作包含的特定的责任和成果是什么？"
- 另一个选择是讨论类似发展团队职能使命声明的议题。
- 准备分享一些这样的声明中可能包含的例子，比如制订预算、完成项目、质量保证等。
- 如果需要，那么你可以提醒他们，这张清单需要代表哪些能够支持他们完成目标的任务。如果团队并没有做这些事，他们就无法完成目标。

- 期待清单上列出5—7件事，其中只有一两件是独特的。

步骤三：明确水位线以下的目的

该步骤首先需要在个体层面操作，然后在小组层面进行，最后是以整个大组的形式进行。该步骤依赖于图片的使用（视觉浏览卡片、或来自杂志、或其他资源的图片），用图片来弥补词汇和清单的不足。

将你的图片在一张大桌子上铺开。

- 邀请团队成员在绝对安静的环境下工作，让他们走到图片前，选择三个能代表他们对团队最高期望的图片。

- 向他们提问："如果我们不是仅仅完成我们必须完成的工作，而是使我们的合作对所有人都有意义，那么我们要如何一起工作才能真正做到这一点？"

- 然后，将他们分为三人或四人小组，让他们相互解释他们选择那些卡片的原因。

- 接下来，让每个小组选择三张图片，所有成员都同意这三张图片代表了他们共同的抱负。

- 让每个小组向大组展示三张图片以及图片所代表的好主意。在活动挂图上记录下所有好主意。必要时，允许充分讨论。

- 最后，重新分组，让三人或四人小组列出3—5个要点，并将这些要点记录到活动挂图上。该步骤与创建最终的目标声明无关，它仅仅是你汇集好主意的第一步。这些好主意应该出现在最终的目标声明中。

- 根据需要，让每个小组展示3—5个要点并进行讨论。确保每个人都理解所展示的好主意。

在这里停下，或者：

- 将这项练习搁置一天，第二天重新审视，你会让小组提出实际的目标声明。

或者：

- 在随后的会议上，确定两至三名志愿者，将要点去掉，并提出目标声明。

注：重要的是要允许时间差存在。允许讨论；允许概念在更深层次的直觉水平上被理解；对于意想不到的事，允许存在发现它的更大可能性。

目标声明的共同问题

过于谋划： 许多团队成员注重实际。当谈及他们的期望和抱负时，他们会感到不舒服。帮助他们超越实用主义是引导者能够给他们的极好的礼物。你如何做到这一点，取决于你。

功能性而不是合作性： 许多目标声明的第一稿描述了团队的职能目标及团队存在的原因，而不是团队作为价值创造的合作性角色。比如，这是玛氏全球宠物护理领导团队的第一稿：我们一起想象和创造能够持续令宠物和宠物爱好者满意的惊奇产品。

毫无疑问，这就是他们想一起完成的任务。对于该领导团队，我的问题是："你们将如何成为一个团队，这个团队所创造的环境和条件能够使你们去做目标声明描述的事情吗？"

BeCAUSE检查表

一旦团队制订出了相当不错的方案，你就可以使用BeCAUSE工具来进行测试。将你的声明和BeCAUSE工具的每个元素进行对照。

Be：我们的团队会是什么样的？怎样才能让它成为我们期待的样子？

关键是什么样的模式是团队成员相处的理想模式，以及你希望团队对你的员工和企业有什么样的影响。这与团队的功能目标、任务或成果无关。

C：迷人的（catchy）——吸引人，聪明，令人难忘

目标声明应该是引人注意的，其中的基本内容和原理应该与团队成员紧密贴合，因为它需要被团队成员牢牢记住。

A：有抱负的（aspirational）——充满希望，渴望成功，着眼未来

目标声明激励团队满怀希望地前进，并不是描述当前的状态，而是描述团队想要达到的未来状态。

U：独一无二的（unique）——原创，有区别，与众不同

目标声明应该表达团队独一无二的贡献。该声明是一种不同于其他团队贡献的原创声明。它不是之前目标声明的复制，而是用于将该团队与其他团队加以区分。

S：简短的（short）——简明扼要

目标声明应易于记忆和分享，简短明了，能够用最简单的语句表达出来，同时保留上面列出的所有属性，便于团队成员轻松地记住和反复学习。

E：日常的（everyday）——有用，实用，始终如一

目标声明必须易于理解，并有日常的实际用途。它指导会议议程的形成，指导决策的产生，并指导团队花费时间和资源的方式和方法。

团队目标谈话问题

在我们团队中工作，什么使你感到自豪？

你能够想象的我们团队所完成的最大胆的目标是什么？

什么会阻碍我们前进？

曾有人将职业描述为"你最大的热情遇到这世界上最大的需求的地方"，我们团队的天职是什么？

我们团队的独特之处（除了功能活动之外）是什么？如果团队不存在，哪些事无法完成？

我们每天为了什么起床？

如果……（我们是……我们能……）

对于我们来说，什么是可能的？

除了工资和福利，什么在激励你每天工作？

由于每个人贡献的才能、价值和激情，这个团队存在什么独特的可能性？

当我们一起最高效地工作时，我们团队如何增加业务价值？

对于这个团队，你最大的抱负是什么？

作为一个团队，我们想留下什么遗产？

如果我们是智慧团队，那么我们需要做到什么？

团队领导或团队成员该如何表现勇敢无畏？

这个团队激励我，因为……

关于我们团队，你最不可能联想到的是哪三个词？

我们团队创造了什么协同效应？

为什么我们在为业务提供价值方面处于独特的位置？

关于我们团队，你首先联想到哪三个词？

我们团队为其他人提供了什么？

我们踏上什么样的旅程？从哪里来，到哪里去？

如果将这个团队看作一个人，那么你可以用什么特质来对他/她进行最佳描述？

作为一个团队，我们能产生多大影响？

附录B　明确意图

雷达屏幕是使团队合作和谐一致的中心工具，也是和大多数其他实践一起使用的工具。我尚未发现比这更有用的工具，因此这个工具是本附录中唯一解释的工具。雷达屏幕谈话既可以面对面进行，也可以远程进行。我们将从面对面谈话开始，随后我会提供进行远程练习的步骤。

面对面雷达屏幕讨论

时间要求：2—3小时。时长取决于团队规模、任务数量和团队工作环境的复杂程度。

材料：

- 大张白纸或者活动挂图。
- 中等型号大小的便笺。
- 记号笔。
- 用于悬挂活动挂图的胶带。

　　注：也会用到大型白板。或者，你可以按照远程会议操作部分描述的那样，创造你的电子版雷达屏幕。

- 参与者需要进行参考的任务清单。

空间：

- 大型会议室，需要有可悬挂活动挂图的空白墙壁。

设　置

1. 为每位团队成员提供记号笔和便笺。

2. 既可以在几张活动挂图上创建大型的雷达屏幕，也可以在另外一大张空白的纸张上创建。将雷达屏幕悬挂到墙上，周围需要有足够空间。

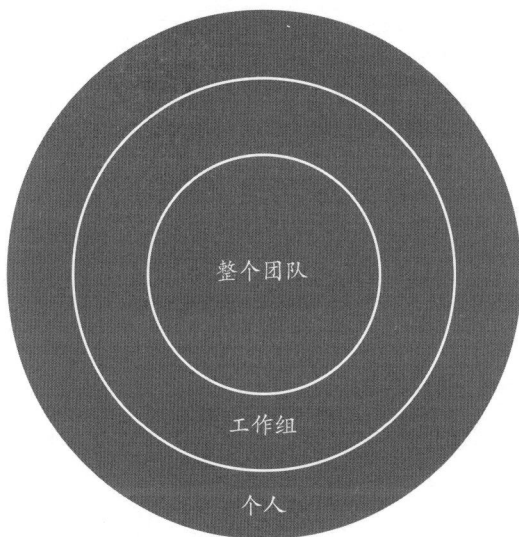

3. 解释雷达屏幕如何运作，三个同心圆环如何代表合作水平。

4. 指导团队成员在便笺上写下他们的每个项目或方案。每个人将项目或方案写在一张便笺上。让他们在便笺上写下他们的名字和方案的名字，以及他们可能与之共享任务的团队成员姓名。

5. 让所有团队成员将他们的便笺粘贴到平整的空白的墙上或者纸

上——靠近雷达屏幕，但不是贴在雷达屏幕上。

6. 让所有团队成员走到墙壁前，默默查看所有便笺。在完成这些步骤后，让他们回到座位。

雷达屏幕中心

7. 向他们解释你将从雷达屏幕中心开始，尽可能将这里的任务数量限制到三个。这有助于他们将注意力集中到讨论上。

8. 要求一位团队成员起立，从所有的便笺中选择三个他认为需要持续、全面的团队合作的任务。让他将这三个任务粘贴到雷达屏幕的中心。让团队成员简要解释自己的想法。在这一点上，不要进行太多争论，争论将在稍后的过程中进行。

9. 要求第二位团队成员进行相同的操作。这个人既可以选取三张新的便笺并取代最初的那三张（将最初三张移到雷达屏幕的其他位置），也可以保留其中的一张或两张，或者仅仅保留最初的三张。请确保进行关于这个人做出代表小组选择的原因的讨论。

10. 继续这一步骤，直到整个团队都有机会将其选择的便笺粘贴到雷达屏幕中心，或者直到整个团队都对粘贴到雷达屏幕中心的便笺感到满意。

11. 如果填满雷达屏幕中心后，还有便笺留在墙上，请将这些留在墙上的便笺移到雷达屏幕的合适位置。不要以完美为目标，接近完美就很不错了。

12. 雷达屏幕中心现在应该有三张或者至多四张便笺。如果有大约一半的小组已经粘贴了他们的选择，那么你可以允许雷达屏幕中心出现三张以上的便笺。

雷达屏幕其余部分

13. 查看位于雷达屏幕中间圆环的便笺并确认在这些项目或方案上

应该和谁合作。根据需要修改便笺上的内容。

14. 确认外围圆环是真正为个人所有和管理的项目或方案。

15. 最后邀请大家再度查看整个已完成的雷达屏幕。基于团队所承诺的工作量，要求团队考虑是否应该将这些项目中的某一个从雷达屏幕上去掉。这些将被置于"非现在/非我们"的类别，供以后讨论。

16. 和团队成员讨论他们想如何完成任务。确保任务得以分配，向团队公布最终版本的时间表。计划用3—6个月的时间回顾和查看雷达屏幕上的工作。

和远程团队成员进行雷达屏幕练习

当团队成员正在远程工作时，他们可使用Skype或其他类似的桌面视频应用程序来执行此过程。会议前需要进行一些准备工作。

时间要求：2—3小时。时长取决于团队规模、工作总量和团队工作环境的复杂程度。

会议前

1. 你最好在开始明确意图研讨会之前，向你的团队描述明确意图的步骤。你想让他们理解这一步骤是什么以及该步骤为什么重要。

2. 会议前，每位团队成员会通过电子邮件提供一份其负责的项目和方案清单。他们递交上来的每一项都包含将会参与这一工作的所有合作人的姓名和方案。他们的清单不应该包括总的工作职责，而应包括独立的项目或方案。

3. 提前用文稿演示软件准备好你的雷达屏幕草案。用团队提交的项目和方案将雷达屏幕填满。

- 将团队提交的每个项目放入一个单独的文本框，每个文本框包含一个项目或方案。
- 基于每个项目的合作人数，将每个文本框置于雷达屏幕合适的圆环。计划在远程团队讨论中分享这份雷达屏幕草案。

会议中

4. 会议从提醒团队该步骤如何奏效开始。

5. 你可以通过屏幕共享功能分享你的雷达屏幕草案，这样所有成员都能看到，而且还可以及时修改。

6. 通过让团队成员查看位于你的雷达屏幕草案中心的项目或方案来开启讨论。如果他们要求整个团队继续合作，那么你可以提醒他们你只希望项目或方案位于雷达屏幕中心。目标是位于雷达屏幕中心的项目最终不多于三个，或者不多于四个。基于讨论结果，可以将那些被移出雷达屏幕中心的项目或方案置于其他两个圆环。

- 如果讨论结束，有超过三个项目位于雷达屏幕草案的中心，你可以就哪一个应该被移往雷达屏幕的其他圆环向团队成员询问意见。
- 向团队发起挑战，让团队批判性思考，相较于那些小组或者个体能够更高效完成的工作，什么工作要求整个团队进行合作。

7. 一旦你使位于雷达屏幕中心的项目或方案保持最小的合适数量，你就可以对雷达屏幕的中间圆环进行类似的讨论。

- 提醒团队，如果一项工作能被个体更高效地处理，那么最好将这项工作置于外围圆环。

8. 和团队一起查看外围圆环，确保位于外围圆环的项目确实是个人任务。

9. 在对雷达屏幕的三个圆环进行讨论后，最后再问一次是否有关于项目放置的最终问题。通过讨论来解决问题。

10. 一旦最终版本达成一致，你就可以花一点时间认可自己的出色工作。保留一份雷达屏幕内容的复印件，在3—6个月内查看。

明确意图谈话问题

在我们团队内部，你能确定哪些事需要合作？

在我们团队内部，什么项目或方案需要最少的合作或者不需要合作？

什么事需要我们放手？

我们今天哪些方面的工作不需要合作？

我们需要把什么工作缩减到最少？

现在，我们团队哪里的合作能力不足？

什么事是你无法拒绝去做的？

在今天我们所做的事中，哪些需要我们拒绝去做？

我们团队的合作如何为五大原则注入生命力？

这个月我们团队能够做的最重要的事是什么？

我们团队能够利用的最大合作机会是什么？

对于可能要求我们做的那些工作，什么原因能使这个团队拒绝？

在一个项目上与其他团队成员合作，谁会受益？

在我们团队内部，中间圆环的什么项目能移交给更小的小组？

对于你来说，什么是重要的？你正在做什么？

选取一个你的个人目标，这一目标和团队的整体目标有怎样的联系？

我们的雷达屏幕内容和我们的团队商业目标如何良好地保持协调一致？

附录C　培养合作精神

行为契约

培养合作精神从一个双向的契约开始，这一过程包含团队领导和团队成员。重要的是，该谈话本着共享权力的精神小心谨慎。这不是一个人的事情。该过程假设团队领导和团队成员可以作为合作伙伴，制定一系列关于出色地进行合作的协议。互相尊重十分重要。

注：该步骤可以进行实际操作，其中包括谈判、妥协和可能的分歧。但是，面对面进行这些谈话更好。

流程如下：

1. 团队领导要求团队成员准备一份他们的期望清单。这些期望是团队成员认为需要支持其合作目标和共享工作的行为。这一清单可以在会议前制订出来，也可以在室内实时制订。

2. 与此同时，团队领导准备一份他的期望清单。这些期望需要陈述团队领导认为他需要团队成员在团队合作方面做出哪些行动。

3. 谈话从团队成员陈述他们对团队领导的期望开始。

- 将行为清单粘贴到活动挂图或白板上。

- 仅允许提问不清晰和需要理解的问题。这里限制讨论，稍后会进行讨论。

4. 在团队成员分享了清单后，团队领导可以分享他对团队成员的期望清单。再一次提醒，限制讨论，将注意力集中在内容的清晰和理解上。

- 将清单粘贴到活动挂图或白板上，粘贴位置挨着前面步骤产生的清单。
- 在通常情况下，某些方面的清单是一致的，而另外一些方面的清单会出现相反的情况。这些一致和分歧构成了随后谈话的基础。

5. 团队成员通过与团队领导讨论他分享的期望清单，开始和团队领导进行更加深入的谈话。

- 让团队领导谈论他同意的内容及原因。
- 然后，团队领导将谈论那些令他感到不满的要求。这一谈话将持续进行，直到团队成员和团队领导对要求感到满意，或者团队成员理解了他们的要求可能列入最终行为契约的原因。
- 回顾要求团队领导完成的最终行为清单。最好是限制在5—7个易于记忆的行为承诺。如果需要，通过合并类似或相关要求缩减清单。

6. 接下来，团队成员回应团队领导对他们的要求。

注：团队成员可能需要团队领导不在场时来准备他们的回复，所以

将这段时间列入会议方案。

- 和团队领导的流程一样，团队成员开始讨论他们同意领导的什么要求以及同意的原因。
- 然后，团队成员会讨论分歧。这里的目标是找到和团队领导的共同点，不是让大家觉得团队领导是错误的。
- 讨论持续进行，直到这份对团队成员有所期望的清单获得团队成员和团队领导的一致同意。
- 和团队领导的清单一样，这份清单最好限制在5—7个行为承诺。

7. 汇报并讨论最终的两份清单，同步进行。确保团队领导和团队成员都对他们决定从事的工作感到舒服。

- 通过检查团队目标声明和位于团队雷达屏幕中心的工作来确认清单。

8. 打印最终行为契约，并要求整个团队签署。

行为契约的例子

团队领导

- 公正分配任务。
- 公开支持团队。
- 让团队成员直接处理彼此之间的冲突。
- 倾向于没有优先权的要求。
- 根据需求进行决策和解决问题。

团队成员

- 遵守合作承诺或者弄清楚自己为什么不能遵守合作承诺。

- 遵守你做出的承诺。

- 直面冲突。

- 深入倾听那些没有说过的话。

- 互相挑战，超越期待。

- 提前沟通。

- 通过言行一致来充分利用团队力量。

工作组契约模板

雷达屏幕中间圆环是团队内小组合作的指定区域。工作组间契约的产生是培养合作精神的一部分。对于每个承诺完成的项目或方案，工作组可使用以下模板。

我会为你提供什么：

-

-

-

契约的相互调整：

-

-

-

我需要从你那里得到什么：

-

-

-

加深关系

这些谈话是团队成员建立信任和加深关系的机会，可以理解我们的风格、个性和偏好会如何影响我们的合作。

1. 要求每个团队成员准备一个活动挂图（或者幻灯片，如果你是远程工作的话），活动挂图上有对以下四个问题的回复：

- 三个使我成为真实自己的深植于心的价值观。
- 三件激励我工作的事。
- 一件把我最坏的一面展现出来的事。
- 我梦想留下的遗产。

2. 然后，每个团队成员向整个团队分享他的答案。

3. 跟踪每个人透露出来的情况，允许通过谈话探讨他们的答案如何影响他们在团队项目或方案上的合作。

注：这部分谈话时间要简短（每个人5—10分钟），为下一步骤预留充足的时间。

4. 在所有团队成员出席后，要求他们讨论自己会如何影响共享的工作。使用前面步骤的问题答案影响这些讨论。考虑到工作组中有重复的成员，可能需要好几轮才能让所有工作组完成谈话。

5. 当在工作组中工作时，确保参考上面描述的工作组契约，确保人们的个性和偏好在协议中得到适当的体现。

培养合作精神谈话问题

就个人而言，是什么驱使你和其他团队成员建立联系？

当你和你的同事一起进行商业运作时，你有多清楚你的任务？

谁拥有团队中最大的关系网？

当你需要完成一件事时，你会找谁？

我需要花更多时间和谁联系？

当感到勇气不足时，我需要什么？

我对信任的定义是什么？

我特别信任的人是谁？原因是什么？

我的工作和什么有关键的交集？

我和谁缺乏强有力的人际关系？

我和谁有很好的关系？

我的关键利益相关者是谁？

在我们团队中，健康的冲突看起来是什么样的？

你如何定义良性的冲突？

激励我的队友是谁？

对于我来说，承诺意味着什么？

我可以对我的同事承诺的一件事是什么？

我的同事承诺的事是什么？

我们的领导对于团队合作的期望是什么？

当合作时，我认为我的同事期望我做的一件事是什么？

和同事合作时，我期望他们做的一件事是什么？

我最想和谁工作？

你感觉谁最负责任？

我们如何使每个人更加负责？

我们团队有什么措施激励合作？

你在什么时候因为什么需要团队成员的帮助？

如果我们团队缺少合作，这会带来什么后果？

附录D 激活工作方式

会 议

第十一章涵盖了许多如何在会议中应用高绩效合作框架的基础知识，这些基础知识能够确保团队成员更多地融入合作。我们来深入理解一下会议频率和会议时长。这些基于我们最近在玛氏内部所做的一项名为"智能会议"的工作。

三种杠杆

智能会议计划创造三种因素之间的平衡：

- 会议频率。
- 会议时长。
- 会议主题。

正如我们所说，团队雷达屏幕有助于围绕上述三种因素做出决策。我们来思考这三种因素是如何相互影响的，又是如何帮助我们创建智能会议的。

关于时间

会议频率、会议时长及会议主题都与明智地分配会议时间有关。

1. 基于雷达屏幕中心的工作，计算出团队需要一起花费多少时间。

2. 成员偏好如何分配时间。换言之，他们需要多久见一次面才能完成合作任务。

3. 这些会议需要开多长时间。

会议时间成本

会议时间非常宝贵，所以我们需要明智地安排会议。对整个团队合作的需求越高，共享的工作就越多，你就越可能在会议上花费更多时间。请记住并不是所有的合作工作都需要召开会议。有时工作组能够处理项目的部分内容，并将成果带回团队。很多合作工作，甚至是整个团队的合作工作，可以通过共享信息和共享文件来完成。这一做法可以使用社交网络应用软件。我们可以遵循这一经验法则：

只有当那些复杂的任务和事项确实会使整个团队获益时，整个团队才需要召开会议。

其他任何事都可以通过适当使用协同技术得到最明智的处理。

会议频率

频率事关工作的紧迫性和复杂性。如果一个项目很紧急，那么团队可能需要在短期内频繁开会。长期项目会更复杂，短期项目也有复杂性。复杂的项目（拥有多条工作线和需要大量交接的项目）受益于团队成员的高度连接。在此情况下，团队可以更频繁地召开会议。如果一个项目既紧急又复杂，那么我们需要将开会的时间用来完成工作。协同技术对于复杂且紧急工作同样有用，尤其是需要远程工作的团队。团队成员可以通过共享文件继续工作，保持士气直到再次团结在一起。

另外，如果工作不是很紧急或者特别复杂，那么降低会议频率更合适。如果团队成员共同制定长远规划，不受最后期限的约束，那么他们也应该降低会议召开的频率。其他更紧迫的事情需要他们花费更多时间。这里再次提醒一下，协同技术可以在两次会议之间协助开展工作。

会议时长

通常来说，简短的会议更吸引人，也更高效。神经科学表明，成人的注意力集中时间不会超过50分钟。简短的会议（一个小时或更短时间）更适合直接的主题。再次提醒，会议应该持续多长时间事关复杂性和紧迫性。相较于简单的主题，更为复杂的主题通常需要更长时间的积极合作。将关于复杂主题的长时间会议切分为一系列时长较短的会议会有作用，但这样会事与愿违。仅仅为了使会议简短就打断富有成效的讨论或者关键的问答环节，会有损你的会议质量。请给予会议应得的研讨时长。

虽然我将会议频率和会议时长分开解释，但它们是同一枚硬币的两面。你可以将会议频率和会议时长一起考虑。

这一简单的方法也有例外。把握团队会议节奏既是科学，也是艺术。我们需要花时间考虑团队目标、工作性质以及工作环境。我们可以在有意义的地方应用这个逻辑，但需要灵活处理。

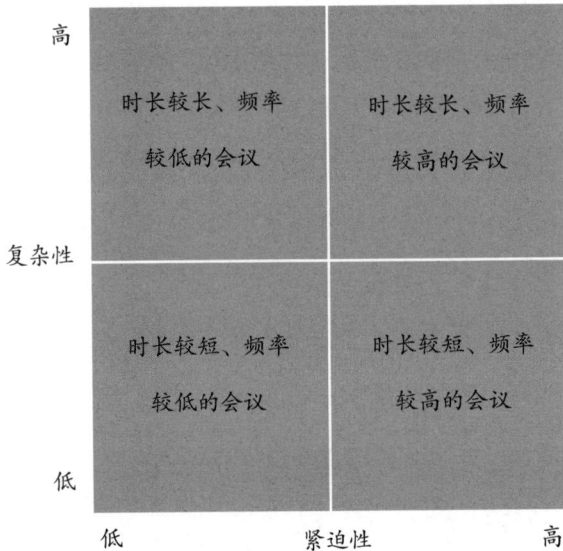

会议议程

对于定期召开的团队会议，位于雷达屏幕中心的工作构成了会议议程的基础。如果你的团队已经宣布将一起致力于两个项目的工作，那么你会在会议议程上为这些项目事先留下讨论的时间。当然，其他条款也会列入会议议程。有时你需要增加新的团队成员，你可能已经计划了一些活动，偶尔出现的紧急情况需要团队关注。这些事项中的任何一个可能都需要纳入会议议程。但是，当谈及定期召开的团队会议时，你需要首先参考雷达屏幕。

你的雷达屏幕是一个好的起点。然而，当你开始规划具体的会议时，你必须规划得更加详细。

O²成果

智能会议已经明确说明了可交付的成果，而且每个成果都源于积极合作。我们使用O²格式来陈述成果，这是最清晰的一种方式。每个O²成果都由两部分组成：目标和机遇。通常来说，我们可以将目标定义为被创造或者完成的事。例如，我们可能共同制订计划、做出决策或制订解决方案。机遇指的是我们将从成果中获得的具体益处。

例如，我们可能需要做出决策（目标）：将三个供应商削减为一个供应商（机遇）。另一个议程主题可能需要将多种提案的格式简化为一种标准提案格式（机遇）达成协议（目标）。O²成果格式要求对于团队必须完成的事有更为清晰的认识。这可以使团队成员集中精力，并且可以帮助他们保持在正确的轨道上，还有助于你明白什么时候可以做你计划做的事。

一份工作不在雷达屏幕上，并不意味着它不需要团队关注。想想那些紧急情况：一位顾客非常愤怒或者工厂发生了安全事故。团队需要时常召开临时会议。这些会议同样会从相同的思考中获益。就算是一个临时会议，我们也需要花时间制订一个清晰的O²交付文案。

做出决策

"举手表决"是一个简单的工具，我在IBM工作时第一次学习到它，我们在玛氏也使用这个工具。这是在团队内部评估一致程度的方法，而且是快速且不会引起焦虑的方法。当团队尝试达成共识时，它尤其实用。当开启决策以明确团队从哪里开始时，我们可以使用这个工具。如果团队陷入困境，它同样可以用于随后的流程中。

这一工具始于向团队陈述提议的答案或者尚未决定的事。你的提议越清晰越好。你需要在一个所有人都能看到的地方写下提议。一旦每个人都对提议内容了然于胸，你就可以按照以下指导，要求团队成员出示拳头和手指。

举手表决

拳头——我彻底反对　　　　　伸出三根手指——我同意

伸出一根手指——我强烈反对　　伸出四根手指——我十分同意

伸出两根手指——我反对　　　　伸出五根手指——我完全同意

重要的是，每个人同时举手。那些倾向于追随大多数人的人可能会根据其他人的做法做决策。有时，我要求团队成员举手时闭上眼睛或者彼此转过身去，以此确保我能准确地了解每个人的观点。

在所有人都举手后，记录结果并大声陈述。例如："我看到两个人伸出五根手指，两个人伸出四根手指，一个人伸出三根手指，两个人伸出两根手指。"

然后，通过询问团队成员这是否就是他们看到的来确保你的计数正确。如果他们已经闭上眼睛或者彼此背过身去，那么他们需要睁开眼或调整姿势来看你所看到的。

当每个人都有相同计数的时候，就是放下手开始谈话的时候。方法可以多样，这取决于讨论的事项以及团队成员基于"举手表决"计数的意见分歧的大小。首先问团队成员几个问题：

- 你们如何看待这一答案？
- 这对于我们应该如何继续进行下去意味着什么？
- 我们下一步要采取的最佳措施是什么？

"举手表决"并不一定总是有效，它也可能会适得其反。例如：

- 当明显存在强烈的分歧，持异议者也表明了他们的立场

348

时，"举手表决"可能会将持异议者置于尴尬境地。

- 当小组明显准备按照提议的决定继续进行时，"举手表决"会推迟这一必然行为。

因为非语言的"举手表决"能够帮助在场缄默的人对表明他们的立场感到更舒服。有时，团队成员觉得陷入过多讨论的泥潭，这时他们需要休息一下，通过身体的放松缓解会议室内的紧张氛围。下一次，团队在接近达成真正的共识时可以试一下。

在工作方式的讨论中使用谈话问题

该实践的谈话问题对于那些已经使用高绩效合作框架的团队最为有用，这些团队想要了解自己的工作情况。这是采取维持和更新工作方式的理想选择。下面我描述一个简单的练习，该练习可以为那些想要将他们的工作方式提升一到两个等级的团队呈现良好的数据。

我发现谈话问题很有用，它不把调查局限于一种工作方式，比如会议。以往的做法忽视了团队的流程和互动。例如，做出决策通常发生在会议期间。但是，决策是由人们在会议外建立的许多关系决定的。所以，我们首先要保持调查的广泛性，然后将注意力集中于那些看起来能得到最大机遇的工作方式。

步 骤
在关于工作方式的会议开始前，我们从下面列举的激活工作方式谈话问题中选取两至三个问题，并在谈话开始前向团队成员提出这些问题。然后：

- 要求他们在会议开始前几天将他们的答案发给你。
- 基于你看到的主题，搜集问题的答案并分类。
- 在会议开始前，你需要为每位团队成员提供整理过的答案，供他们回顾，并在进行下一个步骤前确保他们有足够的时间消化这些信息。
- 基于问题答案开始谈话。

我们很难预计指定的谈话会在哪里发生。正如我所说的，这是一个维持和更新的练习。我们可以应用团队学习的五个行动。

- 暂停。
- 问询。
- 反思。
- 计划。
- 行动。

激活工作方式谈话问题

我们团队的低效工作方式是什么？

我们团队的高效工作方式是什么？

什么决策才是真正的团队决策？

我们有什么制定决策的流程？

作为一个团队，我们试图做出什么决策，是否应该委托团队中的个人做决策？

我们团队的重要冲突看起来是什么样的？

我们团队能够通过什么变得更高效？

我们团队的一个高效例子是什么？

我将效率定义为什么？

效率的榜样是什么？

我将和其他人分享的我们团队的最佳实践案例是什么？

我听说过的最佳工作方式是什么？

在支持团队工作方式方面，你如何扮演一个重要的角色？

我们在会议上花费的哪些时间能够更好地用于其他事情？

我们团队的基本流程是什么？

哪些制度是团队工作方式的基础？

和团队联系的最佳沟通媒介是什么？

我们的会议议程如何服务于我们的团队目标？什么地方可以提高？

我们团队会议最好的地方是什么？最差的地方是什么？

什么阻断了我们团队的沟通？

我们团队需要花更多时间和什么连接？

和你沟通的最佳方式是什么？是在团队内部吗？

我要向我们团队提议的新工作方式是什么？

附录E　维持和更新

　　我们已经讨论过两种团队学习方式：任务学习和团队动力学习。我将在本附录讲解这两种团队学习方式，同时提供一份可供使用的调查问卷。

任务学习

　　事后回顾在一个方案或项目结束时进行，鼓励团队成员对曾经发生的事以及能够学到的内容进行富有成效的讨论。事后回顾与成功或失败、正确或错误无关。事后回顾是针对具体事项的专业讨论，用来吸取重要的学习经验——积极的或消极的。你可以使用下面的图，和你的团队就一个具体的方案或项目进行事后回顾。

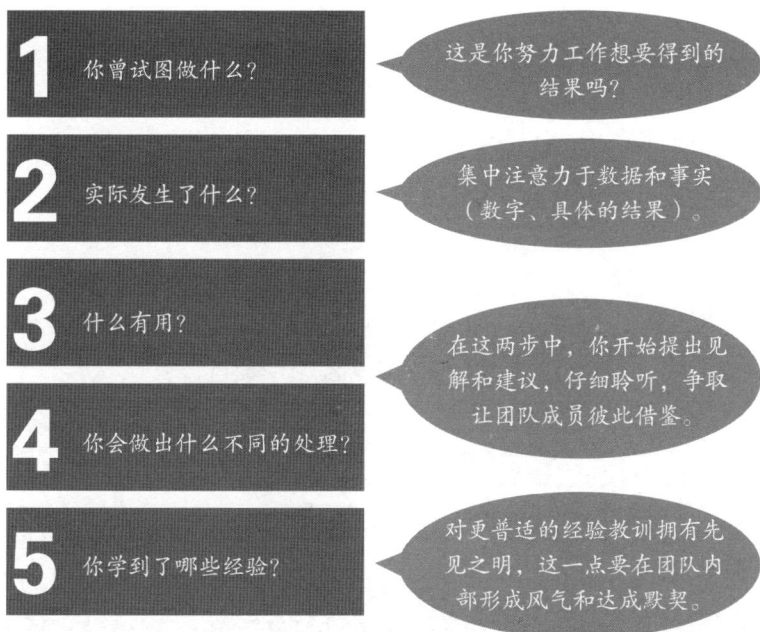

1	你曾试图做什么?	这是你努力工作想要得到的结果吗?
2	实际发生了什么?	集中注意力于数据和事实(数字、具体的结果)。
3	什么有用?	在这两步中,你开始提出见解和建议,仔细聆听,争取让团队成员彼此借鉴。
4	你会做出什么不同的处理?	
5	你学到了哪些经验?	对更普适的经验教训拥有先见之明,这一点要在团队内部形成风气和达成默契。

团队动力学习

这里有两种评估方法。第一种方法是分别调查每项实践。第二种方法是使用三个必要条件进行调查,这种方法可以更好地解释不同实践之间的关系。

高绩效合作框架实践评估

这份调查问卷可供那些已经开始使用高绩效合作框架的团队使用,可以使其了解团队如何有效运用高绩效合作框架。

这份调查问卷的应用方式有很多。

- 你将调查问卷派发给每位团队成员并要求他们填写答案。然后,你给他们打分并计算总分。你将这一数据带回团队以供讨论。

- 你可以使用很多优质的在线调查公司中的模板，并在那里创建一份调查问卷。
- 你要求每位团队成员完成调查问卷评分，并要求他们将结果在团队会议上公布，以便整个团队能够讨论他们的发现。

调查问卷

1.基于1—5的数值范围，为每项实践中的项目评分。

1	2	3	4	5
强烈反对	反对	既不同意也不反对	同意	非常同意

2.计算每项实践的分数。

激发目标

序号	项目	分数 1—5
1	我们制定了一个团队目标声明	
2	我们的目标声明关注的是合作，与我们成为一个团队的"功能理性"无关	
3	在团队运作中，我们积极运用目标声明	
4	我们的目标声明既鼓舞人心又切实可用，有助于指导我们日常的合作	
	总分栏	A
	分数（总分÷4）	B

明确意图

序号	项目	分数 1—5
5	关于哪些工作需要整个团队的合作，我们已达成一致	
6	关于哪些工作需要团队内小组的合作，我们已达成一致	
7	关于团队内需要个体负责和实施的工作，我们已达成一致	
8	关于哪些工作需要合作、哪些工作不需要合作，我们已达成一致	
	总分栏	A
	分数（总分÷4）	B

培养合作精神

序号	项目	分数 1—5
9	团队领导对我们的个人绩效目标以及对我们将如何与他人合作的具体期望这两方面都负有责任	
10	团队成员期望队友基于达成的具体合作协议来工作	
11	我们定期腾出时间用于保持高效联系	
12	团队成员始终能够高效处理冲突	
	总分栏	A
	分数（总分÷4）	B

激活工作方式

序号	项目	分数 1—5
13	我们的团队会议始终高效	
14	我们所有的会议都围绕着明确的成果进行	
15	我们在团队内如何做出决策有清晰的流程	
16	我们始终如一地采纳我们的决策程序	
17	作为一个团队，我们在做出决策方面始终高效	
18	关于团队通信，我们已达成一套协议	
19	我们始终运用我们的通信协议	
20	我们团队内部的沟通始终高效	
21	我们团队最大限度地使用协同技术	
	总分栏	A
	分数（总分÷9）	B

维持和更新

序号	项目	分数 1—5
22	我们定期评估我们有多高效	
23	针对重要的项目，团队始终进行事后回顾	
24	我们拥有一个在未来半年如何评估和提升合作绩效的计划	
25	我们团队始终如一地遵循自己的团队改进计划	
	总分栏	A
	分数（总分÷4）	B

阐明背景

序号	项目	分数 1—5
26	当组织有重要变化（拥有新的策略或结构）时，团队要花时间重新评估团队目标、承诺和工作方式	
27	当团队发生重大变化（拥有新的领导或新的成员）时，团队要花时间重新评估团队目标、承诺和工作方式	
	总分栏	A
	分数（总分÷2）	B

得分小结

实践	分数	备注
激发目标		
明确意图		
培养合作精神		
激活工作方式		
维持和更新		
阐明背景		

基于必要条件的诊断问题

为了得到团队如何高效合作的全面信息，你可以使用三个必要条件作为指导进行调查。下面是你可以用来进行调查的问题。你可以从每个必要条件中选取一些问题来开启你的诊断谈话。基于出现的观点和问题，你可以使用后续问题深入挖掘。你可以一对一地谈话或者与整个团队进行谈话。

明确性

团队成员对于他们存在的原因以及作为一个团队运作（相较于作为个体的集合来工作）的原因有多清晰的认识？

团队成员对于他们的合作如何创造比个体工作总和更多的价值有多清晰的认识？

团队成员对于他们的合作为什么超出了他们所获得的具体业务成果有多清晰的认识？

团队成员对于整个团队共享的工作有多清晰的认识？

每个团队成员对于他应该和谁合作有多清晰的认识？

团队成员对于关键问题的决策以及与谁一起决策有多清晰的认识？

意图性

为了他们将来的合作，团队成员彼此间如何充分地联系？

如果你是团队领导，在寄予团队成员的合作期望上，你怀揣怎样的意向和团队成员签订契约？

如果你是团队领导，在支持团队成员的合作上，你如何有意发现团队成员对你的期待？

团队成员将对合作的期待列入他们的年度绩效规划和目标了吗？

关于增强重要合作关系，团队成员已经做了多少工作？

在使用他们同意的工作方式上，团队成员有多强的意愿？团队成员是否积极提醒彼此工作方式要协调一致？

在评估团队绩效方面，团队成员的意愿和融入性有多强？

纪律性

团队采取了什么工作方式？

对于团队的工作方式，你是怎样进行记录和归档的？

团队的工作方式和团队的目标和共享的工作在多大程度上协调一致？

团队如何持续使用你们同意的工作方式？

在具体项目的事后回顾方面，团队有多遵守纪律？

当评估你们作为一个团队的合作效果时，团队有多遵守纪律？

关于采取措施提升你们的工作方式，团队有多遵守纪律？

团队反馈

持续学习和高绩效合作的一个关键要素就是在团队内部给予反馈和接收反馈。在高绩效的团队中，反馈不是一年一次的活动，而是团队运作的一部分。反馈可以是一对一的，也可以是实时的。

陈述和接收反馈是可以学习和实践的技巧。SBI代表的是关于思考和陈述反馈的一个有效工具，意指情境（situation）、行为（behavior）和影响（impact）。其目的是，确保给出反馈的人是经过深思熟虑的，有最少的主观判断和充分的背景。这能够促使接收反馈的人带着最少的防御心来吸收反馈。

　　情境：描述一个包含被观察行为的情境。关于事件发生的地点和时间，描述得越具体越好。

　　行为：精确地描述你谈论的行为。不要谈论你相信、假设或认为个人在做的事情，如实描述行为即可。

　　影响：与个人分享的行为对你或在场的其他人的影响。将内心的体验向个人公布。关于影响的描述以"我感到……"或"我是……"或"在我看来……"开始。

无SBI反馈	SBI反馈
帕特丽夏，我真的讨厌你开会迟到！	帕特丽夏，我们上周召开了运营会议（情境），在会议开了20分钟后，你步入会议室（行为）。当时，托德正在做展示，你的行为迫使我们中断了一些十分重要的会话。另外，这已经不是你第一次迟到了，这让我怀疑你对我们项目许下的承诺能否兑现。

　　一旦你习惯了SBI，你就可以在这个模型中添加第四个字母"A"，即供选择的（alternative）。该模型被称为SBI-A反馈。你可以使用SBI格式提供你的反馈，然后加上你关于不同行为的想法，这些行为可能产生更有效的结果。在SBI很明确的地方，提供一种选择尤其有用，但是接收反馈的人对如何处理这种情形并不清楚。

无SBI反馈	SBI-A反馈
汤姆，你和萨沙的谈话方式糟糕透顶，不要再犯同样的错误。	汤姆，上周我们讨论和萨沙的预算案时（情境），你大声告诉萨沙他的工作基本没用（行为）。我看到他畏缩了。在那之后，他彻底沉默，所以我们不得不推迟讨论（影响）。我能理解你为什么沮丧。如果你冷静地表达你的沮丧，询问萨沙关于解决问题的想法，这么做可能会更有效（供选择的方案）。

团队反馈流程

我建议一年举行三次或四次团队反馈会议。在这些会议上，团队成员表明他们的观点以及他们对团队的承诺。然后，其他团队成员做出反馈。

注：该练习是在没有外部设备帮助的情况下进行的。如果团队第一次操作该流程，那么你可以考虑从引导者那里寻求支持。如果团队内出现一些严重的个人绩效问题，那么我不推荐你进行该练习。

1.要求每位团队成员准备两份坦言声明：

- 两件我做得很好的且我相信能够为我们的合作创造价值的事。
- 一个或两个我能通过改变我的方法创造更多价值的地方。

2.要求团队成员围坐成一个圆，这样每一个人都能看到其他人。

3.邀请一位（或两位）志愿者注意该流程的时间（除非你已经有一

位引导者来为你做这件事）。

4. 要求另一位志愿者从朗读团队成员的坦言声明开始。

5. 第一位团队成员朗读完他的坦言声明后，其他团队成员针对他所听到的内容做出回应，一次一个人。在不超过三分钟的时间内，团队成员给出的反馈可能是：

- 强有力，基于开诚布公，注意积极行为和影响。
- 询问更多的同类行为。
- 使用SBI大声说出低效的行为，这虽然很重要，但不是开诚布公的一部分。

6. 当接收反馈时，反馈的接收者记下笔记，但是他不就所接收的反馈进行讨论。该流程全部以开放的、没有防御心的方式搜集数据。

7. 如果一份反馈需要发出者和接收者进行更长时间或更深入的谈话，请确保就何时以及如何进行达成协议。

8. 第一个团队成员在收到整个团队的反馈后，需要感谢同事。

9. 下一个团队成员重复上述流程，直到每个人都分享了坦言声明并收到了反馈。

10. 在完成这一流程后，所有团队成员回顾他们聆听的内容，并就他们会做出的不同行为向整个团队做出具体承诺。关于该反馈步骤的一些提示：

- 注重效率：鼓励团队成员进行简洁而直接的谈话，同时不要用不必要的细节或修饰来润色反馈意见。
- 练习深度倾听：当接收反馈时，安静聆听，同时练习第十一章讨论的SOLER法。

  S：坐端正或站端正。

O：保持开放的身体姿势。

L：身体稍微前倾。

E：保持眼神交流。

R：保持身体和精神上的放松。

- 避免使用"是的，但是……"这样的声明。

- 富有远见：如果你正因一份反馈而努力，请记住，反馈对于双方同样重要。别人对你讲的关于你的事在很大程度上是那些对于他们来说重要的、在意的和关注的事。我们都有有色眼镜和偏见，而且这些都在反馈里。

维持和更新谈话问题

反馈如何在个体和团队发展中发挥更大的作用？

你如何定义团队的更新？

你如何评定我们团队的幸福水平？

我们团队向未来进发有多大可行性？

我们团队能够在哪些领域提升？

我们团队赖以生存的优势是什么？

我们团队的未来是什么？

对于这个团队，你最大的担忧是什么？

我们团队需要进行什么样的谈话？

我们最积极的前进方式是什么？

什么事需要我们更好地理解？

对于我们的成功来说，哪些新观点和经历是重要的？

团队如何更好地衡量效率？

发展在我们团队中扮演什么角色？

在创造学习和成长空间方面，我们团队做得有多好？

对于我们来说，团队发展规划是什么样的？

我们在哪里体验过快速学习？

关于我们团队，有哪些我们害怕说出的真相？

如果没有任何改变，我们团队可能受到的影响是什么？

需要什么新的思考方式和行动方法来支持我们的策略？

什么阻碍了团队发挥其潜能？

团队的什么强项也可能是一个悲剧性的缺陷？

团队如何有效地履行对自己的诺言？

我想要感谢什么？

我们庆祝什么？

我们团队最擅长的事是什么？

附录F　阐明背景

根据定义，阐明背景是一个大议题，论述的是策略、大型组织变化及领导变化。关于阐明背景，潜在工具的数量庞大，把事物复杂化的可能性也很大。所以，我们需要保持简单。该实践预期的结果是阐明团队合作的背景以及进行任务学习和团队动力学习。所以，我们需要从调查开始。谈话问题是我们推荐给运用这项实践的团队的主要工具，其他工具还有第十三章的"保留、增强、删除、添加"表格。

我发现了一种有用的技术，尤其是对于过渡时期的团队。我在第十三章讨论过它的一个版本，即图形化的历史地图。

练习会带来多种益处：

- 练习让团队成员广泛地了解他们如何变成现在的样子以及他们如何获得今日的成就。
- 练习为新成员提供了他们可能欠缺的详尽历史背景。
- 练习让团队不久之前未得到正确评价或未知的模式和经验显现出来。
- 练习允许你有意识地放下过去，这样团队就可以继续前行。

练习需要花费1.5—3个小时，这取决于团队规模和团队谈话的范围。

你需要：

- 大面积的空白墙。
- 几张活动挂图纸或大白纸。
- 多种彩色记号笔。
- 活动挂图支架。

流程：

1. 并排使用几张活动挂图，准备一个大面积的水平放置空白书写空间。如果你有一大张白纸，也可以。

注：关于第2—4步，参考第3步后的图。

2. 使用记号笔在你张贴在墙上的纸上画出时间轴。在顶部写上年份。在通常情况下，三至五年的时间范围已足够。

3. 在时间轴下面，用两至三行的空间列出你想特别关注的事件类型。例如，我通常用一行列出业务上的重要变化。接着，我用一行列出我所工作的团队人事或领导层的变化。最后，我用一行列出可能对业务和团队造成影响的发生在外部世界的事件。

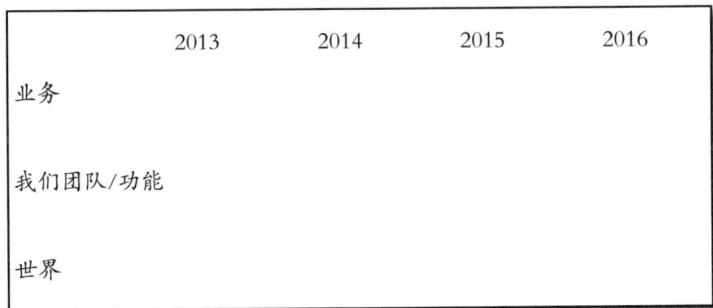

	2013	2014	2015	2016
业务				
我们团队/功能				
世界				

4. 给团队成员分发不同颜色的记号笔。

5. 他们需要用特定时间发生的事件填满时间轴，并且你要引导他们专注于对他们来说有意义的事件。你可以让他们单独完成，不过我发现让他们成双成对地做这件事最令大家愉快，而且能产生更好的想法。

6. 鼓励他们尽可能多地使用符号和图像，仅用有限的词汇表达重要观点。简笔画和草图最理想。如果画的图不清楚的话，后续他们有机会解释他们的图表示什么内容。

7. 研讨时，只要他们能够持续为时间轴增添相关信息，就允许他们互动。

8. 留意这个简笔画和草图的工作在什么时候开始变慢。如果相较于绘画和书写，出现更多谈话，建议暂停该流程。在暂停之前，和团队成员一起检查，确保他们已完成时间轴。

9. 一旦终止该流程，就请他们思考整体内容。该流程给他们两至三分钟时间。

10. 从最初的事件开始，根据时间轴上的事件引导一段谈话。确保暂停一段时间，直到每个人都理解了那些符号、图像和词汇的含义。按照需要，如果新的记忆出现，让他们将其添加到时间轴上。允许通过讲故事的方式添加内容。

11. 为团队成员提供所需的自由和时间，让他们搞清楚正在讨论的历史事件，避免过度引导。只有当他们的谈话暂停，并且你感到他们并没有加深理解或者没有以合理的速度继续及时地推进时，你才可以进行干预。

12. 在单独的活动挂图上记下你从他们的谈话中听到的宏大想法和见解。你这样做时，不要打断团队谈话，仅仅记录你听到的内容。

13. 在他们对整个时间轴的内容研讨了一遍后，再次要求他们思考从这一过程中学到了什么。询问类似的问题：

- 你的见解是什么？
- 什么使你惊讶？
- 出现了什么模式？

- 什么令你激动或者你关心什么？

14. 允许团队探索并测试其结论和发现。在通常情况下，个人的看法和见解会发生变化。例如，新成员可能因他们缺少背景而备受打击，更为老练的成员可能会以全新的方式看待他们的部分历史。所有这些都是有效且有用的。

15. 随着谈话变慢，要求团队成员总结他们学到的内容，并在活动挂图的纸上记下这些内容。

16. 询问团队成员该练习对他们意味着什么，以及他们应该将注意力集中在什么上。约定如何进行这项工作，并记录下他们做出的承诺。

17. 拍照，供未来参考。

18. 团队成员如果觉得需要一个新的开始，就抛开过往，将墙上的时间轴撤去（他们可能先要拍照），让他们将时间轴尽可能小地卷起来。尽可能多地邀请那些想要参与的人，将折叠好的时间轴放入另一个房间或空地的垃圾桶中。以尽可能恰当的且具有仪式感的方式处理掉这些时间轴纸张。一些团队选择把这些纸张扔在火中烧毁。这些做法的关键在于有意识地让所有人记住处理掉时间轴的方式。

阐明背景谈话问题

领导层变化

作为新领导，关于机遇，什么使我兴奋或担忧？

作为新领导，为了成功，我需要什么技能或能力？

作为新领导，关于这一角色，我需要了解什么？关于这个会帮助我成功的团队，我需要了解什么？

作为团队成员，关于我们的团队以及我们的高绩效合作框架历程，我们想要新领导知道什么？

作为团队成员，我们在做出这种转变时最担心什么？

什么最令我们兴奋？

组织结构变化

在新组织中，团队起什么作用？

团队有所改变吗？

我们内部的客户或利益相关者有变化吗？

我们团队的设置是否适合用于应对组织内部的变化？如果不是，我们团队需要改变什么？

为了给企业带来价值，我们的工作方式应该如何改变？

策略变化

我们的业务发生了什么变化？

重点客户对业务进展有什么看法？

我们的业务现在面临的目标、挑战和限制是什么？它们如何变化？

企业希望我们团队达到什么目标？

我们团队如何适应企业策略变化？

团队成员变化

我们如何有效地使我们的新成员开始工作以及如何使他们积极融入我们团队？

如果新成员加入，那么他们的优势和需求是什么？

我们团队的工作风格是什么？对于新成员来说，这意味着什么？

当我们向组织迈进时，我们在团队中是否有合适的能力？

每位团队成员的意愿水平是什么？